問いからはじまる
心理学

3

つながるって何だろう?
現代社会を考える心理学

都筑 学 監修
高澤健司・大村 壮・奥田雄一郎
田澤 実・小野美和 編著

福村出版

シリーズ序文

　かつてエビングハウス（Ebbinghaus, H.）は「心理学の過去は長く，歴史は短い」と言いましたが，その歴史もすでに140年を超えるところまでになりました。ヴント（Wundt, W. M.）が1879年に初めての心理学実験室を創設して以降，科学としての心理学は実証性を重んじ，非常に多くの研究成果を蓄積してきました。それらの研究成果が，人間の心がもつ多様な働きを明らかにしてきた一方で，心理学の研究領域はどんどんと細分化され，人間の心の全体像を明らかにすることからは離れていっているように感じられます。このような学問の発展状況のもとで，もう一度，根本的なところから人間の心についてとらえ直すことが重要な課題として求められていると考えられます。

　そうした課題に対して，本シリーズは，「人間の心の働きを理解するには，どのような研究が求められるのか」という問題にアプローチしようとするものといえます。そのことを意識して，本シリーズのタイトルとしてつけたのが，「問いからはじまる心理学」です。問いからはじまって，何が明らかになったのか。それを追求しようとしたのが，本シリーズなのです。

　本シリーズは，全部で3巻から成っています。第1巻は発達，第2巻は教育，第3巻は社会をテーマとして扱っています。それぞれの執筆者には，次のような趣旨で執筆をお願いしました。自らの研究をはじめようとした個人的なきっかけが，その後の具体的な研究活動にどうつながっていき，そして，それがどのように発展していって，現実問題の解決に結びついたのか。このように，本シリーズでは，問いからはじまる研究活動の展開について，執筆者が具体的なプロセスとして論じています。こうした個人的な動機や関心は，研究を推進していく際には大変重要な役割と意味をもっています。研究活動を進める原動力ともなるものです。これから心理学の研究を行っていきたいと考えている読者にとっては，研究の進め方の参考になるだけでなく，研究者としての生き方の1つのモデルにもなるのではないかと思います。

本シリーズの執筆者は，中央大学大学院文学研究科で心理学を学んだ都筑ゼミのメンバーおよび都筑ゼミに縁のある方々です。都筑ゼミのモットーは「片手に理論，片手に実践」です。執筆者たちは，在学中から，研究活動を進める一方で，学校や臨床などさまざまな実践現場での活動を行ってきました。在学中は，合同ゼミ（学部生と院生が相互に発表する）や夏合宿，QA研（質的分析研究会）において研究成果を発表しました。心理学の理論だけでなく，現実社会や人間生活にも関心をもち，理論と実践を往還するような心理学研究を進めていくというのが都筑ゼミの特徴です。本シリーズでも，このような問題関心は，各章節，コラムの中に明確に表れているのではないかと思います。

　本シリーズは，2022年3月に私が中央大学文学部を定年退職するにあたっての記念出版であり，また，4月以降の新しい研究人生の門出を祝うものでもあります。中央大学でともに学んだ学生たちと一緒に，このようなかたちで出版できることを非常にうれしく思っています。彼らには，「問いからはじまる心理学」をさらに発展させて，個々の研究活動を充実したものにしてもらいたいと願っています。

＊

　最後になりましたが，本シリーズの刊行にあたりましては，福村出版の宮下基幸取締役社長に並々ならぬお世話になりました。出版事情が大変厳しい中で，本シリーズの刊行を快くお引き受けいただいたことに対して心より感謝申し上げます。また本の出版作業につきましては，小山光さんに大変お世話になり，感謝申し上げます。

＊

　福村出版の社屋がある文京区湯島は，祖父高浜二郎が住んでいた地域であり，霊雲寺近くの祖父の家に子どものころよく遊びに行っていました。今回，福村出版から本シリーズが刊行されるのも深い縁を感じずにはいられません。市井の学者として蒲生君平や鍍金について生涯研究した祖父に本書を捧げたいと思います。

2022年1月1日

都筑　学

目　次

第1部
生活の中にある自己

第2部
拡張される自己の世界

はじめに：
自己と現代社会

高澤　健司

　私たちは日々の生活を送るうえで集団的に社会を営んでいます。その営為の中で，互いの考えや行動を理解し共同することが必要とされ，自分の心や気持ちを周囲にいる人々に伝えることが重要であると同時に，自分の周囲にいる人々の心や気持ちを理解することが重要です。そして，その理解から私とはどういう存在か，そしてどのように価値づけるのかといった自己形成がなされています。この自己形成に周囲の人々や環境，現代の社会がどのように影響を与えているかについて問いを立てて考えてみます。

　コミュニケーションツールが手紙や電報，固定電話から，電子メールや携帯電話に移り，現在はソーシャルネットワーキングサービス（SNS）がとくに若者において主流を占めてきているように，今世紀に入ってからの社会や生活様式も大きく変化があると考えられます。この変化により，いつでもどこでも連絡をすることができるという即時性が進んだものの，いつでもどこでも他者から連絡がとれてしまうことが束縛感を生じさせているという側面もあります。また，移動手段についても高速化が進み，国内や海外においても日帰りで行けるところが増えてきましたが，その一方で移動の時間を楽しむことの価値が薄れてきました。さらには，バーチャルリアリティ（VR）技術の発展により，その場に行かなくてもあたかもその場にいるような体験をすることも可能になってきました。このように，技術の進歩によって私たちが体感する時間や空間も変化しています。

　また，日本においては雇用形態の変容も生活に影響を与えつつあります。以前の日本では終身雇用制度が前提となり，1つの職場で定年まで働き続けることが多くみられました。しかし，雇用形態の多様化により，自らの個性を活かした転職などが一般的になってきた一方で，不安定な就労形態によってふだんの生活や将来の見通しを立てにくくなり，社会における自己の存在意義が不透明になってくるという事態が発生してきました。

　こうした自己と社会を結びつける心理学的研究は数多くなされてきています
が，私たちはその社会をとらえる視点として，とくに実際に生活し活動する場
面に着目しています。その生活には時代的背景や地域的な背景が含まれてお
り，この社会文化的文脈を積極的に取り入れた問いを立てています。しかし，
これは社会の動きに流されているというわけではありません。しっかり文脈を
見据えることにより，「現代」もしくは「現在」とはどういう時期なのかを見
極め，以前と比較して変わったことを明らかにする一方で，不変なものを明ら
かにすることで普遍的知見に近づけていけると考えています。そしてこうした
心理学的知見から，現代の社会とはどういう社会かを少しでも明らかにしよう
という視点で問いが立てられています。

　社会は動き続けています。この動き続ける社会とともにある自己をどうすれ
ばとらえることができるでしょうか。心理学における方法も多様になってきま
した。これまでの実験や調査だけでなく，観察やインタビューによってとらえ
る試みもみられるようになってきました。その分析についても量的分析だけで
なく，質的分析が用いられるようになってきており，使い方も量的か質的かと
いった二者択一ではなく，それぞれのメリットとデメリットを踏まえたうえで
の使い分けや組み合わせで研究がなされるようになっています。

　これらの方法を確実にするためには目的が重要となります。目的は問いに対
する解決を明らかにするための具体的な手段であり，研究計画において最も重
要といえます。この目的が明確でないと，問いも曖昧なものとなり結果も解釈
が困難なものとなります。都筑（2006）では何を測定し明らかにしようとする
のかという概念定義が重要であると述べているように，とらえる視点とともに
どう定義するかが動き続ける社会をとらえるために必要といえます。

　この本では2部構成で自己と現代社会についての問いを立て，考えていきま
す。第1部は「生活の中にある自己」として，まさに私たちが現在生活してい
る社会の中における自己について，多面的に検討します。第1章はキャラなど
の多元的な側面から自己をとらえます。第2章はとくに近年の若者にみられる
地元志向の側面から今の社会を考えます。第3章では職場や働くことを通して
現代の社会がつくり出す自己について検討します。そして第4章ではインク
ルーシブの視点から現代社会における多様性と自己について考えます。さら

に，コラム1では主に教育評価の視点から現代の社会で測定し評価することの意味について考えます。コラム2では大学生にとっての大学を取り上げ，生活の場としての大学についてあらためて考えます。

　第2部は「拡張される自己の世界」として，現代社会における広がりをもつ自己についてとらえ，拡張された自己や身体，時間について検討します。第5章は多様性と社会観として，大学生の社会認識から現代における多様性をどうとらえるかについて考えます。第6章は過去からとらえる自己として，過去を通して現在，そして将来を見通すことについて検討します。第7章は生活時間からとらえる自己として，時間的展望を中心に時間が自己形成にどうつながるかについて述べます。第8章は他者とつながる身体として，身体を通した自己形成について考えます。第9章では地域コミュニティにおけるネットワークが自己形成にどのような影響を及ぼすのかについて検討します。また，第10章では友人とのコミュニケーションに焦点を当て，近年における若者の友人関係に関する研究から現代社会におけるコミュニケーションと自己について考えます。そして，コラム3では旅行で広がる社会として，実際の行動を通しての自己の拡張についてとらえます。

　本書にある研究はいずれも各自がもった問いが出発点となっています。しかし，それを明らかにしていく方法はさまざまであり，心理学研究自体が多様性をもってきたと考えられます。その一方で，社会からの問いを明らかにしよう，そしてその知見を社会に還元しようという研究者の思いは共通しています。本書を通じて，問いを立てること，研究をデザインすること，実際にデータを収集し，分析，考察すること，そして研究成果として発表することの楽しさを感じ取ってください。

　今回取り上げられている研究は，新型コロナウイルスによる新しい生活様式が提唱される前のものであり，今後この生活様式が変わることも考えられます。しかし，こういう目まぐるしく変化する時代だからこそ，地に足をつけて腰を据えた問いと研究を行っていきたいと考えています。

[引用文献]

都筑　学（2006）．心理学論文の書き方——おいしい論文のレシピ——　有斐閣．

第1部

生活の中にある自己

第1章
現代的な自己のあり方：
複数の自己を使い分けることは適応的か?

千島 雄太

1. なぜこの問題を研究しようと思ったのか
自分らしさの探求

　あなたの自分らしさについて，考えてみてください。その自分らしさとは，どんな場面でも一貫しているものでしょうか。それとも，状況や人間関係によって異なるものでしょうか。本章では，自己の存在やその定義づけが，生活場面によってどのように異なり，どのように適応と関連しているのかについて論じます。まず具体的なイメージをつかむために，20代前半の女性の悩みを取り上げてみます。これはインターネット上に投稿されていたものなどを参考にして，筆者が作成したものです。

　　人に合わせてばかりで，本当の自分がわかりません。
　　面白くなくても周りの人に合わせて笑ったり，
　　共感できないことでもわかったふりをしたり……
　　周りの反応ばかり気にして行動しているので，
　　自分がないような感覚です。
　　どうしたらいいですか?

　彼女は，人に同調するばかりで自分らしく行動できず，自分という存在の意味に疑問をもってしまっています。一方で，この投稿者とは逆に，「周りに迎合するのは嫌だ」「常に自分らしくありたい」という気持ちが強いあまりに，柔軟に人間関係を築けないという人もいます。筆者は，このような対人関係と自己のバランスで葛藤を抱いている人の特徴について知りたいと思い，研究をはじめました。

12

2. どんな問いを立てたのか
複数の自己を使い分けることは適応的か？

　上述の例では，人に合わせて行動することが負の影響をもたらしていましたが，このようなケースは一般的なのでしょうか。心理学の研究からも，自己を使い分けることは適応を悪化させると結論づけることができるのでしょうか。

　自己の使い分けの議論に入る前に，これまで多くの研究がなされてきた，対人関係（主に友人関係）の希薄化について説明し，手がかりを探っていきたいと思います。友人関係の時代的変化に関する論評において，1980年代後半ごろから，伝統的な友人関係とは異なってきたことが指摘されるようになりました。つまり，腹を割って話せるような深い関係ではなく，相手や自分が傷つき合うことがないよう友人との内面的な深いかかわりを避け，表面的で「ノリ」のよい関係を求めるようになってきたというのです。このような議論を踏まえて，岡田（1995; 2010; 2016）は，現代的な友人関係の特徴として「軽躁的関係（例：楽しい雰囲気になるようにふるまう）」「傷つけ合うことを避ける関係（例：友だちを傷つけないようにする）」「評価懸念を中心とした関係（例：友だちからどうみられているのか気にする）」という3つの特徴をあげています。

　しかしながら，1989〜2010年の調査結果をまとめた最近の研究（岡田, 2016）では，明確な経時的変化が確認できなかったことを報告しています。（図1は軽躁的関係の推移）。より具体的には，「楽しい雰囲気になるようふるまう」「友だちを傷つけないようにする」「あたりさわりのない会話ですませる」「友だちからどうみられているか気にする」の4項目において上昇傾向がみられたものの，その変化はわずかであり，対人関係の質が変化したことを積極的に主張できるほどではありませんでした。辻（2016）も，友人関係が希薄化したという言説は妥当性を欠く仮説的な議論にすぎないことを指摘しており，現時点ではデータによる確証が得られていないといえます。

　友人関係が希薄化した「ようにみえる」ことの説明として，現代では学校や地域，アルバイト，インターネットなど友人関係が多チャンネル化しており，その場面や状況に合わせて友人を選択し，自分のふるまい方を変えている

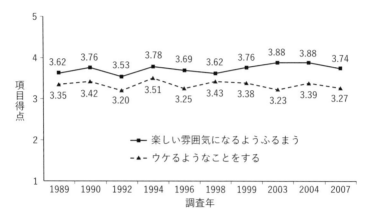

図1　軽躁的関係の推移（岡田, 2016より）

という指摘もあります。この状況依存的な自己や，自己の使い分けなどの議論は，社会学の分野において2000年ごろからなされてきました。たとえば，浅野（1999）は，現代社会においては社会全体が流動的になり，個々人の特徴やその価値観の多様性が重視され，よい大学に入ればよい人生が送れるというような「大きな物語」が消失しつつあると指摘しています。そして，このような大きな物語のない時代の中では，局所的な関係ごとに拠り所を求める「状況志向」が高まるというわけです。辻（2004）は，それまでの議論を踏まえ，以下のような自我構造の変化を指摘しています（図2）。（a）のような同心円上の自我構造であれば，中核から離れた部分での人づきあいは，「心の深いところ」や「本音」を隠した表層的で希薄なものになります。一方で，（b）のように，複数の中心をもち複数の円がゆるやかに束ねられた自我構造であれば，部分的であっても表層的でない関係になります。現代の自我構造は，（b）のように多元化されているために，対人関係においても切り替えをスムーズに行うことができ，それによって自我全体が揺らぐことが少ないというわけです。

　次に，実際の調査結果をみてみましょう。青少年研究会が2014年に，10代後半～20代の若者を対象に調査を行った結果，「意識して自分を使い分けている」の肯定率は51.3%でした（図3）。これは，2002年や2012年の調査結果と比べても，高いことを示しています。（青少年研究会, 2013; 2015）。

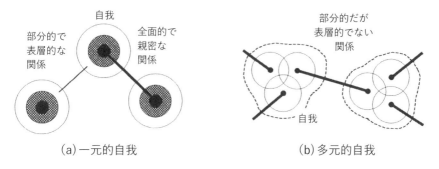

(a)一元的自我　　　　　　　　　　(b)多元的自我

図2　2つの自我構造 （辻, 2004より）

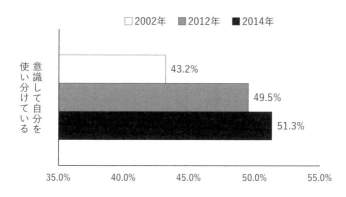

図3　調査時期による肯定率の差 （青少年研究所, 2013; 2015をもとに筆者が作成）

　このような，自己の多元化という現象は，人間関係の多チャンネル化がもたらしていると説明しましたが，この多チャンネル化にはSNSも含まれます。たとえば，若者が登録しているLINEグループの数は1人につき平均9.71個（青少年研究会, 2015）であり，グループが簡単につくれることも，自己の切り替えを増加させているのではないでしょうか。また，電通（2015）が2015年に15～29歳を対象に行った調査によれば，Twitter に登録していると回答した高校生の62.7％，大学生の 50.4％が，Twitterで複数アカウントを所有していることがわかっています。Twitter利用者に絞って内訳をみてみると，高校生は平均3.1個，大学生は平均2.5個のアカウントを使い分けていました。さらに，ふだ

んの生活で使うことのあるキャラの数を尋ねたところ，高校生で5.7個，大学生で5.0個のキャラを使い分けていました。つまり，現代の若者はリアルな世界だけでなく，SNS上でも多くのグループに所属し，複数のアカウントを使って，自分のふるまいを使い分けているということになります。SNSの発達が，若者の多面的なふるまいに拍車をかけているともいえるかもしれません。

3. どんな研究をし，何がわかったのか
複数の自分をとらえる

　これまで，複数の自己を切り替えたり使い分けたりする傾向が高まっていることを示してきましたが，はたしてそのような態度は適応的といえるのでしょうか。

3-1. 多元的自己

　辻（2004）は，先ほど提示した自我構造のモデルをもとに，多元的自己に関する調査を行いました。調査対象となったのは，16〜17歳の387名です。まず注目したいのは，多元的自己の感覚（本当の自分は1つとは限らないと思う）と他の変数の相関関係です。興味深いことに，自分らしさの感覚（私には自分らしさというものがある），自分らしさの一貫主義（どんな場面でも自分らしさを貫くことを大切にしている），自己像の不明確感（自分がどんな人間か，はっきりわからない）の間には，顕著な相関はみられませんでした（性別を制御した偏相関係数は順に，$pr=-.02$，$pr=.01$，$pr=.05$）。つまり，自己が多元的に感じられるからといって，必ずしもアイデンティティの動揺や拡散につながるわけではないということです。次に，それらの得点を用いて，自己のあり方を「不定型」「多元型」「一元型」の3つに分類しました。自己像の不明瞭感が高い場合は「不定型」に分類されました。自己像の不明瞭感が低く，多元的自己の感覚がある場合は「多元型」，自己像の不明瞭感が低く，多元的自己の感覚がない場合は「一元型」に分類されました。この3類型を用いて，対人関係に関して比較を行った結果，「多元型」は，友人や親とのメール頻度が高く，関係の満足度が一元型と同程

度かそれ以上に高いことがわかりました。

　ただし，この分類方法では，多元的自己をもつ人は自己像の不明瞭感が低いことが前提となっています。つまり，「多元型」に分類されるのは，自分がどんな人間かわかっていることが前提であり，偽りの自分を演じて本当の自分かわからないような状態をとらえることはできません。岩田（2006）はこの問題を克服する分類方法として，以下のものを提案しています。

【分類に使用された項目】
・自己の状況性：場面によって出てくる自分というものは違う
・自己の戦略性：意識して自分を使い分けている
・自己の仮面性：自分の中には，うわべだけの演技をしているような部分がある
【分類基準とその類型】
・「自己一元型」：自己の状況性がない場合
・「仮面使い分け型」：自己の状況性があり，戦略性があり，仮面性がある場合
・「素顔使い分け型」：自己の状況性があり，戦略性があり，仮面性がない場合
・「仮面複数化型」：自己の状況性があり，戦略性がなく，仮面性がある場合
・「素顔複数化型」：自己の状況性があり，戦略性がなく，仮面性がない場合

　最も割合が高かったのは「素顔複数化型」の26％であり，次に「仮面使い分け型」の25％が続きました。ちなみに，「自己一元型」は13％でした。これらの分類に基づいて適応との関係を分析した結果，「素顔複数化型」は「自己一元型」と同様かそれ以上に高い得点を示し，問題となるような適応状態ではないことがわかりました。ここから，場面によって異なる自分がいたとしても，偽りや演技としてとらえられなければ問題ないことが示唆されます。

　また，木谷・岡本（2018）は，多元的自己を「精神的適応を損なうような拡散状態」かどうかという観点から分類しています。ここで使用しているのは，先ほどの自己の状況性・戦略性・仮面性の合計得点（上記の「仮面使い分け型」

の得点）と抑うつの尺度です。クラスタ分析を行った結果，合計得点が高く抑うつが高い「自己拡散群（30%）」，合計得点が高く抑うつが低い「多元的自己群（47%）」，合計得点と抑うつが両方とも低い「一元的自己群（23%）」に分類されました。ここでも，場面によって自己を使い分けていても抑うつが高くない群が最も多いことが示されています。また，アイデンティティとの関連を調べた結果，おおむね一元的自己群が最もアイデンティティの得点が高いものの，多元的自己群は自己拡散群よりも高い得点を示しました。

　さらに，大谷（2013）やマツシマ（Matsushima, R., 2016）は，対人スキルや対人的な自己効力感との関係から，自己の切り替えについて検討しています。研究を要約すると，友人関係に応じた切り替えをしていて，かつ対人スキルや対人的な自己効力感が高い場合には，友人関係の満足感や適応感が高いという結果になっています。つまり，切り替えを上手に行うためには，もともとの対人的なスキルが必要となることを示唆しています。

3-2.　関係的自己

　多元的自己の研究とよく似たものに，「関係的自己」の研究があります。これは，場面や状況ではなく，「人間関係」に合わせて自己を切り替えることに着目しています。具体的な研究結果の前に，用語を以下に整理しておきます。

・変化程度：人間関係に応じて自分がどの程度変わるか
・変化意識：変化することについてどう思うか（2因子：肯定，否定）
　肯定の項目例：自然だ，必要だ
　否定の項目例：自分がわからなくなるようで怖い，疲れる
・変化動機：どのような動機で自分が変化するか（4因子：関係維持，自然・無意識，演技隠蔽，関係の質）
　関係維持の項目例：相手とうまくやっていきたいから
　自然・無意識の項目例：相手との関係の中で無意識にそうなっているから
　演技隠蔽の項目例：自分の嫌いなところを隠しているから
　関係の質の項目例：相手によって心を許している程度が違うから

18

表1　自尊感情を従属変数にした重回帰分析
（佐久間・無藤, 2003より）

	標準偏回帰係数（β）	
	男性	女性
変化程度	-.08	-.08
関係維持	.01	.04
自然・無意識	-.10	-.06
演技隠蔽	-.04	-.18**
関係の質	.00	.12*
肯定的意識	.01	.06
否定的意識	-.16*	-.39***
自由度調整済み決定係数	.02	.21***

*$p<.05$, **$p<.01$, ***$p<.001$

　佐久間・無藤（2003）は，大学生を対象として，これらの認識や行動と自尊感情などとの関連について検討しました。まず，変化程度の質問について，変わらないと回答した者は全体の9.8%のみであり，9割以上の者が多かれ少なかれ，人間関係による自分の変化を認識していることが示されました。また，性差の検討を行った結果，変化動機のうち，関係維持，自然・無意識，関係の質で，女性のほうが男性よりも高いことが示されました。変化程度や変化意識については，有意な性差は認められませんでした。次に，変化動機と変化意識の関係を分析した結果，関係維持や演技隠蔽の動機が高いほど否定的意識が高いことが示され，とくにこの関連は女性において強くみられました。つまり，女性にとって相手に嫌われないように演技するような行為は，自分が変わることに対してネガティブな認識をもたらしているということです。最後に，自尊感情を従属変数とした重回帰分析の結果を表1に示しました。ここからわかるとおり，女性において，主に演技隠蔽と否定的意識が，自尊感情の低さと関連しています。つまり，女性ほど相手に好かれようと弱みをみせないようにしたり，よい人を演じたりすることに疲弊し，自分を肯定する態度が弱まってしまう様子がみてとれます。

3-3.　自己複雑性

　ここまで，関係性や場面に応じて自己を切り替えることについて取り上げてきましたが，社会的役割ごとに異なる自己をもつこと自体の適応性については，「自己複雑性」（Linville, 1987）の概念で研究が行われてきました。提唱者であるリンヴィル（Linville, P. W.）は，たとえネガティブな出来事を経験したとしても，複数の側面で異なる自己をもっていれば，そのネガティブな影響は部分的なものとなり，自己全体に影響が及びにくくなると考えました。

　この自己複雑性は，自己側面の個数（側面数）と，それぞれの自己側面の分化の程度の二要素で定義され，特性語を分類する課題を通して測定されます。対象者は，まず自分の複数の側面についてできるだけ多く考えます。そして，用意されたたくさんの特性語のリスト（思いやりのある，活発な，神経質な，不器用な，など）を使って，側面ごとに分類していきます。さらに，複数の側面間で共通して用いられていない語の割合を計算し，それを自己複雑性の指標とします。つまり，「自分の特性が場面ごとにどれほどばらつきがあるか」を指標としています。

　自己複雑性と適応に関するこれまでの研究においては，ポジティブな関連があるという結果と，むしろネガティブな関連があるという結果が混在していますが，メタ分析（Rafaeli-Mor & Steinberg, 2002）によれば，ストレスフルな状況下においては自己複雑性の緩衝効果が認められるとしています。また，肯定的な特性と否定的な特性に分けた分析によると，肯定的な自己特性の複雑性は精神的健康等の指標とポジティブに関連することが知られています（川人・大塚, 2011; 木谷・岡本, 2016; Morgan & Janoff-Bulman, 1994; 佐藤, 1999; Woolfolk et al., 1995）。つまり，ポジティブな特徴を複数の場面でもっているほど，精神的な健康度が高いということです。

　川人ほか（2010）は，この肯定的な自己複雑性を高めるための介入プログラムも開発し，効果検証を行いました。このプログラムは，心理セミナーとホームワークから構成されていました。心理セミナーでは，自己複雑性についての解説と，特性語を分類する課題の実践が行われました。ホームワークとしては，セミナー終了後の1週間にわたって，毎日就寝前に簡単な特性語分類課

題が課されました。効果測定は，介入前（pre），介入1週間後（post），介入2週間後（follow-up）の3時点で行われています。統制群は同時期に測定を行いましたが，介入を受けていません。分析の結果，肯定的自己複雑性の程度は，preからpostにかけて上昇し，follow-up時点でもその効果は持続していました。さらに，抑うつとの関係を分析した結果，介入群では，高められた肯定的自己複雑性が抑うつを抑制していましたが（$\beta=-.49$, $p<.05$）。統制群においては，有意な関連は示されませんでした（$\beta=-.21$, $n.s.$）。ここから，この介入プログラムによって，肯定的自己複雑性を高め，抑うつを低減できることが示されました。

3-4．キャラ

　第2節の最後に，キャラという言葉が出てきました。ここでは，友人関係においてキャラがどのように使用されているかについて，筆者が行った研究結果をもとに考えてみたいと思います。

3-4-1．キャラとは？

　人間関係におけるキャラとは，キャラクターの略語であり，集団の中での個人の立ち位置や役割を表す言葉です。「天然キャラ：いつもボーッとしている人，間の抜けた人」（現代用語の基礎知識編集部, 2003），「いじられキャラ：からかいの対象となる人，遊ばれる人」（現代用語の基礎知識編集部, 2006），「インキャラ：陰気な人」（現代用語の基礎知識編集部, 2013）などがあります。最近では，陽キャ・陰キャという表現もよく使われています。瀬沼（2007）は，キャラという言葉は1999年以降に青年の友人関係において表れはじめたことを報告しています。もともとは，テレビのバラエティ番組等でキャラをつけたりつけられたりする行為があり，それを実際の友人関係に取り入れていくことで，キャラを用いたコミュニケーションが定着していったようです。

　土井（2009）は，キャラには，対人関係に応じて意図的に演じられる「外キャラ」と，生まれもった人格特性を示す「内キャラ」があるとしています。つまり，キャラづくりという言葉にあるように，積極的に自分のキャラを打ち

出したり演じたりするのが「外キャラ」，一方で陰キャのように，人の特性を表しているのが「内キャラ」というわけです。前者は，相手に合わせて自己を変えるという意味で，多元的自己や関係的自己と重なる部分が多いのですが，後者はこれまでの概念とは違った特徴をもっています。個人の特性を示している点や誰かから与えられることがあるという点では，あだ名に近いものといってもよいかもしれません。以下では，後者の内キャラに焦点を絞って解説していきます。

3-4-2. キャラの有無と考え方

　先ほどいくつかのキャラを紹介しましたが，キャラにはどのような機能があるのでしょうか。友人関係におけるキャラの実態に関しては，主に社会学的観点からの論考にとどまっていたため（土井, 2009; 太田, 2009; 斎藤, 2011; 瀬沼, 2007），筆者はまず大学生を対象として調査を行いました（千島・村上, 2015）。

　最初に，どの程度の大学生がキャラを自認しているのか調べるため，「あなたは"＿＿＿＿"キャラと周囲から呼ばれることがありますか？」と尋ね，回答に基づいて3群に分類しました。その結果，キャラあり群は46%，キャラなし群は28%，キャラ不明群は26%となりました。同じ質問項目を用いたその後の調査においても，53%がキャラあり群に分類されたことから，約半数の大学生がキャラを有していることが明らかになりました。

　次に，キャラに対する考え方を尋ねるため，「友人関係において，自分や友人にキャラがあるメリットはどのようなものだと思いますか？　または，キャラがあるデメリットはどのようなものだと思いますか？　思い浮かんだことを自由にお書きください」と教示し，自由記述形式で回答を求めました。得られた記述を分類した結果，メリットとして，コミュニケーションのとりやすさ（例：話題がつくりやすい），存在感の獲得（例：グループ内でのポジションが安定する），理解のしやすさ（例：どんな人か理解しやすい）があげられました。デメリットとしては，固定観念の形成（例：そのキャラとしてしかその人をみなくなる），言動の制限（例：そのキャラから外れる言動がしにくい），キャラへのとらわれ（例：自分が望まないキャラを押しつけられる）などがあげられました。ここから，大学生自身もキャラのもつ二面性について認識していることがうかがえます。

3-4-3. キャラと適応の関係

　次の調査では，キャラの有無，キャラのメリット・デメリットの認知（例：キャラがあると，会話がはずみやすい），キャラを演じることのストレス（例：キャラを演じることにストレスを感じることがある）や，友人とのつきあい方，友人関係満足感（例：友だちとのつきあいがうまくいっていると感じる）を同時に測定し，キャラと適応の関係を探っていきました。キャラのメリット・デメリットの認知は，上述の調査で得られた記述から項目を作成しています。

　まず，キャラの有無とその他の変数の関連について，一要因分散分析を行った結果を示します（表2）。有意差がみられたのは，群れ（例：みんなで一緒にいることが多い），キャラがあることのメリット認知，と友人関係満足感でした。ここから，キャラがあるほどメリットを感じており，友人と群れる傾向が高いことがわかります。そして，キャラがある者のほうがキャラが不明な者よりも，友人関係に満足していることも示されました。

　次に，それぞれの変数がどのように友人関係満足感を予測するかを調べるために，以下のようなパス解析を行いました（図4）。分析には，キャラあり群のみのデータを用いています。ここから，キャラがある者において，友人関係に気を遣うことがキャラのデメリット認知を促進し，そのデメリット認知によって自分のキャラを演じることのストレスが生じ，結果として友人関係満足感が低下することが示されました。キャラは周囲によってつけられてしまい（斎藤，2011；瀬沼，2007），一度キャラづけされると抜け出しにくい（土井，2009）という

表2　キャラの有無ごとの各得点の一要因分散分析（千島・村上，2015より）

	キャラあり(有) $n=123-124$		キャラなし(無) $n=57-58$		キャラ不明(不) $n=54$		F値 $(df=2,$ $228-233)$		η^2	多重比較
	M	(SD)	M	(SD)	M	(SD)				
気遣い	2.71	(0.49)	2.64	(0.47)	2.66	(0.38)	0.58	n.s.	.00	
ふれあい回避	2.62	(0.53)	2.81	(0.53)	2.69	(0.42)	2.79	n.s.	.02	
群れ	2.74	(0.59)	2.47	(0.47)	2.69	(0.39)	5.53	**	.05	無＜有
キャラのメリット認知	3.60	(0.70)	3.20	(0.86)	3.27	(0.78)	7.25	**	.06	無・不＜有
キャラのデメリット認知	3.14	(0.83)	3.20	(0.96)	3.26	(0.79)	0.41	n.s.	.00	
友人関係満足感	3.88	(0.71)	3.80	(0.83)	3.56	(0.78)	3.23	*	.03	不＜有

*$p<.05$, **$p<.01$

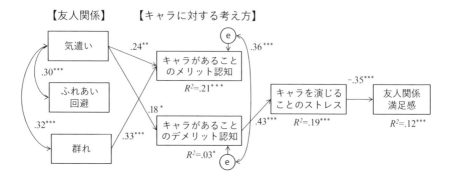

【友人関係】　　　【キャラに対する考え方】

$\chi^2(13) = 6.96$, *n.s.*, GFI = .98, AGFI = .96, CFI = 1.00, RMSEA = .00

$^*p < .05$, $^{**}p < .01$, $^{***}p < .001$

図4　友人関係，キャラに対する考え方，キャラを演じることのストレス，
友人関係満足感のパス図（千島・村上, 2015より）

特徴があるため，デメリットを認知していたとしても，与えられたキャラを演じることはなかなか避けられず，それによって友人関係への不満が増幅してしまうことが考えられます。

3−4−4．年齢による違い

　先ほど紹介した研究結果は，大学生を対象とした調査から得られたものでした。ただし，学校の教室内でキャラが生成・固定化されやすい（土井, 2009）ことを踏まえると，中学生や高校生におけるキャラを介した友人関係に焦点を当てる必要があるでしょう。大学生と比較した場合，異なる結果が得られるのでしょうか。実際に，中学生を対象にキャラに関する調査を行った本田（2011）では，「自分の気持ちと違っていても，人が求めるキャラを演じてしまうことがある」という質問に対する肯定率は，全体の34.5％にのぼっています。そして，キャラを演じる傾向は，クラス内での地位が低い場合に多くなることや，「仲のよい友だちでも私のことをわかっていない」という気持ちや，「どこかに本当の自分がある」という感覚と正の関連があることを明らかにしています。どうやら中学生のほうが大学生と比べて，キャラによる問題や苦痛を抱えていそうです。そこで，筆者らは，中学生と大学生に共通の調査を行い，キャラを

用いたコミュニケーションと適応の関連を比較することとしました（千島・村上, 2016）。

　この調査では，キャラの有無，キャラの受け止め方，キャラ行動，心理的適応を取り上げました。順に詳しく説明します。キャラの有無については，「あなたは，普段，友だちから"あなたは，＿＿＿キャラだね"などと言われることがありますか」と教示し，1つだけ記入を求めました。記入した者をキャラあり群，「思いつかない」または「＿＿＿キャラと言われない」にチェックした者をキャラなし群としました。キャラの受け止め方については，「拒否（例：自分が，＿＿＿キャラだと言われるのは，ふゆかいだ）」「積極的受容（例：自分は，＿＿＿キャラであることが嬉しい）」「消極的受容（例：友だちに＿＿＿キャラとして扱われるのはやむをえないと思う）」「無関心（例：自分が＿＿＿キャラであろうとなかろうと，どちらでもよい）」の4下位概念を想定しました。キャラ行動については，記入したキャラでの行動の頻度を測定するため，「普段から，＿＿＿キャラとしてふるまっている」などの項目を作成しました。心理的適応については，自尊感情（例：だいたいにおいて，自分に満足している），自己有用感（例：友だちと一緒にいるとき，自分が必要とされていると感じる），本来感（例：友だちと一緒にいるとき，いつでも自分らしくいられる）を採用しました。自己有用感と本来感は，居場所感の構成要素として位置づけられています（石本, 2010）。

　まず，学校段階ごとにキャラの有無の割合を調べた結果，中学生ではキャラあり群が32％でキャラなし群が68％でした。一方，大学生ではキャラあり群が57％でキャラなし群が43％でした。検定の結果，この割合の差は統計的に有意であり，中学生は比較的キャラがある者の割合が少ないことが示されました。次に，学校段階とキャラの有無を要因とし，自尊感情，自己有用感，本来感の3つの心理的適応に関する変数を従属変数とした分散分析を行いました。その結果，自己有用感で交互作用が有意であり，大学生では，キャラあり群の得点がキャラなし群よりも高いことが示されました（図5）。

　最後に，キャラの受け止め方とキャラ行動が心理的適応に及ぼすプロセスを検証するために，キャラあり群のデータを用いてパス解析を行いました（図6）。細かな分析手順は省略しますが，中学生と大学生では部分的に関連が異なっていました。係数の有意な差があったのは，キャラの消極的受容から自己有用感

25

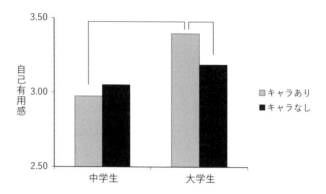

図5 学校段階とキャラの有無を要因とした二要因分散分析
（千島・村上, 2016 より筆者が作成）

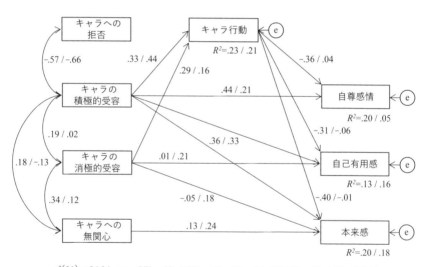

$\chi^2(20) = 26.34$, *n.s.*, GFI = .97, AGFI = .90, CFI = .99, RMSEA = .04, AIC = 130.34

※ 各係数の値を中学生 / 大学生の順で示している。

図6 学校段階別のキャラの受け止め方，キャラ行動，心理的適応の関連
（千島・村上, 2016 より）

と本来感へのパス，キャラ行動から自尊感情，自己有用感，本来感へのパスでした。とくに，キャラ行動と適応の関連は，中学生と大学生で非常に大きな差がありました。これらの結果からは，大学生においては，たとえ消極的にであってもキャラを受け入れていることが居場所の獲得に役立っている一方で，中学生においては，キャラに沿ったふるまいが心理適応を著しく下げていることがみてとれます。

　以上の結果を踏まえると，中学生と大学生において，キャラに沿ってふるまうという行為の意味合いが大きく異なるといえます。すなわち，中学生にとっては，友人から与えられた受け容れがたいキャラに沿って行動することは，違和感や苦痛を伴うものであるため，心理的適応を大きく損なうことに影響します。そのため，友人との関係性や友人の気持ちを考慮せずにキャラをつけてからかうことは，本人を苦しめることにもつながりかねないため，注意が必要でしょう。一方で，大学生にとってキャラに応じてふるまうということは，日常的なコミュニケーションの一環であり，それによるメリットも認識しているため，自尊感情や居場所感に大きく影響するものではないと推察されます。関係的自己の研究においても，大学生は中学生よりも，人間関係に応じてふるまい方を変えることについて，肯定的に認識しやすい（佐久間, 2006）ことが示されており，そのことが適応との関係を左右していると考えられます。

3-5. 「日本人的」か？

　これまで，人に合わせて自分を変えたり，キャラに沿ってふるまったりすることについて取り上げてきましたが，このような複数の自己を使い分けるような態度は，「日本人的」な特徴といえるのでしょうか。本節では，主に文化心理学の知見を紹介しながら，この問いに答えていきます。

3-5-1. 文化的自己観

　このテーマに関してよく話題にのぼるのは，「私」という一人称の単語が，英語では"I"だけだが，日本語にはわたし，わたくし，僕，俺，自分，当方，うち……など無数にあるということです。そもそも，英語の"self"という単語

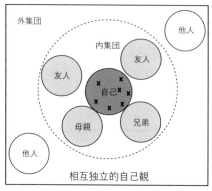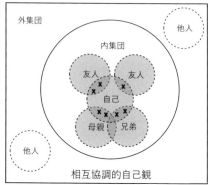

図7　文化的自己観（Markus & Kitayama, 2010 より筆者が翻訳）

は多くの場合で"the"が伴い，限定的で一元的な存在であること暗示している一方で，日本語の「自分」という単語を分解すると，「自」らの部「分」となり，全体の中の一部であるというニュアンスをもちます。この西洋と東洋の自己観の相違については古くから指摘されてきましたが，心理学分野ではマーカスとキタヤマ（Markus, H. R. & Kitayama, S., 1991）の文化的自己観のモデルが有名です。図7は，もともとのモデルから内外の集団や見知らぬ他人を加えたものになっています（Markus & Kitayama, 2010）。

　左側の相互独立的自己観は，西洋で顕著であるとされる自己のあり方です。自己やそれ以外の人間の輪郭がはっきりしていて，個々人が独立して存在しています。さらには，内集団と外集団との輪郭は曖昧であり，はっきりと内と外が分かれていません。一方，右側の相互協調的自己観は，東洋で顕著とされる自己のあり方で，個々人の輪郭が曖昧で，自己は，家族や友人と重なりをもっています。つまり，自分という存在は，親しい人々と切っても切れない関係にあるというわけです。家族や友人の前ではそれぞれ異なる自分が現れると言い換えてもいいでしょう。ただし，自他が融合しているのは内集団にいる者同士であり，外集団の他人とは明確な境界があります。

3−5−2.　文化的自己観のモデルを裏づける研究

　この相互独立的─協調的自己観のモデルは，もともとは1994年に提唱され

たものですが，数多くの研究がこのパラダイムに沿って，モデルの妥当性を検証しています。ここでは，そのうちの一部を紹介します。詳しい課題の内容や文化差については，キタヤマら（Kitayama et al., 2009）などをご参照ください。

　相互独立的自己観では，自己の境界線がはっきりとしており，他とは切り離されていました。ここから推察するに，自己の「存在感」も他者と比べて大きいのではないでしょうか。キタヤマら（Kitayama et al., 2009）は，これを実験的に検討しています。実験では自分の周りの社会的ネットワークの図を描く課題を参加者に課し，自分や他者を一人ひとり丸印で囲むよう指示しました。そして，自分につけた丸印のサイズについて他者の丸印のサイズとの割合を計算し，相対的自己サイズを算出しました。このサイズをアメリカ，イギリス，ドイツ，日本で比較した結果，日本では他の国と比べて相対的自己サイズが有意に小さく，自分よりも他者のほうを大きく描く傾向がありました（図8）。ここから，相互独立的自己観をもつ西洋において，東洋よりも自己の存在感が大きいことがわかります。

　次に紹介するのは，言語の使われ方に着目した研究です。英語では自分のことを話すときに，必ず "I" という主語を伴いますが，日本語では必ずしも「私」に言及する必要はありません。たとえば，昨日買い物に行ったことを話す場合，"I went shopping yesterday." では主語のIを省略することはできませんが，日本語では「昨日買い物に行きました」と主語を省略できますし，むしろ

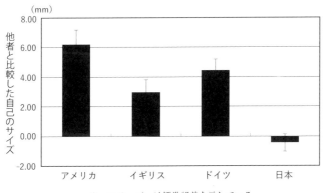

※　エラーバーは標準誤差を示している。

図8　自己のサイズの比較（Kitayama et al., 2009 より筆者が翻訳）

そのほうが自然な文章に感じます。主語を落とせるかどうかは，言語によって異なります。文法上，主語を落とすのが可能な言語は，日本語，中国語，韓国語，スペイン語，アラビア語，ヒンディー語，ロシア語，ポルトガル語などで，不可能な言語は，英語，ドイツ語，フランス語などとされています。カシマとカシマ（Kashima, E. S. & Kashima, Y., 1998）は，この現象に着目して文化比較を行った結果，主語を落とすことができない言語を使う人ほど，個人主義の傾向が高いことを明らかにしました。また，ウーツ（Uz, I., 2014）はGoogle Booksが提供しているデータベースから，イギリス英語，アメリカ英語，それ以外の英語，中国語，フランス語，ドイツ語，ヘブライ語，イタリア語，ロシア語，スペイン語の10言語の本を抽出し，個人主義との検討を行いました。その結果，一人称単数の主語（Iなど）を比較的多く使っている言語ほど，個人主義の得点が高いことがわかりました（$r=.62$）。ちなみに，個人主義と相互独立的自己観はやや異なる概念ではありますが，自己という個人を強調するという意味では共通しています。

　以上のことから，「私」を多用する言語を使うほど個人主義が高いことがわかりましたが，2か国語以上を話す場合は，はたしてどうなるのでしょうか。使う言語によって，自己観が変わるのでしょうか。ケメルマイヤーとチェン（Kemmelmeier, M. & Cheng, B. Y.-M., 2004）は英語と中国語を話す香港人を対象として，異なる言語で相互独立的―協調的自己観の尺度に回答してもらう実験を行いました。参加者は中国語で回答する条件と，英語で回答する条件にランダムに割り振られました。分析の結果，中国語で回答した条件のほうが，相互協調的自己観の得点が高いことがわかりました。さらに，ロスら（Ross, M. et al., 2002）は，より詳しく条件を分けて，カナダの同じ大学に通う大学生を対象に実験を行っています。参加者は，①中国生まれで中国語で回答する条件，②中国生まれで英語で回答する条件，③カナダ生まれの中国系民族で英語で回答する条件，④カナダ生まれのヨーロッパ系民族で英語で回答する条件の4条件に分けられました。①と②の人はバイリンガルですが，③の中には中国語がわからない人もいました。分析の結果，①中国生まれで中国語で回答する条件は，他の条件と比べて，自分の特性について他者協調的な記述が多いことが示されました。以上のことから，使用する言語によって自己観が異なり，個人内

においても言語によって自己観が変化するということがわかりました。

　次は，対人関係に関連する感情の文化比較研究をみてみましょう。キタヤマら（Kitayama et al., 2009）は，アメリカ人，イギリス人，ドイツ人，日本人を対象にして，複数の場面での感情と幸福感の関連を調査しました。感情リストには，対人関係に関連する感情（例：他者とのつながり，恥）と，対人関係に関連しない感情（例：誇り，不機嫌）が含まれていました。分析の結果，日本人は他と比べて，対人関係に関連する感情を多く報告することが示されました。さらに，幸福感との関連を検討した結果，アメリカ人では対人関係に「関連しない」感情の強さが幸福感と正の関連を示した一方で，日本人では対人関係に「関連する」感情の強さが幸福感と正の関連を示しました。この結果から，日本人の幸福感は，他の国の幸福と比べて人間関係に依存していることがわかります。この人間関係に依存する幸福は「協調的幸福（interdependent happiness）」と呼ばれ，とくに東アジア圏で価値の置かれる幸福のかたちであると考えられています（Hitokoto & Uchida, 2015）。協調的幸福を測定する尺度も開発されており，「自分だけでなく，身近な周りの人も楽しい気持ちでいると思う」「人に迷惑をかけずに自分のやりたいことができている」などの項目で測定されます。

3-5-3. 自己一貫性の文化差

　場面・状況・社会的役割によって自己が一貫していることや，変化することについても，いくつか文化比較が行われてきました。以下ではその中でも，日本のデータがあるものを中心に取り上げて解説したいと思います。ちなみに，この場面ごとに自己が変わる現象にはさまざまな名称がつけられていますが，ここでは最も多く使われている「自己一貫性（self-consistency）」で統一したいと思います。

　まず，自己一貫性の程度には文化差があるのでしょうか。カナガワら（Kanagawa, C. et al. (2001)）は，日本とアメリカの大学生を対象に，Twenty Statements Test（TST）と呼ばれる，自分自身について20の記述を行う課題を実施しました。その際に，参加者は「集団の中で課題を行う条件」「一人の先生の前で課題を行う条件」「一人の友人の前で課題を行う条件」「一人で課題

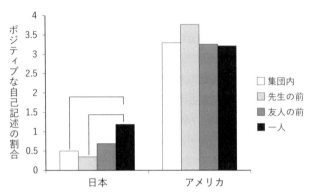

図9　ポジティブな自己記述の場面ごとの比較（Kanagawa et al., 2001 より筆者が作成）

を行う条件」の4条件に分けられました。従属変数には，ポジティブな自己記述の割合（ポジティブな自己記述の個数÷ネガティブな自己記述の個数）が使われています。分析の結果，日本人学生では場面の効果が有意であり，一人で行う条件で，集団内や先生の前で行う条件よりも，ポジティブな自己記述の割合が高いことが示されました（図9）。一方で，アメリカ人学生では有意な結果は得られませんでした。ちなみに，アメリカ人学生で最もポジティブな自己記述の割合が高いのは，先生の前で行う条件でした。誰の前で自己紹介をするかによって，話す内容が変わることはよくありますが，この研究はまさにその現象をデータで示しています。アメリカ人学生ではポジティブな記述が多いことも，非常に興味深い結果です。同様の研究として，カシマら（Kashima et al., 2004）は，自分の性格について，3つの場面（家族といる場面，友だちといる場面，他人といる場面）を想定して評定させ，場面によるばらつき度合いを得点化しています。その得点を，日本，韓国，イギリス，ドイツ，オーストラリアで比較した結果，日本人はその他の国の人々と比べて，最もばらつき度合いが高いことが示されました。さらに，日本人では場面によるばらつきと，真の自己としての感覚に正の関連がありましたが（$r=.27$），西洋人では負の関連がありました（$r=-.15$）。これは，日本人においては，場面によって性格が異なっていたとしてもそれ自体が本当の自分であるととらえられていますが，西洋では偽りの自分として考えられやすいことを示唆しています。

　日本では自己一貫性が低く，西洋では高いことがわかりましたが，適応との関連はどうでしょうか。まず，日本と同じ東アジア圏である韓国のデータからみてみましょう。スー（Suh, E. M., 2002）では，韓国とアメリカの大学生を対象にして，一般的な自分，家族といるとき，親友といるとき，教授やTA（ティーチング・アシスタント）といるとき，他人といるとき，年下といるときの6場面での性格特性について評定させました。各場面での自己一貫性は，アメリカのほうが韓国よりも高く，アメリカでは自己一貫性が人生満足度（$r=.49$）やポジティブ感情（$r=.31$）と中程度の正の関連を示していましたが，韓国ではそれらの関連はより小さいものでした（人生満足度で$r=.22$，ポジティブ感情で$r=.17$）。また，アメリカでは，自己概念が一貫しているほど他者から社会的スキル（$r=.37$）や好感度（$r=.33$）が高いと評価される一方で，韓国ではあまり関連はありませんでした（社会的スキルで$r=.12$，好感度で$r=-.02$）。次に，日本を含めた同様の研究をみてみます。チャーチら（Church, A. T. et al., 2008）は，アメリカ，オーストラリア，メキシコ，フィリピン，マレーシア，日本を比較した結果，どの国でも自己一貫性が適応指標（自尊感情，人生満足度，ポジティブ感情，社交不安など）と正の関連を示したものの，日本ではその関連が非常に弱かったことを報告しています。以上から，日本や韓国の東アジア圏では，相手ごとに違う自分がいたとしても問題になりにくいということが読み取れます。

　それでは，なぜ自己一貫性の程度や，適応との関連に文化差が生じるのでしょうか。先行研究では，主に2つの要因に焦点が当てられています。1つ目は，東アジアにおける「弁証法的自己観（dialectical self）」の信念です（Heine, 2001; Peng & Nisbett, 1999; Spencer-Rodgers et al., 2009）。これは，自己の存在を，矛盾を含んだものであり，予測できないほど流動的で，全体の中の一部として考える傾向のことです。陰陽思想に代表されるように，東アジアでは古くからこのような信念が根付いているとされています。いくつかの先行研究から，この弁証法的自己観が，自己一貫性の文化差を説明することがわかっています（Church et al., 2012; English & Chen, 2007; Spencer-Rodgers et al., 2009）。つまり，自己という存在をそもそも柔軟で変わりやすいと考えているため，場面ごとに自己が一貫していないことに対して抵抗感が少ないのです。2つ目の要因は，社

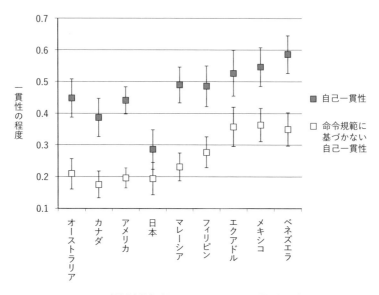

※　エラーバーは99％信頼区間を示している。ここでは，「両親と家にいるとき」
　　「兄弟や同じくらいの年齢の親戚たちと家にいるとき」「友人たちと大学にいると
　　き」「教授たちと大学にいるとき」の４つの状況を想定している。

図10　自己一貫性の文化比較（Locke et al., 2017より筆者が翻訳）

会規範（social norm）の影響です。ロックら（Locke, K. D. et al., 2017）は，自己
一貫性を，命令規範（この場面ではこうするべきというルール）の観点から検討を
行っています。図10の「自己一貫性」とは，異なる場面での一貫性のことで，
「命令規範に基づかない自己一貫性」とは，命令規範の影響を除外した場合の
一貫性を表しています。図10にあるとおり，日本は他の国と比べて自己一貫
性が著しく低いのですが，命令規範に基づかない自己一貫性は他の国よりも低
いわけではありません。ここから読み取れるのは，日本人は社会規範の影響を
受けやすいということです。場面ごとにあるべき自分と素の自分との差異を強
く意識し，そこに近づけようとするために，一貫性が低くなるのです。社会で
共有されている暗黙のルールや人の目を気にする傾向が，一貫性の低さを高め
ていると考えられます。これらの命令的な規範の影響は，親子関係でも現れる
ようです。ロックら（Locke et al., 2019）は，カナダに移民した第二世代のアジ
ア系カナダ人学生は，ヨーロッパ系カナダ人学生よりも自己一貫性が低く，と

くに「親の前」と「友人の前」での自己一貫性が低いことを報告しています。
これは，移民した第一世代の家族は，子どもに親の期待に添うようなふるまい
を求める傾向が強いことが原因だと指摘されています。これも親からの期待と
いう1つの規範が，自己一貫性を下げている例と考えられます。

4. それが実践にもつ意義は何か
「偽りの自分」への処方箋

　これまでの議論から得られた主な結論は，以下の4点です。①場面や状況に
よって複数の自分をもち，自分を切り替える傾向は近年高まっている。②複数
の自己を使い分けることは，過度に偽りの自分を演じない限り，適応的である
といえる。③友人関係が限定的になりがちな中学生では，キャラに合わせてふ
るまうことで，心理的適応が損なわれやすい。④場面に合わせて自分を変える
傾向は，日本を含めた東アジアで顕著である。

　これらの研究を教育や臨床的な実践につなげる際には，②にあげた「偽りの
自分」を演じているかどうかに着目するとよいでしょう。相手に好かれたいと
思うがあまり，自分らしくない態度で接すると，心理的な適応を損なってしま
う可能性が高まります。また，そもそも自分らしさや「本当の自分」というも
のがわからないと感じる場合は，複数の自分のそれぞれが本当であり，他者か
らみた自分の評価もまた，本当の自分なのだと考えると，気が楽になるかもし
れません。

　筆者が注目している別の現象として，あえて別の人格としてふるまうこと
で，実際の自己認知や行動が変わるというものがあります。たとえば，男性の
参加者が仮想現実（バーチャルリアリティ：VR）上で女性としてふるまうことに
よって，性差別的な態度が弱まること（Lopez et al., 2019）や，白人の参加者が
VR上で黒人の体を身にまとい，VR上で黒人としてふるまうことで，黒人へ
の偏見が減少すること（Banakou et al., 2016）が知られています。VR上で痩せ
た自分を体験することは，その後の体重減少や減量へのモチベーション維持に
効果があるという報告もあります（Horne et al., 2020）。このようにVRを使えば，
現実ではできない身体の交換ができるため，それまで検討できなかった「女

性としての私」「黒人としての私」などをつくり上げることができます。さらにいえば，「老人としての私」（Hershfield et al., 2011），「スーパーマンとしての私」（Rosenberg et al., 2013），「フロイトとしての私」（Slater et al., 2019），「動物としての私」（Ahn et al., 2016）など可能性は無限にあります。また，VRを使わなくても，別人格になりきるということは可能です。たとえば，英会話のときに，自分の名前を英語圏の外国人によくある名前にして，その人としてふるまう練習をすれば，英語の上達や異文化適応能力の向上に役に立つのではないでしょうか。まさに，"Fake it till you make it"の世界です。このように，「偽りの自分」もとらえ方によっては適応的な効果をもたらすことがあります。

［引用文献］

Ahn, S. J., Bostick, J., Ogle, E., Nowak, K. L., McGillicuddy, K. T., & Bailenson, J. N. (2016). Experiencing nature: Embodying animals in immersive virtual environments increases inclusion of nature in self and involvement with nature. *Journal of Computer-Mediated Communication*, *21*(6), 399-419.

浅野 智彦（1999）．親密性の新しい形へ　富田 英典・藤村 正之（編）．みんなぼっちの世界──若者たちの東京・神戸90's・展開編──（pp. 41-57）　恒星社厚生閣．

Banakou, D., Hanumanthu, P. D., & Slater, M. (2016). Virtual embodiment of white people in a black virtual body leads to a sustained reduction in their implicit racial bias. *Frontiers in Human Neuroscience*, *10*, 601.

千島 雄太・村上 達也（2015）．現代青年における"キャラ"を介した友人関係の実態と友人関係満足感の関連──"キャラ"に対する考え方を中心に──　青年心理学研究，*26*(2)，129-146.

千島 雄太・村上 達也（2016）．友人関係における"キャラ"の受け止め方と心理的適応──中学生と大学生の比較──　教育心理学研究，*64*(1)，1-12.

Church, A. T., Alvarez, J. M., Katigbak, M. S., Mastor, K. A., Cabrera, H. F., Tanaka-Matsumi, J., ... Buchanan, A. L. (2012). Self-concept consistency and short-term stability in eight cultures. *Journal of Research in Personality*, *46*(5), 556-570.

Church, A. T., Anderson-Harumi, C. A., del Prado, A. M., Curtis, G. J., Tanaka-Matsumi, J., Valdez Medina, J. L., ... Katigbak, M. S. (2008). Culture, cross-role consistency, and adjustment: Testing trait and cultural psychology perspectives. *Journal of Personality and Social Psychology*, *95*(3), 739-755.

電通（2015）．電通総研「若者まるわかり調査2015」を実施──「ウラハラ・マインド」を

持つ，今の若者像が明らかに──　電通総研．https://www.dentsu.co.jp/news/release/pdf-cms/2015038-0420.pdf（2022年5月25日アクセス）

土井 隆義（2009）．キャラ化する／される子どもたち──排除型社会における新たな人間像──　岩波書店．

English, T., & Chen, S. (2007). Culture and self-concept stability: Consistency across and within contexts among Asian Americans and European Americans. *Journal of Personality and Social Psychology*, *93*(3), 478-490.

現代用語の基礎知識編集部（編）（2003）．現代用語の基礎知識　自由国民社．

現代用語の基礎知識編集部（編）（2006）．現代用語の基礎知識　自由国民社．

現代用語の基礎知識編集部（編）（2013）．現代用語の基礎知識　自由国民社．

Heine, S. J. (2001). Self as cultural product: An examination of East Asian and North American selves. *Journal of Personality*, *69*(6), 881-906.

Hershfield, H. E., Goldstein, D. G., Sharpe, W. F., Fox, J., Yeykelis, L., Carstensen, L. L., & Bailenson, J. N. (2011). Increasing saving behavior through age-progressed renderings of the future self. *Journal of Marketing Research*, *48*, S23-S37.

Hitokoto, H., & Uchida, Y. (2015). Interdependent happiness: Theoretical importance and measurement validity. *Journal of Happiness Studies: An Interdisciplinary Forum on Subjective Well-Being*, *16*(1), 211-239.

本田 由紀（2011）．学校の「空気」（若者の気分）　岩波書店．

Horne, M., Hill, A., Murells, T., Ugail, H., Chinnadorai, R., & Hardy, M. (2020). Using avatars in weight management settings: A systematic review. *Internet Interventions*, *19*, 100295.

石本 雄真（2010）．青年期の居場所感が心理的適応，学校適応に与える影響　発達心理学研究，*21*(3)，278-286.

岩田 考（2006）．若者のアイデンティティはどう変わったか　浅野 智彦（編）．検証・若者の変貌──失われた10年の後に──（pp. 151-190）　勁草書房．

Kanagawa, C., Cross, S. E., & Markus, H. R. (2001). "Who am I?" The cultural psychology of the conceptual self. *Personality and Social Psychology Bulletin*, *27*(1), 90-103.

Kashima, E. S., & Kashima, Y. (1998). Culture and language: The case of cultural dimensions and personal pronoun use. *Journal of Cross-Cultural Psychology*, *29*(3), 461-486.

Kashima, Y., Kashima, E., Farsides, T., Kim, U., Strack, F., Werth, L., & Yuki, M. (2004). Culture and context-sensitive self: The amount and meaning of context-sensitivity of phenomenal self differ across cultures. *Self and Identity*, *3*(2), 125-141.

川人 潤子・堀 匡・大塚 泰正（2010）．大学生の抑うつ予防のための自己複雑性介入プログラムの効果　心理学研究，*81*(2)，140-148.

川人 潤子・大塚 泰正（2011）．大学生の肯定的自己複雑性と満足感，幸福感および抑うつと

の関連の検討　パーソナリティ研究, *20*(2), 138-140.

Kemmelmeier, M., & Cheng, B. Y.-M. (2004). Language and self-construal priming: A replication and extension in a Hong Kong sample. *Journal of Cross-Cultural Psychology*, *35*(6), 705-712.

木谷 智子・岡本 祐子（2016）．自己概念の多面性と心理的well-beingの関連　青年心理学研究, *27*(2), 119-127.

木谷 智子・岡本 祐子（2018）．自己の多面性とアイデンティティの関連　青年心理学研究, *29*(2), 91-105.

Kitayama, S., Park, H., Sevincer, A. T., Karasawa, M., & Uskul, A. K. (2009). A cultural task analysis of implicit independence: Comparing North America, Western Europe, and East Asia. *Journal of Personality and Social Psychology*, *97*(2), 236-255.

Linville, P. W. (1987). Self-complexity as a cognitive buffer against stress-related illness and depression. *Journal of Personality and Social Psychology*, *52*(4), 663-676.

Locke, K. D., Church, A. T., Mastor, K. A., Curtis, G. J., Sadler, P., McDonald, K., ... Ortiz, F. A. (2017). Cross-situational self-consistency in nine cultures: The importance of separating influences of social norms and distinctive dispositions. *Personality and Social Psychology Bulletin*, *43*(7), 1033-1049.

Locke, K. D., Sadler, P., & McDonald, K. (2019). Cross-situational consistency of trait expressions and injunctive norms among Asian Canadian and European Canadian undergraduates. *Cultural Diversity and Ethnic Minority Psychology*, *25*(2), 210-219.

Lopez, S., Yang, Y., Beltran, K., Kim, S. J., Cruz Hernandez, J., Simran, C., ... Yuksel, B. F. (2019). Investigating implicit gender bias and embodiment of white males in virtual reality with full body visuomotor synchrony. *Proceedings of the 2019 CHI Conference on Human Factors in Computing Systems*, 1-12.

Markus, H. R., & Kitayama, S. (1991). Culture and the self: Implications for cognition, emotion, and motivation. *Psychological Review*, *98*(2), 224-253.

Markus, H. R., & Kitayama, S. (2010). Cultures and selves: A cycle of mutual constitution. *Perspectives on Psychological Science*, *5*(4), 420-430.

Matsushima, R. (2016). The relationship between situational change and selectiveness in friendships for adjustment to the university. *International Journal of Adolescence and Youth*, *21*(3), 356-368.

Morgan, H. J., & Janoff-Bulman, R. (1994). Positive and negative self-complexity: Patterns of adjustment following traumatic versus non-traumatic life experiences. *Journal of Social and Clinical Psychology*, *13*(1), 63-85.

岡田 努（1995）．現代大学生の友人関係と自己像・友人像に関する考察　教育心理学研究, *43*(4), 354-363.

岡田 努（2010）．青年期の友人関係と自己——現代青年の友人認知と自己の発達——　世界思想社.

岡田 努（2016）．青年期の友人関係における現代性とは何か　発達心理学研究, *27*(4), 346-356.

太田 省一（2009）．遊びと笑いというコミュニケーション　長谷 正人・奥村 隆（編）．コミュニケーションの社会学（pp. 149-166）　有斐閣.

大谷 宗啓（2013）．大学生の同性友人関係における状況に応じた切替──社会的スキルとしての効果性と教育上の課題──　大阪電気通信大学人間科学研究, *15*, 79-93.

Peng, K., & Nisbett, R. E. (1999). Culture, dialectics, and reasoning about contradiction. *American Psychologist*, *54*(9), 741-754.

Rafaeli-Mor, E., & Steinberg, J. (2002). Self-complexity and well-being: A review and research synthesis. *Personality and Social Psychology Review*, *6*(1), 31-58.

Rosenberg, R. S., Baughman, S. L., & Bailenson, J. N. (2013). Virtual superheroes: Using superpowers in virtual reality to encourage prosocial behavior. *PloS One*, *8*(1), e55003.

Ross, M., Elaine Xun, W. Q., & Wilson, A. E. (2002). Language and the bicultural self. *Personality and Social Psychology Bulletin*, *28*(8), 1040-1050.

斎藤 環（2011）．キャラクター精神分析──マンガ・文学・日本人──　筑摩書房.

佐久間 路子（2006）．幼児期から青年期にかけての関係的自己の発達　風間書房.

佐久間 路子・無藤 隆（2003）．大学生における関係的自己の可変性と自尊感情との関連　教育心理学研究, *51*(1), 33-42.

佐藤 徳（1999）．自己表象の複雑性が抑鬱及びライフイベントに対する情緒反応に及ぼす緩衝効果について　教育心理学研究, *47*(2), 131-140.

青少年研究会（2013）．都市住民の生活と意識に関する世代比較調査. http://jysg.jp/img/flash20130724.pdf（2022年5月25日アクセス）

青少年研究会（2015）.「若者の生活と意識に関するアンケート」単純集計結果. http://jysg.jp/img/20200220.pdf（2022年5月25日アクセス）

瀬沼 文彰（2007）．キャラ論　STUDIO CELLO.

Slater, M., Neyret, S., Johnston, T., Iruretagoyena, G., de la Campa Crespo, M. Á., Alabèrnia-Segura, M., ... Feixas, G. (2019). An experimental study of a virtual reality counselling paradigm using embodied self-dialogue. *Scientific Reports*, *9*(1), 1-13.

Spencer-Rodgers, J., Boucher, H. C., Mori, S. C., Wang, L., & Peng, K. (2009). The dialectical self-concept: Contradiction, change, and holism in East Asian cultures. *Personality and Social Psychology Bulletin*, *35*(1), 29-44.

Suh, E. M. (2002). Culture, identity consistency, and subjective well-being. *Journal of Personality and Social Psychology*, *83*(6), 1378-1391.

辻 大介（2004）．若者の親子・友人関係とアイデンティティ──16〜17歳を対象としたアンケート調査の結果から──　関西大学社会学部紀要, *35*(2), 147-159.

辻　泉（2016）．友人関係の変容——流動化社会の「理想と現実」——　藤村　正之・浅野　智彦・羽渕　一代（編）．現代若者の幸福——不安感社会を生きる——（pp. 71-96）　恒星社厚生閣.

Uz, I. (2014). Individualism and first person pronoun use in written texts across languages. *Journal of Cross-Cultural Psychology, 45*(10), 1671-1678.

Woolfolk, R. L., Novalany, J., Gara, M. A., Allen, L. A., & Polino, M. (1995). Self-complexity, self-evaluation, and depression: An examination of form and content within the self-schema. *Journal of Personality and Social Psychology, 68*(6), 1108-1120.

第2章
地元志向からみる現代社会：
学生は社会をつくり出す主体であると認識しているのか？

田澤　実

1. なぜこの問題を研究しようと思ったのか
「学校から社会への移行」から「社会へ移行する際の地理的な移動」へ

　筆者は2001年3月に大学を卒業しました。1つ上の学年の大卒求人倍率は0.99倍と過去最低の値であり，筆者の年度でも1.09倍でした。大卒求人倍率は年度によって異なりますが，筆者が大学を卒業した年度はかなり低い倍率であったと位置づけられます（リクルートワークス研究所, 2020）。

　このような背景もあり，筆者は，大学3年次に進路選択をどうするかとても悩みました。そのときに，発達心理学の分野で大学生の進路選択を扱っている研究があると知り，ぜひとも調べてみたいと思いました。結果的に，この経験があったために，筆者は民間企業への就職ではなく大学院への進学を決意しました。その後，卒業論文，修士論文，博士論文と同様のテーマを継続し，大学教員として就職してからも大学生の進路選択の研究を続けています。

　筆者が大学教員として就職したのは2007年でした。およそ，そのころから日本における人口減少が話題になってきたと記憶しています。筆者の世代は日本の人口が増加する時代に育ちました。これからは日本の人口が減少する時代を経験していくことになると知り，このテーマに関連した研究をしたいと思うようになりました[*1]。

　その際に，筆者が今まで研究してきた「学校から社会への移行」というテーマを「社会へ移行する際の地理的な移動」というように少しスライドすると研究ができそうであると気づきました。その1つのキーワードが「地元志向」です。

　本章では，「地元志向」から現代社会について考えてみたいと思います。近

年では，学生の地元志向に対して社会的な関心が高まっています。本章では大学生の地元志向を扱った先行研究を概観したうえで，新たな地元志向の学生のとらえ方について示します。

2. どんな問いを立てたのか
地元志向の学生にもポジティブな面があるのではないか？

2-1. 大学生の地元志向に対する社会的な関心の高まり

　2018年5月，東京23区にある大学の定員増を原則として10年間認めないとする地方大学振興法（地域における大学の振興及び若者の雇用機会の創出による若者の修学及び就業の促進に関する法律）が，参議院本会議で可決，成立しました（参議院, 2018）。進学や就職に伴う若者の東京一極集中是正がこの背景にあります。
　また，これに関連するものとして，まち・ひと・しごと創生本部による一連の議論があります。これは，人口の急減や超高齢化を背景にして，各地域がそれぞれの特徴を活かした自律的で持続的な社会を目指すものです。まち・ひと・しごと創生本部（2015）は，地方の若い世代の多くが大学等の入学時と卒業時に東京圏へ流出していることを受けて，「地方における自道府県大学進学者の割合を平均で36％まで高める」こと，および，「地方における雇用環境の改善を前提に，新規学卒者の道府県内就職の割合を平均で80％まで高める」ことを重要業績評価指標として掲げました。
　しかし，まち・ひと・しごと創生総合戦略のKPI検証チーム（2017）だけでなく，第2期「まち・ひと・しごと創生総合戦略」策定に関する有識者会議（2019）も「地方での自道府県大学進学者割合」と「新規学卒者の道府県内就職割合」が進捗していないことを示しました。前者は，32.3％（2015年度），32.7％（2017年度速報値），33.1％（2018年度）という推移であり，後者は，66.5％（2014年度），66.1％（2015年度），63.2％（2016年度）という推移でした。これらの指標の達成が難航していることがわかります。

2-2.　地元志向の先行研究

　「地元」は多義的に使われる用語です。たとえば，暗黙裡に「地方」としての意味を含むように使われることもあれば，もともと住んでいた場所という意味で，高校所在地の都道府県のことを意味することもあります。高校までは自宅から通うことが多いためです。同様に，「地元志向」も多義的な用語ですが，進路選択との関連を扱った先行研究においては，自県または自県近辺への就職を希望することとして使われることがあります。

　平尾・重松（2006）は，山口県の学生を対象に質問紙調査を行い，地元志向の学生のほうが仕事をするイメージをもてない者が多く，就職活動に対する意欲も相対的に低いことを明らかにしました。平尾・田中（2016）は，中国地方の学生を対象に質問紙調査を行い，地元志向の学生は長期的に働くという意識がやや低い特徴があることを明らかにしました。田澤・梅崎（2017）は，非三大都市圏において，高校所在地，大学所在地，希望勤務地がすべて同じ都道府県の学生（地元志向の学生）は，他の学生と比較してアクションを起こすことに消極的であり，将来のビジョンが明確ではないことを示しました。以上のことから，地元志向の学生はキャリア意識が低い（肯定的なキャリア意識をもつことができていない）ことが指摘されています。

2-3.　先行研究の到達点と本章の視点

　上述してきたように，近年では，大学進学時であれ，大卒後の就職時であれ，自らの出身地である都道府県（以下，県と表記）に残ること，すなわち，地元志向を促すような政策がとられています。しかし，進路選択に関連する先行研究では，地元志向の学生のネガティブな面に焦点が当てられることが多かったといえるでしょう。青年期から成人期への移行を考える際には，他の指標も含めて検討していく必要があると思われます。

2-3-1.　進路選択に関連する指標の新規性
　本章では，社会をどのようにとらえているのかという視点を取り入れます。

　白井ほか（2009）および白井（2008）は，23歳から39歳までの若年者を対象に「私にとって社会は」という文章完成法を用いた調査を行いました。これは，社会について人々への信頼という側面のみを測定するのではなく，「規範も含めた社会を大枠で捉える」（白井ほか，2009, p. 229）ものでした。

　白井ほか（2009）は，社会について肯定または否定という一次元でとらえました。具体的には，社会に対する積極的なかかわり，自分を支えてくれる基盤としての社会が明確に示される場合を「肯定」（記述例：「自己実現の場」「家族を守ってくれるもの」），社会に対して否定的だったり，無関心であったりする場合を「否定」（記述例：「敵」「厳しい」），否定ではないが肯定ともいえない場合，否定・肯定の拮抗が示される場合を「中位」（記述例：「職場」「甘辛い」）と分類しました。

　白井（2008）は，文章完成法で使用頻度が高い語を抽出し，最終的に15のカテゴリーを見出しました。そして，「自分」「生きる」「生活」などが多いことから，若年者にとっての社会は，自分がかかわるフィールドとして理解されており，それらには「稼ぐ」「職場」「家族」といった経済・生活的な空間，「ルール」といった秩序形成空間，「つなぐ」といった集合的空間があることを指摘しました。また，一方では，若年者にとっての社会は，「学ぶ」「成長」「実現」といった能動的な自己変化，「つらい」「厳しい」といった社会からの受動的な評価，「わからない」「遠い」といった距離感覚においてとらえられていることも指摘しました。

　本章では，大学生を対象にした調査に，この指標を取り入れることにします。

2－3－2.　地元志向を分類する指標の新規性

　県内就職率に着目する政策，地元志向の学生の進路選択に関連する先行研究では，多くの場合，自県への就職を希望するか否かで尋ねています。しかし，同一の大学に入学している学生であったとしても，入学時に自県からの進学であったのか，それとも他県からの進学であったのかの違いは大きいと考えられます。

　たとえば，北海道の高校を卒業して北海道の大学に進学した者が北海道に就

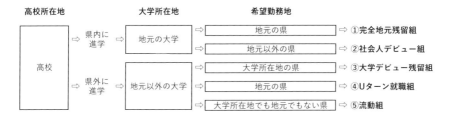

図1　5つの地域移動パターン（田澤・梅崎, 2019を参考に筆者作成）

職を希望する場合は，長期的に北海道の人口を考えればプラスマイナスゼロです。しかし，東京都の高校を卒業して，北海道の大学に進学した者が北海道に就職を希望する場合は，長期的に北海道の人口を考えればプラス1になります。両者を分けて分析することが必要になるでしょう。

　そこで，「高校から大学」と「大学から就職（希望勤務地）」の都道府県間移動をセットにしてとらえる視点を導入することにします。田澤・梅崎（2019）を参考に5つの地域移動パターンを設けました（図1）。地元志向は「①完全地元残留組」と「④Uターン就職組」が該当します。

2-4. 目的

　本章では，地元志向の学生が社会をどのようにとらえているのかについて明らかにすることを目的とします。

3. どんな研究をし，何がわかったのか
否定面だけでなく肯定面もみる

3-1. 対象者

　対象者は，就職情報サイトのモニターである全国の大学3年生4314名でした。分析には以降の質問項目にすべて回答した3102名（男性：927名，女性：2175名）のデータを用いました。文理区分を対象者自身による判断で求めたと

ころ，文系が2269名，理系が833名でした。また，対象者が通った高校所在地を基準にして，三大都市圏（東京都，神奈川県，埼玉県，千葉県，愛知県，岐阜県，三重県，大阪府，兵庫県，京都府，奈良県）と地方圏に分類したところ，三大都市圏が1799名，地方圏が1303名でした。なお，モニターの会員規約には，回答を「大学や研究機関と実施する共同調査」に利用する旨を記載しました。

3-2. 調査時期

調査時期は，2019年11月から12月でした。

3-3. 用いた質問項目

3-3-1. 地域移動パターン

田澤・梅崎（2019）と同様に，高校所在地，大学所在地，希望勤務地の組み合わせから5つの地域移動パターンを設けました。対象者には各項目において47都道府県に「海外」を足し合わせた合計48個の選択肢から1つを選ぶように回答を依頼しました。以降の3項目について47都道府県のいずれかを選択した者を分析の対象としました。

3-3-2. 社会のとらえ方

白井ほか（2009）と同様に「私にとって社会は」という文章を完成させるように求めました。

3-4. 結果と考察

分析には，計量テキスト分析のためのフリーソフトウェア「KH Coder」（樋口, 2004）を利用しました。

3-4-1. 語のクリーニング

分析を行う前に，漢字とひらがなが混在している語はどちらかに統一するよ

うに語のクリーニングを行いました。たとえば，「つながり」と「繋がり」の両方がみられた場合，「繋がり」に統一しました。なお，「生き辛い」と「辛い」の語については，本文中での使われ方を確認し，後者がすべて「つらい」と読むと判断できました。そこで，それぞれを「生きづらい」と「辛い」として統一し，両者を分けて分析しました。

3-4-2.　分析の方針

本章では，テキスト型データの計量的分析について統合アプローチを提案した樋口（2004）を参考にして，多変量解析によってデータ全体を要約・提示したうえで，コーディングルールを公開する手順を踏むことにしました。

樋口（2004）は，テキスト型データから言葉や文書を分類する先行研究では，分析者が作成した基準を用いるか，多変量解析を用いるかの二者択一の状態であったことを指摘しました。

樋口（2004）によれば，前者はDictionary-basedアプローチと呼ばれ，分析者の理論や問題意識を自由に操作化し，データのさまざまな側面に自由に焦点を絞ることができるという利点がある一方で，都合のよいコーディングルールばかりが作成・利用されてしまう危険性があります。後者はCorrelationalアプローチと呼ばれ，分析者のもつ理論や問題意識の影響を極力受けないかたちでデータを要約・提示できるという利点がある一方で，多変量解析に大きく依存しており，理論や問題意識を自由に操作化して追究するうえでは限界があります。

樋口（2004）は，両者にそれぞれ一長一短があることを指摘したうえで，これらの2つのアプローチを互いに補い合うかたちで統合することを提案したのです。

3-4-3.　多変量解析によるデータ概要の把握

分析の第一段階として，データ中にどのような内容の記述が多くみられたのかについて概観するために多変量解析を試みました。

まず，準備段階として，データ中に多く出現していた語を抽出しました。助詞や助動詞のようにどのような文の中にでも出現する一般的な語を省き，デー

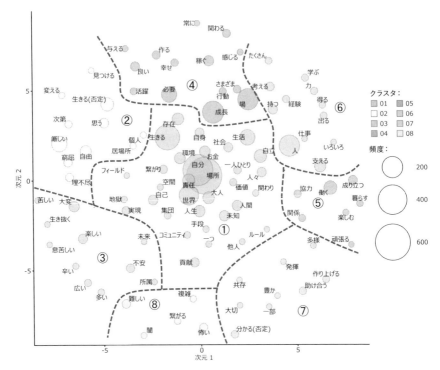

※　クラスタ分類を示すために点線および丸数字を施した。

図2　非計量的多次元尺度構成法（Kruskal）の結果

タの内容を表すような語に注目しました。出現回数が最も多かったのは「場所」（619回）でした。上位100語を目安にしたところ，出現回数が12回の語までを採用して上位102語となりました。

　これらの102語を用いて，非計量的多次元尺度構成法（Kruskal）による分析を行いました（図2）。これは出現パターンの似通った語の組み合わせにはどのようなものがあったのか明らかにしたいときに用いる手法の1つです。分析結果の解釈のしやすさなどを考慮し，クラスタ数を8としました。以下には，頻出の102語について，全体の出現回数の順に示すのではなく，クラスタごとの出現回数の順に示します（表1）。図2および表1が示しているクラスタは，まとまりを意味しています。

表1　クラスタごとの頻出語の出現回数

クラスタ1		クラスタ2		クラスタ4		クラスタ6	
場所	619	厳しい	108	成長	220	人	200
自分	440	生きる（否定）	74	場	203	支える	57
生きる	291	自由	55	必要	105	持つ	37
世界	175	思う	38	稼ぐ	46	考える	30
生活	108	窮屈	28	良い	36	学ぶ	21
自立	71	理不尽	26	作る	28	経験	21
責任	64	次第	20	関わる	26	力	21
大人	61	個人	16	さまざま	24	出る	20
存在	58	居場所	15	幸せ	22	たくさん	19
人生	55	変える	15	行動	21	得る	17
お金	52	見つける	13	活躍	19	いろいろ	13
環境	51			与える	15	仕事	13
人間	45	クラスタ3		感じる	14		
未知	44	大変	46	常に	12	クラスタ7	
自己	40	楽しい	36			助け合う	23
人々	36	不安	29	クラスタ5		分かる（否定）	23
自身	35	広い	21	働く	78	作り上げる	20
社会	35	多い	18	成り立つ	37	多様	13
貢献	34	辛い	15	協力	22	豊か	13
実現	26	苦しい	14	関係	20	一部	12
一人ひとり	25	所属	13	暮らす	17	共存	12
価値	21	生き抜く	13	楽しむ	16	大切	12
集団	18	息苦しい	12	頑張る	12	発揮	12
コミュニティ	17	未来	12				
手段	17					クラスタ8	
関わり	16					難しい	30
空間	16					繋がり	29
地獄	16					怖い	27
一つ	15					繋がる	16
他人	14					複雑	16
フィールド	12					闇	14
ルール	12						

　なお，活用のある語は，基本形に直して取り出していますが，テキストに含まれる否定表現は独立して抽出しました。その結果，「生きる」は肯定表現と否定表現がともに上位102語に含まれたため，前者を「生きる」（記述例：「生きていく」「生きられる」）と表記し，後者を「生きる（否定）」（記述例：「生きにくい」「生きづらい」）と表記しました。また，「分かる」は否定表現のみが上位102語

に含まれたため，「分かる（否定）」（記述例：「分からない」「分かりません」）と表記しました。

　クラスタ1は，次元1においても，次元2においても，およそ中心に位置し，「場所」（619回），「自分」（440回）など，出現回数の多い語が集まっていました。どのような語とも一緒に使われうる語が集まっていると解釈できるでしょう。なお，次元1は横軸，次元2は縦軸ですが，それぞれに連続性をみることができます。

　クラスタ2，クラスタ3，クラスタ8は，およそ次元1の負の方向に位置していました。クラスタ2には，「厳しい」「生きる（否定）」「窮屈」「理不尽」などの語が，クラスタ3には，「大変」「不安」「辛い」「苦しい」「息苦しい」などの語が，クラスタ8には，「難しい」「怖い」「闇」などの語が集まっていました。

　クラスタ4，クラスタ5，クラスタ6，クラスタ7は，およそ次元1の正の方向に位置していました。クラスタ4には，「成長」「活躍」などの語が，クラスタ5には，「協力」などの語が，クラスタ6には，「学ぶ」「経験」などの語が，クラスタ7には，「助け合う」「作り上げる」「共存」などの語が集まっていました。

　以上より，次元1は社会に対して肯定的であるのか否定的であるのかという軸であると解釈できるでしょう。次元1において正の方向に位置していると，社会に対する積極的なかかわりなどが示されていると解釈でき，負の方向に位置していると，社会に対してネガティブな感情や評価が示されていると解釈できます。

　なお，同一のクラスタにおいて一部，肯定的な語と否定的な語が混在しているのがわかります。これは，否定・肯定の拮抗が示される記述（記述例：「辛いけど楽しいもの」）が含まれているためと解釈できます。先行研究（白井ほか，2009）においては否定・肯定の拮抗が示される場合を「中位」として分類していますが，本章では多変量解析の性質も考慮し，可能な限り肯定と否定に分けてとらえることにしました。

3-4-4. コーディングの枠組み

　分析の第二段階として，より詳細な分析を行うために，関連する単語同士を同じコードに分類するコーディングの作業を行いました。なお，KH Coderによるコーディングは回答の中から要素を抽出するという考え方なので，1つの回答であっても，複数のルールに合致すれば，複数のコードが与えられています（川端・樋口, 2003）。

　コーディングルールは，これまでの分析結果と，20代から30代の大卒者を対象に同様の教示で行っている先行研究（白井, 2008; 白井ほか, 2009）を参考にしました。データ中に多く出現していた102語について，語の本文中での使われ方を確認しながら，その語が含まれている場合に，主に「肯定」を示すと判断できる語，主に「中位」を示すと判断できる語，主に「否定」を示すと判断できる語を抽出しました。どのような語とも一緒に使われうる語については抽出しませんでした。

　作成した12のコード名，各コードに用いられた語，その頻度等を表2に示します。なお，コード名は白井（2008）に同様のものがあった場合には，そのコード名を用いることにしました。太字の語は先行研究（白井, 2008）でも頻出であったことを，カッコ内の語は本章で記述はみられたものの，頻出の102語

表2　コーディング名および用いられた語の頻度等

分類	コード名	用いられた語	頻度	割合
肯定	成長	**成長**, **実現**, 活躍, 発揮	273	8.80%
	協力	協力, 助け合う, 作り上げる, 共存, 貢献	107	3.45%
	繋がり	**繋がり**, **繋がる**, 関わり, 関わる	85	2.74%
	学ぶ	**学ぶ**, **学び**, 経験, （勉強）	52	1.68%
中位	職場	**働く**, **仕事**, （職場）	91	2.93%
	稼ぐ	**稼ぐ**, **稼ぎ**, お金, （収入）, （給料）	70	2.26%
	ルール	**ルール**, （秩序）, （規則）	16	0.52%
否定	厳しい	**厳しい**, 窮屈, 理不尽	161	5.19%
	辛い	**辛い**, 大変, 不安, 苦しい, 息苦しい, 地獄	131	4.22%
	生きにくい	生きにくい, 生きにくさ, 生きづらい	74	2.39%
	難しい	**難しい**, 怖い, 闇	71	2.29%
	分からない	**分からない**, 分かりません, 未知	67	2.16%

※ 太字は先行研究（白井, 2008）で用いられた語，カッコ内は本研究で出現回数が12回未満であった語を示す。

には含まれなかったことを示します。以下，大分類は【 】，コードは『 』，用いられた語および記述例は「 」を使って表記し，記述例で該当する語は傍点を付すことにします。

①「肯定」に分類されたコード
　【肯定】に分類されたコードは『成長』『協力』『繋がり』『学ぶ』でした。これらのコードは主に社会に対する積極的なかかわりを示していると判断しました。
　『成長』のコードで用いられた4語の記述例をみてみると，「より成長できる場」「好きを実現できる場」「自分の存在を活躍させる場所」「自分を発揮できるところ」でした。
　『協力』のコードで用いられた5語の記述例をみてみると，「一人ひとりが協力する世界」「みんなで助け合っていくことである」「共に作り上げるのもの」「人と人が共存できるところ」「人に貢献していく場所である」でした。
　『繋がり』のコードで用いられた4語の記述例をみてみると，「人と繋がりを持つ場」「人と繋がるために必要である」「人との関わりである」「世の中と私との関わる場所である」などでした。
　『学ぶ』のコードで用いられた4語の記述例をみてみると，「生きる知恵を学ぶところ」「学びの場である」「いろいろ経験できる場所」「勉強の場である」でした。

②「中位」に分類されたコード
　【中位】に分類されたコードは『職場』『稼ぐ』『ルール』でした。これらの3つのコードは主に否定ではないが肯定ともいえないと判断しました。
　『職場』のコードで用いられた3語の記述例をみてみると，「働く場所である」「仕事をしている大人達のこと」「職場である」でした。
　『稼ぐ』のコードで用いられた4語の記述例をみてみると，「稼ぐ場所」「稼ぎの場」「お金を得るために頑張る場所」「収入を得る手段」「働いて給料を貰う場所」でした。
　『ルール』のコードで用いられた3語の記述例をみてみると，「ルールを守るところ」「秩序ある集団」「規則だ」でした。

③「否定」に分類されたコード

　【否定】に分類されたコードは『厳しい』『辛い』『生きにくい』『難しい』『分からない』でした。これらのコードは社会に対して否定的だったり，無関心であったりすると判断しました。

　『厳しい』のコードで用いられた3語の記述例をみてみると，「とても厳しい場所」「窮屈な空間である」「理不尽の連続」でした。

　『辛い』のコードで用いられた6語の記述例をみてみると，「辛い世界」「大変な場所」「不安だらけの世界である」「苦しいものである」「息苦しいものです」「学生生活が終わった後の地獄」でした。

　『生きにくい』のコードで用いられた4語の記述例をみてみると，「とても生きにくいものである」「生きにくさがある」「生きづらいと感じる」「生きづらそうだ」でした。

　『難しい』のコードで用いられた3語の記述例をみてみると，「とても難しいものである」「非常に怖いところ」「闇が深い」でした。

　『分からない』のコードで用いられた3語の記述例をみてみると，「よく分からない世界」「分かりません」「まだ想像もつかない未知の場所」でした。なお，先行研究（白井，2008）では「何だろう」がコーディングルールに含まれていましたが，本章では同様の語の記述が含まれていなかったため省くことにしました。

3-4-5. 対応分析

　地元志向の学生が社会をどのようにとらえているのかを明らかにするために，5つの地域移動パターンと頻出語との対応分析をエリアごとに行いました。

　三大都市圏を地元とする学生のデータについては11回以上の出現回数があった65語を，地方圏を地元とする学生のデータについては8回以上の出現回数があった62語を選択し，それぞれ差異が比較的顕著な上位60語を分析に使用しました。結果を図3および図4に示します。なお，対応分析を用いた先行研究では，すべての語について解釈をしているのではなく，分析者が注目した語を明示しながら，部分的に解釈をしています（たとえば，阪口・樋口，2015）。図3および図4においては，分析者が結果を解釈する際に注目した語を点線の楕円

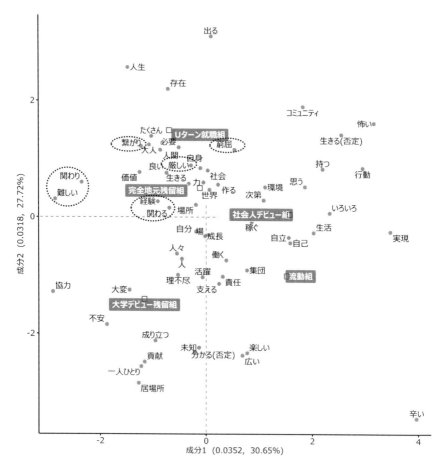

図3　対応分析の結果（三大都市圏）

で囲みました。本章では，上述してきたコーディングルールに用いた語について主に注目することにしました。

① 三大都市圏の場合

　三大都市圏を地元とする学生のデータの場合，対応分析によって抽出された2つの成分の累積寄与率は58.4％でした。この2つの成分で情報の6割近くを説

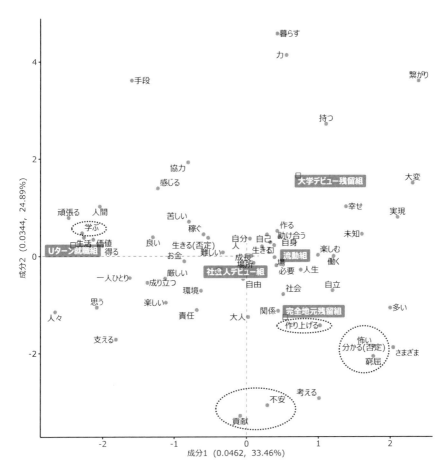

図4　対応分析の結果（地方圏）

明できたことを示しています。成分1において正の方向に社会人デビュー組と流動組が布置されており，成分2において正の方向にUターン就職組と完全地元残留組が布置されていました。成分2が地元志向か否かという軸に対応していると考えられます。

　Uターン就職組と完全地元残留組に特徴的な語，すなわち，原点（0，0）からみて，Uターン就職組と完全地元残留組の方向に布置されている語としては，

「厳しい」「窮屈」「難しい」といった【否定】に分類される語のほか，「繋がり」「関わる」「関わり」「経験」といった【肯定】に分類される語などがありました。これらの語はUターン就職組と完全地元残留組の回答では，次のように用いられていました。

- ・「厳しい世界である」（男性，文系，完全地元残留組）
- ・「遠慮や気遣いをしなければならない窮屈な場所」（女性，理系，完全地元残留組）
- ・「みんなと行動する難しいところ」（男性，理系，完全地元残留組）
- ・「生きていく上での繋がりを作る場所」（男性，文系，Uターン就職組）
- ・「人と関わる場所」（女性，文系，完全地元残留組）
- ・「人との関わり」（女性，理系，Uターン就職組）
- ・「いろいろ経験できる場所」（女性，理系，完全地元残留組）

　すなわち，三大都市圏を地元とする学生のうち，地元の県に就職することを希望する者（完全地元残留組とUターン就職組）は，社会について厳しく，難しく，窮屈なものといった否定的評価をしていました。一方で，社会をつながりやかかわりといった関係性の軸で，また，経験といった自己の肯定的変化の軸でとらえていることにも特徴がありました。

② 地方圏の場合

　地方圏を地元とする学生のデータの場合，対応分析によって抽出された2つの成分の累積寄与率は58.4％でした。成分1において正の方向に完全地元残留組，流動組，大学デビュー残留組が布置されており，負の方向にUターン就職組と社会人デビュー組が布置されていました。成分2において負の方向に完全地元残留組と社会人デビュー組が布置されていました。この2つの地域移動パターンは高校所在地と大学所在地が同じ県である特徴があることを考慮すると，地方圏においても成分2が地元か否かという軸に対応していると考えられます。ただし，成分1の布置から考えられることは，地方圏を地元とする学生のうち，地元の県に就職することを希望する者は，地元の大学に進学した場合

（完全地元残留組）と，県外の大学に進学した場合（Uターン就職組）で社会に対するとらえ方が異なっているということです。

完全地元残留組に特徴的な語には，「怖い」「分かる（否定）」「窮屈」「不安」といった【否定】に分類される語のほか，「貢献」「作り上げる」といった【肯定】に分類される語などがありました。これらの語は完全地元残留組の回答では，次のように用いられていました。

- 「とても怖い所である」（男性，文系，完全地元残留組）
- 「よく分からない」（男性，理系，完全地元残留組）
- 「窮屈な世界」（女性，文系，完全地元残留組）
- 「とても不安である」（女性，理系，完全地元残留組）
- 「貢献する場である」（女性，文系，完全地元残留組）
- 「共に作り上げるもの」（女性，文系，完全地元残留組）

また，Uターン就職組に特徴的な語には，「学ぶ」といった【肯定】に分類される語がありました。この語はUターン就職組の回答では，次のように用いられていました。

- 「学び続ける場所」（女性，文系，Uターン就職組）

すなわち，地方圏を地元とする学生のうち，地元の大学に進学して地元の県に就職することを希望する者（完全地元残留組）は，社会を怖くて，不安で，窮屈なものといった否定的評価として，また，わからないといった距離感覚としてとらえていることに特徴がありました。一方で，貢献し，つくり上げるといった当事者性の軸でもとらえていることに特徴がありました。また，県外の大学に進学して地元の県に戻って就職することを希望する者（Uターン就職組）は，学ぶといった自己の肯定的変化とのかかわりで社会をとらえていることに特徴がありました。

4. それが実践にもつ意義は何か
人口減少に直面している自治体への提言

　本章の目的は，地元志向の学生が社会をどのようにとらえているのかについて明らかにすることでした。

　三大都市圏を地元とする学生の場合，地元の大学に進学後に地元の県に就職することを希望する者（完全地元残留組）と，県外の大学に進学後に地元の県に戻って就職することを希望する者（Uターン就職組）の間で社会に対するとらえ方は類似していました。

　それに対して，地方圏を地元とする学生の場合，地元の県に就職することを希望する者は，地元の大学に進学した場合（完全地元残留組）と，県外の大学に進学した場合（Uターン就職組）で社会に対するとらえ方が異なっていました。

　社会に対してネガティブにとらえている側面に着目すると，三大都市圏を地元とする場合と，地方圏を地元とする場合の双方において，地元の大学に進学後に地元の県に就職することを希望する者（完全地元残留組）は，社会を窮屈なものとしてとらえていました。さらに，前者は社会を厳しいと，後者は社会について怖い，不安，わからないといった否定的評価をしていました。地方圏を地元とする完全地元残留組の学生は，三大都市圏を地元とする完全地元残留組と比較しても，地方圏を地元とする学生全体と比較しても，社会に対して否定的評価を示す語が相対的に多い結果でした。

　白井ほか（2009）は，正規雇用に就く者が社会を肯定的にとらえていること，すなわち，社会に対して信頼をしていることを示しました。この結果は，大学生が社会を肯定的にとらえることにより社会移行が促進される可能性を示唆するものです。このことを踏まえると，地方圏を地元とする地元志向の学生がより社会を否定的にとらえているという結果は，地元志向の学生はキャリア意識が低いという指摘（平尾・重松, 2006; 平尾・田中, 2016），そして，それは非三大都市圏，すなわち地方圏にみられるという指摘（田澤・梅崎, 2017）を支持するものと考えられます。

　しかし，本章では，社会に対してポジティブにとらえている側面も同時に見

出しました。三大都市圏を地元とする地元志向（完全地元残留組とUターン就職組）の学生は，社会をつながりやかかわりといった関係性の軸で，および，経験といった自己の肯定的変化の軸でとらえていました。また，地方圏を地元とし，地元の大学に進学後に地元の県に就職することを希望する者（完全地元残留組）は，社会に貢献し，社会をつくり上げるものとしてとらえていました。これは地方圏における地元志向の学生自身が，社会をつくり出す主体であると認識していることを示すものです。

　最後に，地方圏における人口の増減の観点からの考察を述べます。冒頭でも述べたように，地方における雇用環境の改善を前提とすべきではありますが，同じ地元志向の地域移動パターンでも，完全地元残留組は大学進学時でも就職時でも他県へ人口流出をしないという意味で人口の増減がない（プラスマイナスゼロ）見込みとなります。しかし，Uターン就職組は，大学進学時点では一度，他県へ人口流出しますが，就職時に自県に人口流入する見込みとなります。大学進学時から就職時までをみれば人口の増減がない（プラスマイナスゼロ）見込みとなりますが，就職時だけみれば人口増加（プラス1）の見込みとなります。とくに，地方圏におけるUターン就職組は学ぶといった自己の肯定的変化とのかかわりで社会をとらえていることに特徴があったことを考慮すると，人口減少に直面している自治体等は，他県の大学に進学した者に対して，大学卒業後，自県で生活すると学び続けられるような環境があるなどの魅力を伝えることができれば，Uターン就職組も増えるかもしれません。ただし，自治体等にとっては他県の大学に進学した者に対するアプローチは，自県の大学に進学した者に対するアプローチよりも困難かもしれません。成人式など限られた機会を活用していく必要があります。

[注]
＊1　日本の将来推計人口については，国立社会保障・人口問題研究所（2017）を参照。

[引用文献]
第2期「まち・ひと・しごと創生総合戦略」策定に関する有識者会議（2019）．第2期「まち・

ひと・しごと創生総合戦略」策定に関する有識者会議中間取りまとめ報告書.

樋口 耕一（2004）．テキスト型データの計量的分析——2つのアプローチの峻別と統合—— 理論と方法, *19*(1), 101-115.

平尾 元彦・重松 政徳（2006）．大学生の地元志向と就職意識　大学教育, *3*, 161-168.

平尾 元彦・田中 久美子（2016）．大学生の地元志向とキャリア意識　キャリアデザイン研究, *12*, 85-92.

川端 亮・樋口 耕一（2003）．インターネットに対する人々の意識——自由回答の分析から—— 大阪大学大学院人間科学研究科紀要, *29*, 162-181.

国立社会保障・人口問題研究所（2017）．日本の将来推計人口（平成29年推計）．

まち・ひと・しごと創生本部（2015）．まち・ひと・しごと創生総合戦略2015改訂版.

まち・ひと・しごと創生総合戦略のKPI検証チーム（2017）．まち・ひと・しごと創生総合戦略のKPI検証に関する報告書.

リクルートワークス研究所（2020）．第37回 ワークス大卒求人倍率調査（2021年卒）．

阪口 祐介・樋口 耕一（2015）．震災後の高校生を脱原発へと向かわせるもの——自由回答データの計量テキスト分析から——　友枝 敏雄（編）．リスク社会を生きる若者たち——高校生の意識調査から——（pp. 186-203）　大阪大学出版会.

参議院（2018）．本会議投票結果（第196回国会 2018年5月25日）．https://www.sangiin.go.jp/japanese/joho1/kousei/vote/196/196-0525-v002.htm（2020年10月23日アクセス）

白井 利明（2008）．フリーターのキャリア自立に関する心理学的研究——時間的展望の視点によるキャリア発達理論の再構築——　平成17〜19年度科学研究費補助金（基盤研究（B））研究成果報告書.

白井 利明・安達 智子・若松 養亮・下村 英雄・川﨑 友嗣（2009）．青年期から成人期にかけての社会への移行における社会的信頼の効果——シティズンシップの観点から——　発達心理学研究, *20*(3), 224-233.

田澤 実・梅崎 修（2017）．地元志向がキャリア意識および保護者とのかかわりに与える影響——全国の就職活動生を対象にして——　地域イノベーション, *10*, 27-33.

田澤 実・梅崎 修（2019）．地元志向が就職活動に与える影響　梅崎 修・田澤 実（編著）．大学生の内定獲得——就活支援・家族・きょうだい・地元をめぐって——（pp. 131-143）法政大学出版局.

第3章
職場を通してみる社会と自己：
働くことって何だろう？

高澤　健司

1. なぜこの問題を研究しようと思ったのか
アイデンティティにぶつかる

1-1. アイデンティティとの出会い

　筆者は職場やキャリアといった職業に関する研究に最初から関心をもっていたわけではありません。職場や働くことを研究対象とするまでには，さまざまな出会いや生活した時代の影響がありました。筆者の心理学研究に関する関心の入り口は自己，その中でもアイデンティティでした。2022年現在ではアイデンティティとカタカナで示されていることが多いのですが，筆者が大学生であった1990年代半ばには自我同一性という訳語も使われていました。そのアイデンティティとの出会いは大学における児童・青年心理学の授業でした。「自分とは何か」が青年期の問題として取り上げられていましたが，筆者は「自分」をどのように考えるかということにまつわるモヤモヤ感に関心がありました。

　バブル経済が1990年代初頭に破綻した後，日本の経済は「失われた20年」と呼ばれる景気がよくない状況が続いていました。就職においても氷河期といわれ，いわゆる正規労働者として就職することが難しい時期でした。つまり，当時は望ましいと考えられていた大企業や役所に勤めて安定した職や安定した生活を得ることが，比較的難しいといわれる時期にあったのです。筆者の周囲でも，大企業において終身雇用で働ければよいものの，それを叶えられる人は多くなく，社会の中でどのように生活し，「自分」をもち続けられるかといった課題を抱える人たちがみられるようになりました。筆者もその一人であり，安定した仕事に就けなかったらどうしようと不安に思う中でアイデンティティ

という言葉に出会ったのです。

　このアイデンティティという概念を発達心理学の中で提唱した人がエリクソン（Erikson, E. H.）です。将来への不安をもちつつも，心理学という学問に面白さを感じはじめていた大学3年生の筆者は，エリクソンの著作である『幼児期と社会』を夏休みに読んでみようと無謀にも思いました。この本には精神分析をベースに幼児性欲やネイティブ・アメリカンの生活などについて書かれており，理解することは難しかったものの，授業では出会えない知識が得られるかもしれないとワクワクした記憶があります。そして，この本を読んで感動したことがあります。それは，私たち自身や身の周りにあることを，良くいえば詳細に，悪くいえばまわりくどい書き方で説明していることでした。たとえばアイデンティティについて，「自我同一性の観念は，過去において準備された内的な斉一性と連続性とが，他人に対する自分の存在の意味——『職業』という実態的な契約に明示されているような自分の存在の意味——の斉一性と連続性に一致すると思う自信の積重ねである」（エリクソン, 1977）と書かれています。これを読んで，なんかわからないけど面白いと思いました。私は大学時代の学問への関心として，この「なんかわからないけど面白い」という感覚が主体的な学びのために大切であり，大学教員となった現在ではどうしたら学生たちにこの感覚をもってもらえるか，その工夫について常々考えています。このような経緯から，アイデンティティについて卒業論文で研究しようと考えました。

1-2. 卒業論文から得られた課題

　しかし，卒業論文はうまくいきませんでした。それはアイデンティティという言葉に真正面からぶつかっていったことが原因だったと考えられます。アイデンティティという言葉は実体をもたない構成概念であり，それを実証的に研究しようとすると，ある程度具体的な意識や行動に変換していく必要があります。筆者は卒業研究でアイデンティティの尺度作成を試みたものの，その意味をしっかりと消化せず，抽象的な概念のまま作成してしまいました。それでは実体的につかむことはできず，論文がうまくいくはずもありません。大学院に進学した筆者は，引き続きアイデンティティの研究をしたいと思うものの，そ

れをどうしたら実体的に研究できるかという模索から，環境の移行やアイデンティティが揺さぶられる現場として，職場を通して自己を研究することにつながっていきます。

2.　どんな問いを立てたのか
青年は職業と自己をどう関連づけているのか

2-1.　自己意識の揺らぎをとらえる方法

　筆者は1998年に大学院へ進学し，エリクソンを中心としたアイデンティティに関する文献研究を進めながら，アイデンティティの揺らぎをとらえることができる，実体的な実証研究について検討しました。まず，どういう時点にアイデンティティの揺らぎがみられるかということに着目しました。青年期はさまざまな変化がみられる時期です。その変化には，思春期にみられる身体的変化や，友人や家族といった対人的変化，そして児童・生徒・学生という学ぶことを中心とした生活から組織に所属して仕事を中心とした生活をする立場へと変化する身分的変化があります。筆者はこの身分的変化に着目して自己意識の揺らぎを検討することにしました。身分的変化に着目したことには，前節で述べたような就職氷河期の中での自己の揺らぎも検討したいという理由もありました。
　次に，アイデンティティの揺らぎをどのような方法でとらえるかが課題となりました。質問紙でもある程度の意識の揺らぎや変化をとらえることはできますが，自己意識の変化を質的に深く探ることができるという理由からインタビュー調査で行うことにしました。また，1時点だけでなく複数時点で調査を行うことで自己意識の変化や揺らぎをより動的にとらえることができるのではないかと考え，大学卒業前に1回，大学卒業後に2回の合計3回にわたって縦断的に行うことにしました。
　分析の視点として，エリクソンのアイデンティティのみでは抽象的な概念から脱することができず実体的にとらえにくいことから，山本・ワップナー（Wapner, S.）（1992）による属性移行や環境移行の視点から職業観や職業展望を中心とした自己意識について分析することにしました。山本・ワップナー

(1992) によると，属性移行から考えれば学生時代は自分の生活や行動が保護者の保護のもとでなされるものであり，個人の行動に対する最終的な責任は保護者がとるものです。これは経済的側面においても同様で，食費や光熱費といった生活に関する支出は保護者の収入から捻出されることが多く，本人がアルバイトで稼ぐことはあっても，生活のための支出にまわることは少ないとされています。それが就職によって，自分の生活や行動は成人であればすべて本人の責任となります。また，自らの労働によって収入を得たうえで，自分を養うのは自分というかたちになり，社会の一員として主体的な生活が望まれるようになります。環境移行の側面からは，それまでの学習環境では知識や技術を吸収し今後の社会生活のための準備をする，いわば受け身の立場から，働きはじめることによって自らの労働力を供出し，その対価として賃金を受け取る立場になります。それを踏まえ，職業生活を通して社会貢献することによって，社会における自分の存在価値を見出し，新しい自分の居場所としての可能性を探索していきます。こうした移行に伴う自己意識の変化をもとに，職場への初期適応について考察することにより，職業観や職業展望の発達を検討することにしました。

2-2. 自己意識の揺らぎをとらえることへの課題

2-2-1. 描線から自己の揺らぎをとらえる

　修士論文の縦断的インタビュー調査では，属性移行と環境移行から職場への初期適応について検討しました。その結果，卒業・就職前においては職場情報不足の不安がみられるものの，就職前の研修や情報提供があったり，就職後に職場における人的サポートや，環境から要求されることのバランス，そして適切な仕事量が職場への適応につながることが明らかになりました。この短期間の縦断的インタビュー調査では自己意識やアイデンティティまで踏み込むことはできなかったものの，ライフイベントを通した個人における意識の変化をとらえることができました。

　このインタビュー調査では将来のことに関する項目がいくつかありましたが，その中で予備調査において将来のことを言語化することは協力者にとって

なかなか難しいことがわかりました。そのため，将来について言語化する手がかりが必要ではないかと考えました。その手がかりに必要な条件として，時間的変化がわかること，そしてその変化を動的な視点からとらえられることがありました。

　このような条件をそろえているものとして着目したのが，大久保・嶋崎（1995）がラウントリー（Rowntree, B. S., 1975）が用いた経済的浮沈曲線，いわゆる貧乏線をもとにして，人生の浮沈感覚を曲線に表すことを試みているものでした。高澤（2002）では情緒的浮沈という主観的な現象を取り上げ，実際の経験をもとに人生の浮沈感覚を測定しています。この浮沈曲線がインタビュー調査において将来について語る手がかりになるのではないかと考え，協力者に，その年齢時における職業への意識がポジティブであればプラスのほうへ，ネガティブであればマイナスのほうへ描線を描いてもらい，それをみながら語ってもらうことにしました。この試みにはある程度の効果があり，将来のことや意識について語る手がかりとなったことで，修士論文における分析の一助になりました。

　さらに，職業の見通しに関する揺らぎを曲線で描くこと自体から，アイデンティティの揺らぎのような自己意識の揺らぎをとらえることができるのではないかと考え，職業展望の浮き沈みを意味づけしたり数値化したりすることから，その意味をとらえる分析を行いました。

　以上のように，大学生から社会人への移行を通して，職業展望の浮き沈みがどのように変化するのか，そして自己意識がどう揺れ動くのかが第一の問いであり，それを明らかにするための方法として職業展望浮沈曲線の開発を行いました。

2−2−2.　語りから自己の揺らぎをとらえる

　揺らぎの根拠をとらえるものとして，実際に職場に入って働く青年たちはどのような問題を抱え，その問題に向き合いながら生活しているのかについても検討する必要があることから，職場で働く青年たちへの職業観や自己意識に関する縦断的インタビューを行っています。実際に職場に入った青年たちはどのように自己意識や職業観を醸成しているのでしょうか。

　筆者が大学教員となり，保育者養成にもかかわるようになったことにより，保育者の育ちについて着目した研究に携わることになりました。そのきっかけとして，保育者養成環境の移行期にあたっていたという背景があります。2011年に筆者が現在の職場に就いた当時，保育士や幼稚園教諭といった保育者の養成環境は，短期大学や専門学校での2年間や3年間の養成から，4年制大学で4年間養成する課程への移行期にありました。こうした中で，4年制大学の課程を経た保育者はどのようなキャリア形成を行うのか，そして保育観や自己観をどのように醸成していくのかを検討することが，今後の保育者養成において重要であることがわかりました。ここで用いられる「キャリア」という概念にはさまざまな定義がありますが，渡辺（2018）は，キャリアには人と環境との相互作用の結果，時間的流れ，空間的広がり，そして自己決定や自己選択からなる個別性を含んでいるとしています。これに基づけば，キャリア発達は，単に「働く」という現象だけではなく，その意味や力動性も含む幅広い視野から検討することになります。そこで，保育観とともに，職業としての保育から職業観や自己意識の変化についてとらえることにしました。このような背景を踏まえ，田丸敏髙氏，上山瑠津子氏，山田真世氏（いずれも福山市立大学）と共同で4年制大学を卒業した新卒保育者の縦断的インタビュー調査を行いました。

　すなわち，保育という職や職場を通して，職業観や自己意識がどのように揺らぎ，どのように変化していくのかが，第二の問いとなり，それを明らかにするために保育者に対する縦断的インタビュー調査を行いました。次節では職業展望浮沈曲線と，保育者への縦断的インタビューから得られた知見について考えていきます。

3. どんな研究をし，何がわかったのか
職業展望浮沈曲線と縦断的インタビュー

3−1. 展望の浮き沈みをとらえる

3−1−1. 職業展望の浮き沈みをどうとらえるか
　2−2で述べたように，描線自体を分析することによって職業に関する展望が

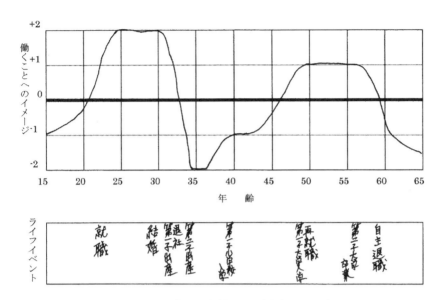

図1　職業展望浮沈曲線の記入例（高澤，2011）

示せるのではないかと考えたことから，高澤（2002；2011）で曲線描線の分析を
まとめました。この曲線を職業展望浮沈曲線と名づけ，1999年3月に4年制大
学を卒業し，定職に就いた18名（男6名，女12名）に対して面接調査を行いま
した。調査時期は大学在学中の1999年3月と就職後の9月もしくは10月の2回
でした。協力者に対しては，A4サイズの回答用紙に，15歳から現在までにつ
いては職業に対する実際の意識を，現在以降については今後の職業に対する展
望を曲線で描くことを求め，「ゼロを境界として，その年齢時に職業（もしくは
働くこと）に対してポジティブなイメージを持つのであればプラスの方へ，ネ
ガティブなイメージを持つのであればマイナスの方へ曲線を描く」ように指示
しました。ただし，2回目に関しては現在以降の曲線のみの描線を指示してい
ます。記入後，協力者にその描かれた曲線についての説明をしてもらいました
（図1）。

　分析にあたっては，就職の前後で浮沈曲線の線形の変化があった部分や転換
点の数の変化をとらえ，協力者の発話から，就職の前後それぞれの浮沈曲線を
記入した時点における職業展望に関する意識の変化を検討しました。その結

果，就職というライフイベントを通して，職業展望浮沈曲線の描線には変化がみられ，描線自体に変化がみられないとしても，その描線に対する意味づけはいずれの場合も変化がみられることが示されました。

　まず転換点の数の変化では，就職前よりも就職後のほうが，女性の場合40歳までについては12名中5名おいて，40歳以降については12名中6名において転換点の数が多くなったことが示されました。これを各協力者の発話をもとに検討すると，就職前はまだ実際の仕事に就いていないこともあり，男性は生涯仕事を続け，女性は結婚や出産を機に仕事から離れるという，当時の一般的なライフコースのイメージに基づいた展望が示されたことがわかりました。これが就職後になると，実際に仕事を経験したり，仕事を通して職場の人から聞いたりしたことを踏まえての展望となるために，今後の自らの職業生活の予想により具体性をもつことで一般的なライフコースのイメージを強くもつようになったと考えられます。このことによって，女性において40歳前，40歳以降ともに明確な展望をみせることが明らかになりました。しかし，男性においてはこの職業展望の明確化が転換点の減少によって示されました（6名中4名）。このことについては，職業生活を送るうえでの見通しがはっきりすることや，問題の具体化が安定した職業展望に反映されていたことが考えられます。また，40歳以降よりも40歳までの展望のほうに転換点が多いことも示されました。このことについては，20歳台前半の将来展望が結婚や出産といったライフイベント，もしくはその付近の年齢を1つの区切りとしており，それ以降の展望をあまり明確なものとはしていないことが考えられます。

3−1−2. 浮沈の意味をとらえる

　高澤（2002; 2011）では，就職の前後における曲線描線に対する意味づけの変化について分析しました。性差の点から分析すると，男性では就職前にはマイナス領域への描線があったものが，就職後にはすべての対象者においてマイナス領域への描線がなくなり，生涯にわたってプラス領域への描線に変化しました。その一方で，女性は転換点が増加した6名中4名が就職後において，20代後半から30代前半にかけてネガティブ領域への描線がみられました。その結果，転換点の数の変化には個人や性別によるばらつきがあるものの，就職前は

漠然としたイメージをもとにした職業展望であったのに対して，就職後は実際に仕事に就くことによる経験や職場にいる周囲の人々の影響などから具体的な将来展望が形成され，それが浮沈曲線の意味づけに反映されるという流れがうかがえます。その背景には先述した男性，女性それぞれのライフコースのイメージが影響していると考えられます。以上のことから，職業展望の発達は就職というライフイベントと深い関連があり，就職を経験することによって，職業展望やライフイベントとの関連に具体性と明確さをもつようになることが明らかになりました。

　また，職業展望について浮沈曲線を記入することで，人生における展望を連続的な視点でみることができるようになりました。そして，その描線の転換点や曲線に対する意味を協力者に説明してもらうことによって，これまでの研究において課題であった将来展望の力動性を検討することができたといえます。以上のことから，大学卒業から就職後への移行では職業展望に変化がみられました。そしてその変化は，30歳台以降から40歳くらいまでの展望にとくに顕著にみられ，40歳台以降の職業展望については漠然としたイメージはあまり変わらないことが示されました。また，浮沈曲線の描線だけでは表面的な変化はみられるものの，その曲線描線の意味づけが協力者によって異なることにより，浮沈曲線単独ではなく他の尺度との関連を通じて使用することが望ましいものの，将来の展望を示す1つの尺度としての可能性を示すことができました。

3−1−3.　浮沈曲線で何を測れるのか

　さらに尺度としての職業浮沈曲線の可能性や，他の尺度との関連を通して将来展望の意味づけを検討するため，高澤（2003）では質問紙調査で職業展望浮沈曲線とアイデンティティ尺度およびQOL（Quality of Life）尺度との関連を分析しました。協力者は2001年3月に4年制大学を卒業した55名（男26名，女29名）で，調査時期は卒業前である第1回が2001年1月から2月，卒業後である第2回が2001年10月から11月でした。進路の内訳は，就職が32名，フリーターが5名，大学院進学が7名，専門学校進学が2名，その他が9名でした。

　使用尺度は職業展望浮沈曲線に加えて，宮下（1987）の自我同一性尺度のうち，青年期と成人期についての項目である第Ⅴ段階と第Ⅳ段階，および大木

ほか（1998）のQOL尺度をあわせて使用しました。QOL尺度は，健康や仕事，愛情といった20項目について重要度と満足度をそれぞれ尋ねるというものです。

　分析では，高澤（2002）において，ライフサイクルにおける節目の1つとして考えられ，明確な将来展望が得られていると考えられる時点が40歳前後であったことから，第1回調査から第2回調査との間で浮沈曲線の記述において上下方向が変わる転換点の数の変化を，大学卒業から40歳以前と40歳以降を区切ってとらえました。第1回調査と第2回調査の間で40歳以前領域と40歳以降領域における転換点数の変化がある群とない群を分類し，40歳以前領域および40歳以降領域ともに転換点数の変化があった群を「あり・あり」群，40歳以前領域では転換点数の変化があったが40歳以降領域では転換点数が変わらなかった群を「あり・なし」群，40歳以前領域においては転換点数の変化がなかったが40歳以降領域では転換点数の変化がみられた群を「なし・あり」群，そして40歳以前領域と40歳以降領域のいずれにおいても転換点数の変化がみられなかった群を「なし・なし」群として比較を行いました。

　まず，各群の間に性別や進路による偏りはみられませんでした。これにより，大学卒業というライフイベントを経験し，それぞれ新たな環境に入ることによって，40歳以前の比較的短いスパンの職業展望が変わると同時に，それまであまり明確化されていなかった40歳以降の展望についても変化がみられることから，一般的に大学卒業を通して職業展望の再検討がなされていることが示されました。

　続いて，各群のアイデンティティ尺度やQOL尺度との関連について検討しました。まず，各群間においてアイデンティティ尺度との有意差はみられませんでした。これは，高澤（2002）で浮沈曲線の転換点の増減そのものには，就職に伴う職業展望の具体化により，就職後のほうが就職前よりもより具体的な意味づけがなされると述べていることが表されたものと考えられ，アイデンティティ発達との関連に直接結びつけられていないことが示された結果となりました。そのため，ここでの結果からは明確な関連を示すことはできず，量的な比較だけでなく記述内容の意味づけといった質的な検討が必要であることが示されました。続いて各群のQOL尺度との関連では，QOL尺度の各項目の重

要度では有意差がみられた項目が少なかった一方で，満足度では健康において「なし・なし」群が「なし・あり」群より有意に高く，「あり・あり」群が「なし・あり」群より有意に高いことが示され，遊びは就職前が有意に高く，親戚と隣近所は就職後に有意に高くなる傾向がみられました。これにより，重要度という志向的な意識より，満足度という現状をとらえる意識のほうが職業意識の浮沈との関連が大きいことが示されました。

3－1－4．職業展望浮沈曲線が示すもの

　以上のように，職業浮沈曲線を転換点数という量的視点から分析することを試みましたが，直接的な関連がみられるとまではいえない結果となりました。しかし，浮沈曲線の縦軸を，−2〜0〜+2と5段階評定に見立てて分析するといったことも考えられます。

　その一方で，浮沈曲線の描線がQOLの重要度と関連することから，将来の職業に関する展望のイメージを充実させることが，現在のQOLを充実させることにつながっていることが示されました。つまり，職場における将来を見通すことが，現在の生活を満足させることにつながることとなり，働き方が多様化した中においても，自らのキャリアを切り開くスキルや能力とともに，将来を見通せる職場環境の整備が必要であると考えられます。

3-2．育てる場での育ちをとらえる

3－2－1．保育者1年目，2年目の保育観・職業観

　高澤ほか（2018）では，4年制大学を卒業した新任の保育所保育士の1年目と2年目にインタビュー調査を行い，保育者としての成長過程を明らかにすることを目的とし，概念抽出を中心とした分析を行いました。調査内容は，1年目では「現在の仕事の内容」「仕事上心がけていること」「職場におけるあなたの役割」「就職以降身についた知識や技術」「現在行われている研修」「今の仕事や生活についての見通し」「保育者同士の仲の良さ」「職場外の保育者との情報交換」「仕事とプライベートの切り替え」「現在の仕事を選んだ理由と仕事のやりがい，しんどいと感じること」「休暇のとり方」「仕事を辞めたいと思ったこ

とはあるか」「保育の面白さ」「保育者を目指している学生に対して一言」について，2年目では1年目の項目に加えて「2年目になって子どもの見方が変わったところ」「2年目になってからの仕事以外での生活の変化」について，半構造化面接で意見を聴取しました。

　保育者としての成長過程における「就職以降身についた知識や技能」「今の仕事や生活についての見通し」「保育の面白さ」の3つの視点に関する発話から概念を抽出しました。

　「就職以降身についた知識や技能」では，実際に身についた知識や技能（個に応じた対応，保護者対応，毎日の仕事の流れ，自己評価の認識，発達を踏まえた保育，子どもの反応のとらえ方など）と，これから身につけるべき知識や技術の必要性（保育スタイルの確立の必要性，感情のコントロール，保護者対応の必要性，子どもの気持ちを支える必要性，研修の必要性，自己評価基準の設定など）に分けられました。

　まず，1年目（表1）でみられた身についた知識や技能として，「個に応じた対応」があげられています。「その子を取り巻く環境はその子だけのものなので」（Aさん）という発話から，保育所内だけでなく家庭環境も見据えた子どもの見立てが重要であると認識されていることがうかがえます。「保護者対応」では，「学生のときにはしたことがなかったことなので」（Bさん）という発話から，保育実習や保育ボランティアでは行うことがなかった保護者対応について，職員として経験することが特徴として語られています。そして「毎日の仕事の流れ」があげられ，「日誌も，週案とか立てるんですけど，…（中略）…あ，こんな感じにして完成させていくんだなって」（Dさん）や，「2歳に関してはというと，（100％のうち）70，80いけると思うんですよ」（Eさん）という発話から，1年目に任された日々の仕事を通して保育所における仕事の流れを身につけてきていることがうかがえます。ただ，「だけど，もつ年齢が変わったら，全部わかんなくなるんです」（Eさん）とあるように，あくまで現在の担当をベースにしており，まだ全体を見渡した仕事の流れとまではいかないことが示されました。

　次に，1年目でみられた必要性を感じる知識や技能として，「保育スタイルの確立の必要性」があげられています。「真似してるだけじゃ育たんけえ，それを一回自分に取り込んで，自分のものにしていけよと」（Aさん）との発話か

表1　これまで身についた知識・技能（1年目）(高澤ほか, 2018)

協力者	発話	概念
Aさん	その子を取り巻く環境はその子だけのものなので。	個に応じた対応
	自分の尊敬してる先生に言われたんです。真似してるだけじゃ育たんけえ、それを一回自分に取り込んで、自分のものにしていけよと。	保育スタイルの確立の必要性
	でも自分なり、自分なりのことをそこに入れ込んだらこう、子どもらの反応が変わったなーとか子どもらの姿が変わったなーっていうのがあるんで、あ、じゃあ次こうしてみようかなっていうのがもう、そこは自分じゃないですか。	
Bさん	うーん、まだまだだなっていうのがいちばんですし、さっき、あのー、怒らないようにとか叱らないようにとは、思ってるんですけど、イラーっとしてしまったら、ちょっとそれが子どもに伝わってしまう。	感情のコントロール
	もう5歳ってなるといろんなことがわかって、いろんな気持ちをもつ子たちの、何て言うんですかね、支え方も、ちょっと、私にはまだできんなって思いますし、まだまだですね。	子どもの気持ちを支える必要性
	保護者の対応は、4月になって初めてやらせてもらった部分なので、学生のときにはしたことがなかったことなので、そこの経験としては、保護者の対応を経験してきたっていう部分も含まれます。	保護者対応
Cさん	まあ、なんか保護者もそうなんですけど、やっぱり、あの、子どもがお腹の調子が悪いとか、下痢が出るのに、ジュースを飲ませるとか、ヨーグルトを食べさせてくるとか。…（中略）…で、話をして、あの、お母さんこういうときには、あの、お腹に優しいものがいいけえね、って言っても、なかなか変わらないとかいうことがあるので。まあ、もちろん、そういうお腹の調子が悪いときには、まあ、乳製品食べないとかいうぐらいは、私もわかるんですけど、まあ、そっから、どうやって伝えるとか、その、家でそうじゃけえって、保育所でもふつうにご飯を食べるんじゃなくって、じゃあ、食事変更しましょうとか、今日の給食はこれじゃけえ、キュウリがあるけえ、お腹が冷えるけえ、変えようとかいうのが、まあ、技術と知識っていうか、まあ、知識でいうと、もともと、その、お腹が冷えとったらキュウリがいけんとか、ミカンがいけんとか、ぐらいはわかるけど、そっから技術として、こう、その日どうやって、この子が過ごすかとか、お母さんにどうやって伝えるかとか、まあ、それこそ、お母さんが、え、いいよ、とか言っても、やっぱり変えとかんと、うーん、そっから子どもがひどくなってもいけんしっていうところで、うーん。そこの技術がやっぱり、難しいかなと思いますね。	保護者対応の必要性

表1の続き

協力者	発話	概念
Dさん	日誌も，週案とか立てるんですけど，土曜日とかに来週月曜日からとかのを。そのときに，先生が「難しいと思うけえね，ここに3年前の2歳の日誌があるけえそれみて書いていいよ」って言ってくれたんで，一応それみながら，運動会前は，こうやってちょっとずつサーキットの遊び，ジャンプとかよじ登りとかトンネルとかのいろんな動きがある中で，1日トンネルして，1日ジャンプして，1日はリズムして，みたいなのをやっているのをみて，あ，こんな感じにして完成させていくんだなって。そういう意味では過去のものをみながらやっていますね。今はほんとに全部。クラス便りとかも去年のをみながらしたりとか。	毎日の仕事の流れ
Eさん	2歳に関してはというと，（100％のうち）70，80いけると思うんですよ。だけど，もつ年齢が変わったら，全部がわかんなくなるんです。だから，今の仕事っていうのを保育士としたら，10％。	毎日の仕事の流れ

※　（　）内は筆者による補足。

ら，職業人としての保育者の独自性や個性について今後考えていく必要があるという認識がみられました。また，「感情のコントロール」では「怒らないようにとか叱らないようにとは，思ってるんですけど，イラーっとしてしまったら，ちょっとそれが子どもに伝わってしまう」（Bさん）と発話され，とくにネガティブな感情を抱いたときに子どもの前で気持ちをコントロールしていく必要性が語られています。

　2年目（表2）になると，身についた知識や技能では「自己評価の認識」があげられ，「できてないところばっかりに目が向いてたんですけど，ちょっとでもできとるところに私が目を向けれるようになったのかな」（Bさん）という発話から，2年目になってある程度自分を客観的にみる視点ができてくることが示唆されました。また，「発達を踏まえた保育」における「5歳ということで1歳とは全然違う」（Cさん）という発話から，1年目とは異なる年齢を担当することによって，子どもの発達に応じた保育を実感していることが認められました。「子どもの反応のとらえ方」も「今までは3人担任でみとったから…（中略）…3歳になったらある程度わかってくれることも増えて」（Fさん）と，担当年齢が1年目と変わったとともに，複数担当から単独担当になったということも

表2　これまで身についた知識・技能（2年目）(高澤ほか, 2018)

協力者	発話	概念
Aさん	自己研鑽のために研修とかは，まあ自発的にじゃないですけど，アナウンスがあったら行くんで，そういうところで，あ，こういうことやるんじゃとかそれこそ人の保育みる機会とかあるんで，それに至る過程とかが詳細に書いてある書類とかみたら，おお，応用できるなとか，こういうねらいもったら子どもがこうなんじゃみたいなところは，まあ，技術というよりは知識の面で，ああ，そういうところあるなみたいなのは身についたと思うんですけど，それを技術にして現場で還元できてるかっていうと忙しさにかまけてできてないところが多いなと思う。	研修の必要性
	ちょっとねらいの立て方おかしかったなっていうときも。自分に疑問をもつことが多いんで2年目は。なんか成長してないなとは思います。	自己評価基準の設定
Bさん	できてないところばっかりに目が向いてたんですけど，ちょっとでもできとるところに私が目を向けれるようになったのかな。	自己評価の認識
Cさん	5歳ということで1歳とは全然違うというところで，こうやってしていくんよってやりながら教えてもらったので，5歳の1年の流れとかつけたい力とか教えてもらったので，身についたかと言われると怪しいんですけど，そういうところを知れたっていうので身についたかなと思います。	発達を踏まえた保育
Fさん	私一人だし，集団をまとめようと必死だったところがあったけど，一人ひとりをみていったら，その子の思いが……もちろんA君にもA君なりの思いがあって参加できてないとか，パク（かみつき）するのもそうだし……。そういうのに気づけたのが私この1年間とあと8か月で感じました。	個に応じた対応
	子どもとのかかわり，今までは3人担任でみとったから「かわいい」みたいなだったんですけど，「かわいい」だけじゃなくなったけど，3歳になったらある程度わかってくれることも増えて，周りの子の理解も出てきたし，こっちがわかってあげようとしないとダメだし，今は満たしてあげたってところで。	子どもの反応のとらえ方

※　（　）内は筆者による補足。

あわせて，子どもの反応から自らの仕事に対する責任を示唆する発話がみられました。また，1年目と同様に「個に応じた対応」概念の発話もFさんからみられ，集団の中における子ども一人ひとりをみることに気づくことが若手保育士の成長過程にみられることが示されました。

　2年目において語られた知識や技能の必要性では，「研修の必要性」と「自

己評価基準の設定」があげられました。「研修の必要性」では「それに至る過程とかが詳細に書いてある書類とかみたら，おお，応用できるなとか，こういうねらいもったら子どもがこうなんじゃみたいなところ」（Aさん）と，他の保育者の保育をみることや，「技術というよりは知識の面で，…（中略）…それを技術にして現場で還元できてるか」（Aさん）と，知識と技術の往還ができる研修の必要性が語られていました。「自己評価基準の設定」では，「ちょっとねらいの立て方おかしかったなっていうときも。自分に疑問をもつことが多いんで2年目は」（Aさん）という発話から，自分の保育者としての評価の基準を立てようとしている姿勢がうかがえました。

　以上の結果から，1年目と2年目では共通する概念がある一方で，1年目は初めて体験する仕事や経験に対しての対応といったことがあげられるのに対して，2年目では比較的客観視した中で身についたことや，これから自分にとって必要なことを認識していることが示されました。

　次に，「今の仕事や生活についての見通し」では，仕事に関する見通しを述べた発話（年度末，年間の保育スケジュール，人事異動，職場文化，園文化，離職・復職など）と，生活に関する見通しを述べた発話（結婚，出産，育児など）に分けられました。また，これらの事柄に関しての心理的な側面（人事異動への不安，モデルをみることによる仕事と生活の両立への不安など）も語られていました。

　まず，1年目と2年目では長期的な見通しをもつことができていないことが共通してあげられました。見通しがもてない理由は，現在の仕事を理解し，対応していくことに力が注がれているためであると考えられました。また，1年目のインタビューからは，就職する前に漠然と保育士としての仕事や生活のイメージをもっていたものの，働きはじめたからこそ仕事の内実がわかり，見通しがもてないといったパターンもみられました。長期的な見通しがもてないといった類似点はあるものの，2年目になると保育所での1年間の過ごし方のイメージがつかめてきており，具体的に1年間の保育をイメージして見通しをもって保育をしていることがうかがえました。

　「保育の面白さ」では，子どもに関するもの（子どもの育ちや成長，保育者の働きかけに対する子どもの反応など）と，保育に関するもの（行事・教材の共有体験，保護者連携や支援など）の2つの概念に分けられました。そのうち，保育に関し

ては，子どもと行事を一緒につくり上げることや教材を味わうこと（行事・教材の共有体験）があげられました。たとえば，発表会で子どもを指導するだけでなく，一緒に1つの発表会をつくり上げる体験は，子どもたちと喜びや楽しさを共有する場になっていました。また，保育は遊びを中心とする生活の場であり，保育者は子どもの発達に応じた教材を選定し，遊びの展開を考え，意図をもった環境構成を行っています。保育者自身も行事や遊び，教材を子どもとともに楽しむことで，保育の面白さを当事者として体験することにつながっていたと考えられます。また，日々の保育の中でみられる子どもの様子や変化を保護者に伝えたり，子どもを通して家庭を支援したりすること（保護者との連携や支援）も保育の面白さとしてあげられました。以上の結果から，子どもの成長や感情の共有といった子どもとのやりとりを通して得られる達成感ややりがいが概念としてあげられました。この点について，全国保育士養成協議会（2009）では離職の原因として子どもに関することはほぼあげられていないことと対照的であることから，今後は子どもをみる視点の変化とともに面白さの質的変化についても検討する必要があると考えられます。

　以上の分析から，保育者として働くにあたって，成長過程には知識や技能といったスキルの側面だけでなく，将来の見通しやその仕事に対するポジティブな感情や興味関心が重要であることが示されました。また，これらの要因が達成感ややりがいにつながり，働き続けながら保育者としての軸を育んでいく過程がみられました。

3−2−2. 保育者3年目の保育観・職業観

　高澤ほか（2019）では，就職3年目の保育者を対象にインタビュー調査を行い，離職を考えたことがあるか，あるとすればそれをどのように克服し，その要因にはどのようなものがあるかについて検討しました。ここではまず，現在の職場を離職したい，もしくは離職まではいかない消極的職業継続について，ネガティブな感情をもつものの現在の職を継続している，もしくは継続できている要因は何なのかについて検討し，3点の要因があげられました。1点目は他の職業に関する知識や技能がないためというものです。2点目が次のボーナスを待望しながら働き続けるといった金銭的インセンティブであり，3点目は

自分が辞めたら職場が困ってしまうので辞めることを躊躇しているといった職場環境の現実があげられ，いずれもネガティブな傾向の要因でした。その一方でポジティブな発話もみられ，保育におけるやりがいでは，保育の仕事についてネガティブな感情だけをもっているのではないことが示されました。また，保育職の離職念慮の要因としてオーバーワークがあげられ，適切な人員や職場環境を整備することの必要性が示されました。

3－2－3.　保育者5年目の保育観・職業観

　高澤（2020）では，就職5年目の保育者を対象にインタビュー調査を行い，保育者としての成長の認識と，離職を考えたことがあるか，あるとすればそれをどのように克服し，その要因にはどのようなものがあるかについて検討しました。「ワークライフバランス」では，「複数で担任をもつことで仕事量が減ってきた」「休暇をとるタイミングがわかるようになってきた」といった発話や，「要領がつかめて，お願いできるものはお願いできるようになったことで，持ち帰り仕事などが減った」「前よりは（仕事とプライベートの）切り替えができるようになった」といった発話がみられました。ここから，経験年数を重ねることによって生活時間の見通しを立てることができるようになってくることが示されました。「保育の仕事を辞めたいと思ったことはあるか」に対しては，明確に辞めようと思ったことはないものの，辞めたいと思ったことはあるという回答がみられました。理由としては，休暇を自由にとることが難しいことや，自分が行っている保育と子どもがかみ合わず，うまく保育を進めることができず，保護者対応が難しくなったときに辞めたいと思うことがあったとのことでした。これらの困難の解決については共通して，職員や友人同士で愚痴を言い合うといった他者との共有が重要であり，職場での対人環境の重要性がここでもみられたことが示されています。

　以上の結果から，就職5年目においては，仕事に対する自信がついてきており，自分の仕事に対する見通しが立ってくることが保育の仕事を続けられる要因となることが示されました。その一方で，不満や不安を他者と共有することの重要性が認められたことにより，仕事に関するストレスを一人で抱え込ませない環境づくりが職業継続に対して重要であることが示唆されました。

3−2−4. 保育者としての軸をとらえる

　ここまでの就職1年目から5年目にかけての保育者への縦断的インタビュー調査では，知識や技能といったスキルの側面だけでなく，将来の見通しやポジティブな興味関心が職業継続につながることが示されました。また，年数を重ねるにつれて仕事への自信がついてくることや，仕事へのより明確な見通しを立てられることで，より積極的に仕事を続けることにつながることも示されています。その一方で，金銭的理由で仕事を辞められないといったような，消極的に職業を継続せざるをえない面もみられました。このような両価的な側面を踏まえ，仕事のストレスなどを抱え込ませない環境整備が職業継続につながると考えられます。そして職業継続のためには，どのような保育者を目指すかといったキャリアの軸の形成が必要です。その軸の形成のために，今後はなぜ保育を仕事とするのかといった保育観や職業観をとらえたうえで，保育者としてのキャリア形成を保育者自身が考えることが重要になってきていることが示されたといえます。

　このキャリア形成の軸を考えるうえで用いられる視点にキャリア・アンカーがあります。キャリア・アンカーはシャイン（Schein, E. H., 1978）が職業上の自己イメージとして提唱したもので，キャリア初期において新従業員が次第に自己認識を獲得することで開発される，職業上の自己イメージを指します。この自己イメージには次の3つの成分があります。(1) さまざまな仕事環境での実際の成功に基づく，自覚された才能と能力，(2) 現実の場面における自己テストと自己診断の諸機会および他者からのフィードバックに基づく，自覚された動機と欲求，(3) 自己と雇用組織，仕事環境の規範および価値との実際の衝突に基づく，自覚された態度と価値です。このような視点から再び分析し，保育という場がどのような性質をもち，保育者が保育観や自己意識を醸成しキャリア形成をしていくのかについて検討することが必要となります。

　保育はかつて女性の仕事とされ，結婚とともに退職することが一般的でした。しかし，近年は保育の専門性が重視されるようになってきているとともに，女性のキャリア形成の変化や男性保育者の増加，働き方の多様化に伴う保育ニーズの高まりによって，保育が一生の仕事となることが一般的になってきました。それとともに，保育においても長く仕事を続けられる環境を整備して

いくことが重視されてきています。今後は保育者自身の働き方も多様化する中
で，充実した職業生活を送ることができる職場環境をいかにつくっていくかが
重要となるとともに，保育者としての軸を個々の保育者が形成していくことを
支援することが大切になっていくと考えられます。

4. それが実践にもつ意義は何か
多様な働き方の中での職場と自己

　ここまで，職業展望浮沈曲線を用いた調査と保育者を対象とした縦断的イン
タビュー調査を中心に，働くことや職場を通して職業観や職業展望がどのよう
に発達するのかについて検討しました。

　職業展望浮沈曲線調査では，職業展望という将来に関して具体的に想起しに
くい事象について，展望を曲線で描いてもらうことで具体化し，言語化を支援
するツールとして一定の意義を果たすことが示されました。また，現在の生活
やアイデンティティに関する尺度との明確な関連はみられなかったものの，浮
沈曲線の転換点数と現在の生活における重要度との関連が多少みられたことか
ら，今の生活における価値観と今後の職業を考えることと関連していることが
示唆されました。これらの知見から，これからの働き方を考えるうえで，曲線
に投影させるといった具体的なイメージを描くことが有効と考えられます。

　保育者に対する縦断的インタビュー調査では，保育者の成長過程に，スキル
の側面だけでなく，将来の見通しやその仕事に対するポジティブな感情，興味
関心が重要であることが示されました。また，これらの要因が達成感ややりが
いにつながり，働き続けながら保育者としての軸を育んでいく過程が明らかに
なりました。そして，仕事に関するストレスを一人で抱え込ませない環境が職
業継続について重要であることがわかりました。以上の点から，若手保育者に
対しては職場での風通しをよくし，ストレスをため込ませないことが重要であ
ることが示されました。そして，保育者としての軸をとらえたうえで保育観や
職業観を醸成することがキャリア形成のうえで重要であることが示されていま
す。このことから，保育者に限らず勤務者間の対話が，職務遂行だけでなく働
き続けるためにも，また，よりよい職場づくりのためにも必要であると考えら

れます。

　このように，キャリア発達でも年齢や技術の向上といった上昇をとらえるだけでなく，対人関係や職種の広がりといった横の広がりと個人の関係をとらえることも重要といえます。ブロンフェンブレンナー（Bronfenbrenner, U., 1979）は，「発達は特定の環境的文脈における行動の中に常に組み込まれ，表現される」という生態学的発達論を展開し，入学する，病気になる，入院する，退職するといった，私たち人間が生活する環境において，役割や行動場面の変化によって，個人の場所や対人関係といったさまざまな移行が生ずるとしました。そして，この私たちの周りにある環境を生態学的環境，環境が変わることによって生じる移行を生態学的移行と呼んでいます。生態学的移行は生涯を通じて生じ，すべての生態学的移行が発達過程の結果でもあり原因でもあると主張しました。こうした環境の中での展開，つまり人間発達の横の広がりを示しているのが人間発達の生態学の特徴です。これは積極的に成長していく人間と，その人間が生活している行動場面において接する人々や周囲の環境の特性との間における日常的な相互調整について検討しており，今後のキャリア研究においても生態学的視点から検討することが必要であると考えます。

　しかし，日本における実際の職場環境をみると，旧来の職場慣行が個人のキャリア形成を阻害する側面も垣間みえます。エリクソン（1977）は，乳児期から老年期までを記した8つの発達段階（漸成的発達図式）における児童期の危機である「勤勉性対劣等感」に関する記述の中で，勤勉性にのめり込みすぎることに対して，自分の仕事だけに行動範囲を圧縮する危険性があり，「働くこと，成功すること」だけを価値あることの唯一の規準として受け入れてしまうと，その人は自分の技術の遵奉者となり，その無分別な奴隷となり，またそれを利用する地位にある人々の奴隷となるであろうとしています。つまり，働くことは人生や生活において重要な位置を占めるものではありますが，仕事に振り回されてしまうと仕事のための生活になってしまい，まさに「社畜」となって本末転倒の事態になるおそれがあるということです。このようなことにならないためにも，人々が目的をもって働き，その目的を実現することにつなげられるような職場や職場環境を検討する研究が今後も必要になると考えられます。

　高澤（2010）では，日本における一般的なキャリアは1つの企業などで働き通すといった規範的な働き方が望まれ，その働き方からズレると生きにくいとし，このことがニートやフリーターの問題を根深いものにしている一因となっていると述べました。しかし，現在は終身雇用が崩れつつあり，組織が個人を守ってくれるという前提も崩れつつあります。しかし，一度職業生活でつまずくと，なかなか職業生活に戻りづらい環境になっており，「失敗」ができない世の中という実態はあまり変わっていません。このような人たちが働きやすくなるためにも，働くことの継続性といった1つの側面だけでなく，対人関係やその人のできることといった多様な側面からサポートしていくことが大切です。そのためにも，職業上でも「失敗」ができるシステムを考えていく必要があるという点は現在も変わっていないといえます。

　その一方で，日本における働き方改革の中で，フレックスタイムの導入や副業の促進，週休3日制を検討する企業が増えており，2020年以降のコロナ禍の中で自宅など職場以外で仕事をするリモートワークが導入されています。このようにキャリア形成のあり方が変わっていく中で，職場という環境や働き方が今後の職業展望にどう影響を及ぼすのか検討する必要があると考えます。

　また，職場は生活時間において大きな割合を過ごす場ではありますが，その環境が個人の自己形成にもたらす影響についてはあまり検討がなされていません。これを踏まえ，今後は生活の場としての職場について検討し，地に足をつけた軸をもって充実した生活を営むこととはどういうことか，それにはどういったことが必要なのかを検討することが課題だと考えます。

[引用文献]

Bronfenbrenner, U. (1979). *The ecology and human development: Experiments by nature and design.* Cambridge, MA: Harvard University Press.（ブロンフェンブレンナー，U.　磯貝 芳郎・福富 護（訳）（1996）．人間発達の生態学〈エコロジー〉——発達心理学への挑戦——　川島書店）

Erikson, E. H. (1950). *Childhood and society.* New York, NY: W. W. Norton & Company.（エリクソン，E. H.　仁科 弥生（訳）（1977）．幼児期と社会Ⅰ　みすず書房）

宮下 一博（1987）．Rasmussenの自我同一性尺度の日本語版の検討　教育心理学研究, *35*

(3), 253-258.

大木 桃代・山内 真佐子・織田 正美（1998）．日常生活におけるQOL（Quality of Life）に影響を及ぼす要因の検討 早稲田心理学年報, *30*(2), 79-90.

大久保 孝治・嶋崎 尚子（編著）（1995）．ライフコース論 放送大学教育振興会.

Rowntree, B. S. (1902). *Poverty: A study of town life*. London: Macmillan.（ラウントリー, B. S. 長沼 弘毅（訳）（1975）．貧乏研究 千城）

Schein, E. H. (1978). *Career dynamics: Matching individual and organizational needs*. Reading Boston, MA: Addison-Wesley.（シャイン, E. H. 二村 敏子・三善 勝代（訳）（1991）．キャリア・ダイナミクス――キャリアとは, 生涯を通しての人間の生き方・表現である。――白桃書房）

高澤 健司（2002）．大卒者における職業展望の検討――職業展望浮沈曲線の分析から――中央大学大学院研究年報 文学研究科篇, *31*, 289-301.

高澤 健司（2003）．大卒者における職業展望の検討（2）――職業展望浮沈曲線とアイデンティティ尺度及びQOL尺度との関連から―― 中央大学大学院研究年報 文学研究科篇, *32*, 125-135.

高澤 健司（2010）．発達II――生涯発達―― 兵藤 宗吉・緑川 晶（編）．心の科学――理論から現実社会へ――（pp. 111-119） ナカニシヤ出版.

高澤 健司（2011）．青年期のキャリア研究における投影法的技法の検討――職業展望浮沈曲線の視点から―― 「福山市立大学開学記念論集」編集委員会（編）．児童教育学を創る――福山市立大学開学記念論集――（pp. 59-72） 児島書店.

高澤 健司（2020）．若手保育者の成長過程および職業継続要因に関する基礎的研究――就職5年目の追跡面接調査から―― 日本教育心理学会第62回総会発表論文集, 54.

高澤 健司・上山 瑠津子・山田 真世・田丸 敏高（2019）．若手保育者における職業継続要因の検討 日本発達心理学会第30回大会論文集, 538.

高澤 健司・山田 真世・上山 瑠津子・田丸 敏高（2018）．若手保育者の成長過程に関する基礎的研究 福山市立大学教育学部研究紀要, *6*, 55-66.

渡辺 三枝子（編著）（2018）．新版 キャリアの心理学［第2版］ ナカニシヤ出版.

山本 多喜司・ワップナー, S.（1992）．人生移行の発達心理学 北大路書房.

全国保育士養成協議会（2009）．「指定保育士養成施設卒業生の卒後の動向及び業務の実態に関する調査」報告書I――調査結果の概要―― 保育士養成資料集, 50.

第4章

多様な子どもが生活する学びの「場」：
「わかる，できる」が本当に重要なのか？

小野　美和

1. なぜこの問題を研究しようと思ったのか
自分を表現するとはどういうことか

1−1. 研究をはじめるきっかけ：
障害から子どもをとらえるのか，困っていることからとらえるのか

　私がこのような分野にふれるいちばん大きなきっかけは，もちろん研究と関連もしますが，巡回相談というかたちで幼児教育や保育の現場に仕事としてかかわらせていただく機会をもったことです。みなさんの中にも研究という意味だけではなく，仕事としてさまざまな現場で活動している方がいらっしゃると思います。

　みなさんが教育や保育，心理や福祉などさまざまな現場で活動をされるとき，どのようなことを大事にされていますか。その子やその人が表現しようとしていること，伝えようとしていることを理解しようとするとき，どこを始点にして考えていますか。私の大事にしていることはいくつかありますが，常に意識しているのは「そのままをみる」ということです。少しいいすぎだと思われるかもしれませんが，たとえば，巡回相談などである子どもの姿をみるとき，私にとってその子がどのような障害や特性をもっているかという情報はあまり重要な位置づけにありません。「〜障害という特性をもっている○○くん」をみるのではなく，「○○くんの好きなこと，興味のあること，ちょっと苦手そうなこと，困っていることは何か」をみるからです。このように書くと，苦手そうなことや困っていることを考えるときにその障害の特性から考えているのではないかといわれそうですが，私の中では少し違います。なぜなら障害の特性から困っていることを理解するのではなく，その子の姿や周囲とのやりと

りから困っていることを考えるからです。ここには大きなとらえ方の違いがあると思っていて，「障害があるから支援をするのか」，それとも「困っているところをちょっぴり応援するのか」という違いがあるように思います。また，それが誰かからみて困っている場面であれ，スムーズなコミュニケーションができている場面であれ，それはその人と周囲のやりとりの中で生まれる「自分らしさ⇔あなたらしさ」の表現形態の1つだと私は考えています。そのため，巡回相談で私が行うことは，その子の障害特性から困っていることを解説し，対応を考えることではありません。子どもたちと先生，子どもと保護者，先生と保護者の間で行われている「らしさ」のやりとりを少し変えるお手伝いをしています。

1-2.「自分らしさ⇔あなたらしさ」という表現の意味

　自分の研究をとても簡単に書き表すなら，対人コミュニケーションにおいて「自分らしさ⇔あなたらしさ」を表現するということがもつ意味とその発達過程について研究しているということになります。そのようなプロセスをとらえようとするとき，私は「個人」を始点に置いて考えていません。私の研究における始点は「受け手―集団」にあります。その人が何を伝えたかったのかということを考えるとき，何をわかってほしいのかを考えるとき，ここでの「何」は自分の内面にあることを表現するということからはじまるのではなく，受け手や集団にわかってほしいという部分がその行為のスタートにあると私は思うからです。

　「自分らしさ⇔あなたらしさ」という言葉を使うと，なんとなく「内面的な何か」を指すような感じがする人もいるかと思いますが，私の中ではそのような意味に限定されません。たとえば言葉を学ぶことも，歌を歌うことも，日常の基本動作を身につけることも，私たちが行うありとあらゆることが「自分らしさ⇔あなたらしさ」として表現し合う行為に関連すると考えています。そのため個人からみた「自分らしさ」だけでなく，受け手―集団からの「あなたらしさ」も含まれていることを示すために「自分らしさ⇔あなたらしさ」という表現を使っています。

　私たち人間は生まれた瞬間から（正確には胎内にいるときから）「人間」という存在がいる中で生きることになります。自分を誰かに表現し続けること，誰かに自分を受け止めてもらい続けること，そして誰かを自分も受け止め続けること，それが私たち人間の一生ではないかと思っています。このような営みをどのような言葉，専門用語で表すのかは研究者によって異なると思いますが，私は自己呈示（Self-Presentation）という概念を使って考えています。私は自己呈示を「自己を社会的な文脈の中に位置づけ，他者に公認されることを通して可視化され，他者に印象として受け取られる一連のプロセス」と定義しています（小野, 2012）。「自分らしさ」とは自分だけで完結するものではなく，受け手（集団を含む）からの評価や受容，反応（＝あなたらしさ）までを内包したものと考えています。本章ではこのようなことには詳しくふれませんが，本シリーズ第1巻の第2章第1節で自己呈示や私の研究について書いています。本章と関連する部分も多いのでお時間があれば読んでみてください。

2.　どんな問いを立てたのか
2つの問いから考える学びの「場」

2－1.　同じ「場」でともに生活し学ぶことの意味とは何か

　幼稚園や保育所，小学校におうかがいしたとき先生や保護者の方々から受ける相談の内容はさまざまです。「集団になると難しい」「話をしているときに座っていることが難しい」「初めての場面になると不安が強く，パニックになりやすい」「言葉での指示の伝わりにくさがある」……一人ひとり異なる子どもたちが教室という「場」で一緒に生活し学び合う中ではいろいろなことが起こります。

　多様な特性や特徴をもつ子どもたちの保育や教育現場での生活や学びについては「インテグレーション」や「インクルーシブ」といった理念や概念から議論され，子どもたちの心や身体のより豊かで健やかな発達を目指す取り組みや施策などが行われています。はじめに書いておくと，本章はこのような理念や概念がどのようなものかという視点から論じたいのではなく，あくまでも子ど

もたちがともに生活し学ぶ「場」に求められる大切なもの，それらを支えるものとは何かを考えることにテーマを置いています。そのため，たとえばそれが「インテグレーション」なのか「インクルーシブ」なのかというような分け方や論じ方はしていません。むしろ，それが「インテグレーション」であれ「インクルーシブ」であれ，子どもたちが教室や学校という「場」で一緒に生活し学ぶときに大切になるものとは何か（そもそも子どもたちが生活し学ぶ「場」には何が求められるのか）について考えたいと思っています。「インテグレーション」や「インクルーシブ」の概念等については非常に多くの論文や本，実践研究が行われていますので，そのような側面から詳しく学びたい方はそちらをお読みください。

　さて，国際的な場でインクルーシブ教育というものが議論され，その原則・政策・実践に関して出された声明としてUNESCO（国連教育科学文化機関）のサラマンカ宣言（Salamanca Statement, 1994）があります。サラマンカ宣言では，特別な教育的ニーズのある児童や生徒を集団教育の教育制度に受け入れていくこと，児童や生徒の学習スタイルと学習速度の違いに配慮し，適切なカリキュラム，組織体制，教育戦略，リソースの活用および地域社会との連携を重視することが示されています。そして，すべての人に質の高い教育を保障しながら児童生徒の多様なニーズを認め，これに対応しなければならないことが記されています。その後，2006年に国連にて障害者の権利に関する条約（以下，障害者権利条約）が採択され，日本では2014年に同条約が発効しました。

　インクルーシブ教育に関連するこのような宣言や条約により，特別な教育上のニーズを考慮し，普通教育制度の中で障害児を支援するさまざまな取り組みを推進することになりました。ごく簡単にいえば「通常の学校で障害のある児童生徒に適切な教育を提供すること」を実現していくための取り組みが，ここでいう「インクルージョン」の意味だと考えられます。日本においては，文部科学省の諮問機関である中央教育審議会の初等中等教育分科会に設置された「特別支援教育の在り方に関する特別委員会」が2012年に出した報告書「共生社会の形成に向けたインクルーシブ教育システム構築のための特別支援教育の推進」（中央教育審議会初等中等教育分科会, 2012）で次のようなことが述べられています。

　インクルーシブ教育システムにおいては，①同じ場でともに学ぶことを追求するとともに，個別の教育的ニーズのある幼児児童生徒に対して自立と社会参加を見据えて，その時点で教育的ニーズに最も的確に応える指導を提供できる多様で柔軟な仕組みを整備することが重要であること，②小中学校における通常の学級，通級による指導，特別支援学級，特別支援学校といった連続性のある「多様な学びの場」を用意しておくことの必要性です。一方で，インクルーシブ教育とは何かということの定義は明確ではありません。これらの文言は，いわゆる教育システムとしてのインクルーシブ教育はどのような方向で進むのかということを示したものであって，インクルーシブ教育とはいったいどのようなことを目指すものなのか，どのような質的な中身をもつものなのかということは示されていません。

　直島（2014）はインクルージョンについて「障害の有無に関わらず，また能力にも関係なくすべての子どもたちが地域社会における保育・教育の場において包み込まれ，個々に必要な援助が保障された上で保育・教育を受けることを意味し，インテグレーションのように障害の有無の区別をしない」と述べています。また，茂木（2003）は「インクルーシブ教育は，社会そのものを多少な人々が共生する場と考え，統合のように学力のレベルは問題にせず，通常学級の考え方や運営の仕方を変えて，障害児を含む特別のニーズを持つ子どももすべて包含する教育のあり方を追求するものである。サラマンカ宣言にある特別なニーズを持つ子どもには，障害児だけでなく，おかれた環境の影響で特別な教育的ケアの提供が必要な状態になった子どもたちのことを指す」としています。

　研究者がどのようにとらえているかはさまざまですが，おそらく社会で生活する多くの人にとっては「障害の有無にかかわらず同じ場で学ぶこと」がインクルーシブ教育だとイメージしているのではないかと思います。では，同じ「場」で生活し，学ぶことにどのような意味があるのでしょうか。ともに過ごし，やりとりをするからこそ学べることとは何でしょうか。そこで，本章の1つ目の問いは，「同じ場でともに生活し学ぶことの意味を考える」にしたいと思います。

2-2.「わかる，できる」ことを目指す「場」が子どもに何をもたらすのか

　多くの人が考える意味での個別の教育的ニーズのある幼児児童生徒のための教育の実現を考えていくと，学級内のすべての子どもたちへの教育の質を高めるということと関連してきます。つまり，学校全体の教育上の改善，すべての子どもたちにとって質の高い授業や学びをいかに行っていくのかという発想になるわけです。そのような視点に立った心理教育的援助として，学校心理学の分野から次のような3段階が示されています。

①一次的援助サービス
【対象】すべての子ども
【支援】ソーシャルスキルトレーニング，ストレスへの対処支援，心の健康教育など
【学習】クラス全員（発達障害の子どもも含む）が「わかる，できる」を目指す授業づくり

②二次的援助サービス
【対象】登校しぶり，学習意欲の低下，学級での孤立，学校生活への不適応，転校生など（学校生活に苦戦しそうな子ども）
【支援】早期発見が重視される
【対応】問題が重大化する前の予防を目指し教育者，保護者との連携で対応

③三次的援助サービス
【対象】不登校，いじめ，非行，虐待など重大な問題状況にある特別な援助ニーズをもつ子どもたち
【支援】具体的な支援計画を立てる
【対応】チーム学校での対応（一人ひとりの状況に合わせた対応，各種専門機関との連携，保護者を含む）

　三次的援助サービスにあるように，近年では「チーム学校」という観点から

子どもたちにかかわることに重点が置かれるようになっています。その中でも「特別支援教育コーディネーター」という役割が重視されています。これは子どもたちへの支援に関する校内体制を整え，チームで子どもたちを支援するために必要な調整を担う役割です。現在，文部科学省は不登校の生徒などを支援する相談体制についても「教育相談コーディネーター」を位置づける提言を行っています。このように，個々の教員や専門職だけが対応するのではなく学校全体として協同的に動くことを重視するようになっています。

　日本では「インクルーシブ教育」を実現していくために，まず学校や教育機関に子どもたちを支援するシステムをもたせるという方向性で取り組みが進められています。もちろんシステムとしてそのような選択肢をもっているかどうかは重要なことだと思います。しかし，なぜそのようなシステムをもつ必要があるのか，ここまで何度も述べているように多様な特性をもった子どもたちがともに生活し学ぶことでどのようなメリットがあるのか，どのようなものを目指すのかについては示されていません。

　「個別の教育的ニーズのある幼児児童生徒のためのインクルーシブ教育の実現」と「質の高い授業」という点はすべての子どもたちを対象としたものなので「一次的援助サービス」の部分が該当します。クラス全員が「わかる，できる」を目指す授業づくりという点から「同じ場でともに学ぶことを追求する」というふうに考えているといえます。ここに本章の2つ目の問いがあります。それは「わかる，できるというとらえ方が子どもたちに与える影響について考える」です。私は「わかる，できる」というような「限定」をつけることはさまざまな子どもたちがかかわり合いながら学び合ってほしいこととうまくつながらない気がします。「わかる，できる」ということを1つの目標として進んでいけば子どもたちの学びや発達がよりよいものになるのかについて考えたいと思います。

　ここで本章の問いをまとめると，「同じ場でともに生活し学ぶことの意味を考える」ことと「わかる，できるというとらえ方が子どもたちに与える影響を考える」ことになります。そして，これら2つの問いを考えることを通して，最終的に「多様な学びが生まれる場所に必要なものとは何か」について論じたいと思います。

3．どんな研究をし，何がわかったのか
子どもたちが教室でみているものとは何か

　さて，いくつかのデータから本章の2つの問いについて考えてみたいと思います。ここに示すエピソードやプロトコルは，これまで私自身が子どもたちの生活や学びの様子，クラスメイトとのやりとりを調査したデータの一部です。エピソードやプロトコルにある子どもや先生の名前等はすべて仮名です。複数の子どもたちが登場するエピソードでは，本章においてみなさんに注目しながら読んでほしい子どもに仮名をつけ，それ以外の登場人物については男児A，女児Bのように表記しています。これは質的なデータを読む際，どこに，誰に焦点を当てながら考えていくかが重要になるからです。本章でとらえようとしているテーマを考える際に，まずはその子に注目しながらエピソードの流れや中身を考えてほしいという意味でこのように記載しました。個人情報保護の観点から文中の発話の表現等を一部修正していることもご理解ください。

3－1．先生の問いかけの中に子どもたちは何を感じているのか

　Table 1の①小学校での例(1)〜(3)にある担任の先生の発話には「わかる，できる」という考え方が前提にあるといえます。小学校以降の学びにおいては「できるから（できるようになるから），楽しい。理解したから面白い」というとらえ方があるように思います。だからこそ，できない，わからない場合は先生が「できるように」支援を行うという流れになるともいえます。どのようなプロセスでその課題に取り組むかという「自分らしく，あなたらしく学ぶ」ということよりも，「できるようになる」という結果が重視されていると考えることができます。もしかしたら先生たちにはそのようなつもりがなくても，子どもたちの側からみると「わからなかったら」という言葉を「わかるように，できるように」が重視されていることを感じる言葉として聞こえているかもしれません。もちろん面白さや楽しさも十分に大切にされていると思いますが，子どもたちにその言葉がどのような重みをもつものとして伝わっているのかを考

Table1　先生を呼ぶのはどのようなとき？

【①小学校での例】

担任の先生：それではみなさん，手順はわかったかな。(1)もし，わからないことがあったら聞いてください。みなさん，いいですか？

子どもたち：はーい。

担任の先生：それでは作業をはじめてください。(2)できたら前に持ってきてください。(3)やってみてわからないところがある人は先生を呼んでくださいね。

【②幼稚園での例】

担任の先生：みんな，昨日お話ししたように今日はこの「きつねさん」を折り紙で作ってみたいと思います。

（完成したきつねの折り紙をみせながら）(A)どうかな？　楽しそうかな？　難しそうかな？

子ども1：楽しそう！　でも難しいかも。

子ども2：難しいけどやってみたい。きつねさん，かわいい！！

担任の先生：そうだね，(B)ちょっと難しいところもあるかもしれないけど……やってみようよ！

子ども3：やってみたい。それに▲▲先生，それにお顔も書くんでしょ？

担任の先生：そうだよー。折り紙で折った後，目とかお鼻とか書くよ。かわいいおめめでもいいし，ながーいおめめでもいいよ。みんなはどんな顔にするのかな？

子ども4：私はばっちりおめめにする！　赤で書いてもいい？

子ども5：ぼくはにこにこの目！　黒で書く。

担任の先生：(C)わー，すごく楽しそうだね。じゃあ，やってみようか。先生にみてほしいところがあったら「▲▲先生って」呼んでね。先生，行くからね。じゃあ，みんなやってみてください。

える必要があると思います。

　一方，Table1②幼稚園での例(A)〜(C)の担任の先生の発話では，できるかできないかというよりも「やってみよう」という子どもの気持ちやとらえ方に主眼が置かれた説明や問いかけになっています。子どもたちと一緒に何かに取り組むとき「楽しい，面白い。だからわかる（理解する）」のであって，まずは楽しい・面白いと感じるかどうか，自分からやりたいと思うかどうかが重視された問いかけといえます。当初目指していたゴール（「きつねの折り紙の完成」）に子どもたち自身がどのようにたどり着くかという"ストーリー部分"が，結末よりも大切にされているということもできます。

　このような言葉かけの差はもちろん子どもたちの発達段階や生活年齢の違いから生じることもありますが，そこでの「学び方」や「学ぶもの」の視点の違

いが大きく影響しているのではないかと思います。さまざまな特性をもっている子どもたちがともに生活し学ぶ場ということを考えるのであれば，このような何気ない問いかけがもつ影響力の大きさを私たちは心に留めておく必要があると思います。

3-2.　わからないことのとらえ方が子どもの行動や理解に与える影響

　Table 2-1に示した小学校2年生のキョウカさんは軽度な知的発達の遅れがある女子児童です。Table 2-1(1)・(2)のキョウカさんの発話には「しっかり聞きましょう」「ちゃんと聞けばわかる」という先生の言葉を彼女がどのようにとらえているかということが示されています。おそらくキョウカさんの担任の先生はクラスの子どもたちに対し，真摯に向き合っていると思います。しかし，キョウカさんにとっては日々の生活の中で先生が何気なく言っている言葉が大きなプレッシャーになっていることを示しています。また，Table 2-1(2)「一生懸命頑張ったら……できる」という部分から，Table 1①小学校での例と同じように「わかる，できる」という視点による言葉が学校生活の中で多く使われていることが読み取れます。

　さらにキョウカさんの発話から，彼女が「わかる，できる」ことがよいことであって，それ以外はよくないことと考えている傾向が示されています。言い換えれば，キョウカさんが何かを学びをはじめるスタートには「できるか，できないか」「わかるか，わからないか」があって，やりたいとか興味があると

Table 2-1　小学校2年生の女子児童　キョウカさんの語り

キョウカ：(1)聞けない。だって先生に怒られるもん。先生はしっかり聞きましょうって言う。私がしっかり聞いてないからわからないんだよ。ちゃんと聞けばわかるって先生は言うけどわからないんだもん。
だから，ちゃんと聞いてないって言われるから聞けない。
私：そんなことで先生は怒らないと思うよ。
キョウカ：(2)だってちゃんとやろう，しっかりやろう，きちんとやろうって先生は言うもん。先生の話をしっかり聞きましょう。一生懸命頑張ったらキョウカもできるよって。
でもできないんだもん。みんなはできるけど，（私は）頑張ってないからきちんとしてないからきっとできないんだよ。だから言えない。

いったことがそのはじまりにはないともいえます。また，「ちゃんと」「しっかり」「きちんと」といった授業や活動への取り組み方の姿勢を示す言葉も，キョウカさんは「わかる，できる」という基準からとらえています。そのため，「できない（わからない）からちゃんとしていない，しっかりしていない，きちんとしていない」という解釈となっています。

　このようなとらえ方が過度になると，たとえ先生が「わからない場合は先生に聞くように」と話していても「聞くことは，悪いことである（しっかり取り組んでいないことを伝えることになる）」と考え，質問をしない子どもが出てくることも考えられます。質問をしないという状況から，質問をすることが難しいという個人のスキルの問題としてその困難性をとらえる人もいます。その場合，「自分から質問しにくいのであれば，質問しやすいようにこまめに声をかけよう」といった対応をとると考えられます。けれどもキョウカさんの例は個人のスキルの問題（質問をすること自体が難しい）がメインにあるのではありません。先生に聞くということをネガティブにとらえている子どもたちへのこのような働きかけは，さらに心理的な負担をかける可能性があります。

　もちろん，このようなケースにはキョウカさん自身の知的な部分も関連していると思います。しかし，それだけではないはずです。また，誤解のないように書けば，このような言葉そのものがネガティブというわけはありませんし，「わかる，できる」を目指すことがよくないということでもありません。問題なのは，なぜそのような画一的なとらえ方をしてしまう子どもたちがいるのか，そのようにとらえてしまう要因は何なのかということです。子どもたちの間で「わかる，できる」がよいことで，「わからない，できない」は望ましくないという認識のもと，その場や関係性がつくられていくと，どうなるでしょうか。「わからない自分が悪い」「できない相手が悪い」と考える雰囲気がクラス全体に共有され，広がっていくのではないでしょうか。また，キョウカさんのようなとらえ方が強くなると，できるかどうかはわからないがチャレンジしてみるという取り組み方ができにくくなると考えられます。児童期という発達段階を考えたとき，このような考え方や行動傾向があると主体的に行動し学ぶという意欲や経験を減らしてしまうのではないでしょうか。

Table 2-2　幼稚園の年中クラスの男児　トモくんの語り

トモ：先生，これやったことある？

私：先生は，（そのおもちゃ）使ったことないなぁ。

トモ：(A)面白いかな？　トモくんもやってみたいけど，なんかやり方がわかんない。

私：じゃあ，（担任の）ユキ先生に聞いてみたら？

トモ：うん。聞いてくる。

（担任のユキ先生のところにおもちゃの使い方を聞きに行く）

トモ：ねー聞いてきた。これね，こうやるんだって。(B)ユキ先生が教えてくれたよ！　面白そう！

私：そうなんだ。よかったね。

トモ：あのね，トモくんね，(C)これやりたいって言ったの。
　そしたらユキ先生が「楽しそうだね。先生もやりたい」って。だからね，トモくんが使ったら貸してあげるんだ。だって，楽しいのは先生もやりたいんだもんね。これ面白そうだもんね。

私：そうだね。ユキ先生も楽しいことはやりたいよね。

トモ：うん。だからね(D)トモくんがやって，初めてだからよくわかんないかもしれないけど，面白いことわかってね，それで先生に教えてあげるんだ。こうやると楽しいよって！

私：そっか。じゃあやってみないとね。ユキ先生に教えてあげられないもんね。

トモ：でもね，こうやったら危ないんだって。お友だちに当たらないように気をつけてねって。

私：ケガしたら大変だもんね。

トモ：そうだよ。だから，気をつけるんだよ。(E)どうやったら楽しいかな。やってみるね。
　それでね，あとでシュウくんも誘うんだ。一緒にやるの。だからね，みてて！

　Table 2-2のトモくんも軽度な知的発達の遅れがある男児です。トモくんの例ではTable 2-2(A)・(C)のように，本人の「やりたい」ということが学びのはじまりにあります。Table 2-2(B)・(D)・(E)にあるように，「できるか，できないか」ではなく「面白そう，楽しい」というトモくん自身の気持ちが大切にされています。「こうやると楽しい」「どうやったら楽しいか」をみつけていくというトモくんの発話からもそれが読み取れると思います。

　またトモくんのような学びのスタンスは，できるかどうかは別としてやりたいと思ったからチャレンジしてみるという取り組み方がしやすいといえます。トモくんはTable 2-2(D)で「初めてだからよくわかんないかもしれないけど」と発話していることから，自分にとってそれができるかどうかはわからないことを認識しています。しかし，トモくんの場合はそのおもちゃを使って遊ぶことが"できる"ということがはじまりではなく，そのおもちゃを使って"どのように"遊ぶかということがそのスタートにあります。もしかしたらおもちゃ

の説明書どおりの遊び方ではないかもしれませんが，「自分で楽しい遊び方を
みつける」ことがここでの楽しみ方や学びのポイントになっています。

　このように子どもたちがどのような視点・基準から物事をとらえているか，
とらえやすいかということは，授業や活動といった限られた場面だけでなく，
クラスの子どもたちと過ごす日常生活の多くの場面で行動や気持ちに影響を及
ぼすと考えられます。

3-3.「わかる，できる」ではなく「それもいい」でとらえること

　Table 3-1・3-2は，ミズくん（いわゆるグレーゾーンといわれる発達のアンバラン
スさがちょっと気になる子）と女児B（道具の使用や言語指示の理解に苦手な部分があ
る子ども）の製作場面のエピソードです。紙コップを使って製作物を作ってい
ます（マジック，クレヨン，折り紙などを使って紙コップで海の生物をテーマにしたも

Table 3-1　保育園の年長クラスの男児　ミズくんのエピソード

男児A：俺はね，イカ。イカは長いからハサミ大変。ミズはタコの足どうすんの？
ミズ：⑴ ミズは黄色で作りたい。
男児A：⑵ 黄色？　そうなんだ。それよりも俺はハサミで疲れた。
女児B：⑶ タコって赤じゃないの？　タコっていったら赤だもん。
ミズ：⑷ 黄色がいい。赤はやだ。黄色で作るの！
女児C：⑸ 私は，タコはかわいくないからヤダな。黄色でもタコってわかればいいんじゃない？
男児A：⑹ 色よりもさ，ミズ，ハサミで切るのが大変なんだよー。
（ミズくんが黄色の折り紙を男児Aと同じようにハサミで切ろうとするが，まっすぐ切れない）
保育士：いいねぇ，イカを作っているの？
男児A：そ！　これをつけるの！（白い折り紙で作った足の部分をみせる）
保育士：（ミズくんの様子を確認し）⑺ ミズくんはタコだよね？　黄色のタコさんなの？
女児B：⑻ ミズくんは黄色で作りたいんだって。タコは赤だって言ったけど，黄色がいいんだって。
女児C：⑼ そうそう。形でタコってわかるから大丈夫だよ。
ミズ：先生を呼んでないでしょ。せんせ，あっち行って。
保育士：⑽ 何かお手伝いすることはない？　切りやすいように折ったり，線を書いたりもできるよ。
ミズ：いいの。先生はあっちに行って！
保育士：じゃあ，何かあったら先生を呼んでね。

Table3-2　保育園の年長クラスの男児　ミズくんのエピソード（続き）

女児B：⑾ミズくん，ハサミ苦手なんだから先生に手伝ってもられば？　先生，手伝ってくれるよ。

ミズ：いい。ミズがやる。

女児B：でもできないなら，一緒にやってもらうほうがいいじゃん。言えば来てくれるよ。

ミズくん：ひとりで切るの。

男児A：⑿ミズがやりたいんだからさ，ハサミ使わないのは？　使わないでやればいいじゃん。手だ！

女児B：⒀先生に聞いたほうがいいんじゃない？

男児A：⒁べつに手でいいじゃん。ビリビリってやったら面白いかも。

女児B：⒂ハサミ使わなくていいのかな。他のグループは，ハサミでやってるよ。

男児A：⒃ミズは，どうする？　ハサミ使う？　手でやる？

ミズ：⒄ミズね，まっすぐ切れない。ハサミ，あんまり好きじゃないから。

男児A：俺やってみる。（手で破ってイカの足を作る）あ，ほらギザギザになった。これのほうが足っぽい！！　イカっぽい。

女児B：あ，ほんとだ。ギザギザだ。⒅でも先生に言わなくていいの？

ミズ：⒆みんなでやるの？　みんなは，ハサミ使わないの？

女児C：⒇みんなが手でやるなら，私も手でやる。ビリビリってやるの楽しそう。

男児A：こっちのほうがいいよ。絶対。リアル！　ぐねぐねになるし。ハサミはつまんないよ。

女児C：じゃあ，これは秘密にしようよ。このグループだけの秘密。

ミズ：先生にも秘密？　言わなくていいの？

男児A：秘密，秘密。最後にみせに行くとき，びっくりさせよう。

女児B：他のグループは，ハサミ使ってるもんね。このグループだけだね。

ミズくん：わかった。秘密ね。先生をびっくりさせよう。ミズもやる！

女児C：㉑なんか楽しくなってきたね。ビリビリチームだ。

男児A：ビリビリチーム！　もう少しで，俺，ハサミでやるところだったよ。やばかった！

女児B：㉒私もちょっと切るの失敗してたから，ほんとはビリビリチームでよかった。

女児C：㉓ビリビリ楽しい。ハサミよりもかっこいいしね！

男児A：ミズ，ナイス！　先生，呼ばなくてよかったな。俺たちビリビリチーム！

女児B：早くやろうよ。先生，おどろかせよう。ビリビリチームで。ハサミナシで。

ミズ：先生をびっくりだ。ハサミ使わない。ミズたち，ハサミ使わないチーム。

男児A：おどろく，おどろく。ハサミ使わなかったのーって。すごく楽しみ。やろう，やろう。

女児B：私は細くしてみる。細いイカ。㉔細いから難しいかも！

女児C：じゃあ私はナナメ。㉕みんな違うのにしようよ。

男児A：㉖ミズはどうする？

ミズ：㉗ミズはこうする。破る。いい？（まっすぐビリっと破る）

男児A：じゃあ俺は，長くする。くるくるってやれば長くなるし。ながながイカだ。

女児C：㉘すごく面白くなってきた！　早くみせに行こう。ミズくんのは黄色だけどね（笑）。

ミズ：㉙ミズの黄色のタコ，かっこいいんだから（笑）。

の〈タコ，イカ，魚，貝殻，海草，ヒトデなど〉を3つ作成し，それをつなげてオーナメントを作る。絵本や図鑑などを参考にしてもよい）。製作の前日に何を作るか決めており，決めた3つの海の生物たちのうちの2つを選んで製作している場面です。

　まず，Table 3-1(1)・(4)でミズくんがタコを黄色で作りたいと言った後の子どもたちの反応から考えてみたいと思います。男児Aと女児Cはミズくんの意見を尊重しています（たとえば，Table 3-1(2)・(5)・(9)）。女児BはTable 3-1(3)でタコは赤だから赤ではないのかと言ったり，(8)で保育士に自分は赤だと言ったがミズくんが黄色と言ったことを報告したりしています。次のTable 3-2は，製作の中でハサミを使うことに対してこのエピソードがどのように展開していったかを示しています。

　ハサミについて女児BはTable 3-2(11)で「ハサミ苦手なんだから先生に手伝ってもらえば？」「できないなら，一緒にやってもらうほうがいい」とミズくんに言っている姿が示されています。女児Bは「ハサミを使うことができること」に着目してこれらの発言をしていると考えられます。

　一方で男児AはTable 3-2(12)・(14)のように，ミズくんにハサミを使わない方法を提案します。その際も，できるかどうかという能力的な側面からの提案ではなく，「ビリビリってやったら面白いかも」というように取り組む気持ちを強調した言い方になっています。男児Aの提案に女児CもTable 3-2(20)で「みんなが手でやるなら，私も手でやる。ビリビリってやるの楽しそう」と受け入れています。つまり，男児Aと女児Cは手で行うほうが簡単だからではなく「そのほうがいいから」「楽しそうだから」「ハサミよりもかっこいい」という積極的な理由から手で行うことを選択しています（たとえば，Table 3-2(20)・(21)・(23)）。

　女児BはTable 3-2(13)・(15)・(18)で，ハサミを使わないというメンバーの提案に「先生に聞いたほうがいいんじゃない？」「他のグループは，ハサミでやってるよ」と発話しています。もちろん女児Bの反応はごく一般的なものだと思います。しかし「ハサミを使うことができるかどうか」ではなく「楽しい，面白い，そしてハサミよりもよいものができる」という視点からそれが提案されていることが伝わった後は，Table 3-2(22)で「私もちょっと切るの失敗してた

から，ほんとはビリビリチームでよかった」と自身の気持ちを表現しています。先ほども書いたように女児Bは「できる，できない」という側面に注目している度合いが強く，もしかしたらミズくんに対してのさまざまな発言もこのような視点が関係しているのかもしれません。自分も上手にハサミを使うことが「できない」からこそ「できる」ことを気にしていたとも考えられます。

　このような点はミズくんと男児Aとのやりとりにもみられます。男児Aはミズくんに何かを提案する際ミズくんの気持ちを大事にしています（Table3-2 ⑯・㉖）。そのようなやりとりの中ではミズくんも，男児Aにハサミを上手に使えないことを率直に伝えています（Table3-2⑰）。このようにミズくんも女児Bも「ハサミを使うことができるかどうかではなく，楽しんで取り組む」というグループの共通理解ができる前と後では発言の内容や積極性に変化があることがみなさんにも伝わるのではないでしょうか（たとえば，Table3-2㉓〜㉙）。子どもたちがどういう視点からその言葉や問いかけを理解しているのか，とらえているのかということが，一緒に生活し学ぶことを支える土台として大きな役割を果たしていることがここに示されています。

　次に女児CのTable3-2㉘の「ミズくんのは黄色だけどね（笑）」について少し考えてみたいと思います。女児Cはミズくんがタコを黄色で作りたいと考えていることに対し，「黄色でもタコってわかればいい」「形でタコってわかるから大丈夫だよ」と話しています。おそらく女児Cの中では黄色というのは自分ならタコには選択しない色ですが，ミズくんらしい（あなたらしい）と自分との違いを感じたうえで受け入れていることがわかります。Table3-2㉘はお互いのそのような感じ方の違いを女児Cが隠すことなくミズくんに伝えているといえます。そしてミズくんもTeble3-2㉙で「ミズの黄色のタコ，かっこいいんだから」と女児Cにそのままに受け止め返しています。私の言葉で書けば，このミズくんと女児Cのやりとりは「自分らしさ⇔あなたらしさ」をお互いに自由に呈示し，わからなさささえポジティブに受け止め返している状態です。私はこのようなやりとりが，多様な特性や個性をもつ子どもたちがともに生活し学ぶことの意味であり本質を示していると考えています。

　「わかる，できる」ということを目指すのであれば，子どもたち自身の学びへの意欲やその質が重要になります。そう考えると，このような「それもいい

ね」と分かち合える受け手─集団が周りに存在することが必要になります。自分も，相手も，互いに表現し，感じたことを伝え合える自由さがその「場」になければ，主体的な学びも，満足度の高い学校生活を過ごすこともできないのではないでしょうか。

3−4.　本人が感じている「困難」は周囲と同じなのか

　前項でみてきたエピソードの最後として，担任の保育士の働きかけについて考えてみたいと思います。Table 3-1 (7)で保育士はミズくんにタコを作っていることを確認し，「黄色のタコさんなの？」と質問しています。またTable 3-1 (10)ではミズくんに手伝うことはないか（「切りやすいように折ったり，線を書いたりもできる」）と尋ねています。この場面を保育士の2つの語り Table 4 (A)・(B) と合わせて考えてみたいと思います。

　担任の保育士はミズくんに「困っていることを伝えることができるようになってほしい」「みんなと同じようなペースで活動に参加させてあげたい」と考え，Table 3-1 (7)・(10)の働きかけを選択したといえます。ミズくんのハサミの場面を「困難が生じている」ととらえているわけです。担任の保育士は「ハサミを上手に使えないこと」「困っているときに先生を自ら呼べないこと」をミズくんの困難と考えています。しかし，もしかしたらミズくんは「呼べな

Table 4　ミズくんのクラス担任である保育士の語り

　今日の製作の場面は，ミズくんはハサミがうまく使えないのでどうするかなって思ってたんですよ。
　(A)今のミズくんは困ったときに「困った」っていうのを私たちに伝えるのはまだ難しいみたいで……なので，声をかけてみたいんですけど「来ないでー」状態でしたね。最近は，そういうのが増えてきたんですよ。(B)困っている場面とか一人じゃ難しいかなっていう場面でこちらがフォローをしようと声をかけると「ダメ」とか「あっち行って」とかで……一人でやりたいのかなって思う部分もありつつ，「困っている」っていうことを私たちに伝えることができるようにしたいっていうのもあって。みんなと同じようなペースで活動に参加させてあげたいっていうのもありますし。だから，気づいたらチャンスだと思って「どうしたのかな」って声をかけたり「困っていることないかな」って声をかけるようにしてるんですけど……どうもうまくいかないですね。言い方がよくないのか……タイミングなのか……難しいですね。

い」のではなく「呼ばない」のかもしれません。ミズくんはできないことに困っているのではなく，できないことを先生に知られることを困ると考えているのかもしれません。

　Table 3-2でも「できる，できない」に視点を置いた女児Bからの働きかけには「ひとりで切る」と答えていますが，「できる，できないではなく，どうやったら楽しいか」に視点を置いた男児Aとのやりとりでは，Table 3-2(17)で「まっすぐ切れない。ハサミ，あんまり好きじゃないから」と答えています。相手が何を重視してその言葉を紡いでいるか，もっといえば自分の行動や発言を何から解釈しているのかによって，答え方も対応の仕方も当然異なります。「できるように」という側面に視点を置く保育士の「黄色のタコさんなの？」という質問は，単に確認しただけなのかもしれませんが，そういったことを感じはじめている子どもにとってはどこか否定されたような経験として意味づけられているようにも思えます。同じ場面，同じ行動をみていても，受け手—集団がとらえている「困難」の内容と本人が感じている「困難」が異なることがありえることも理解しておくことが大事なのではないでしょうか。

4. それが実践にもつ意義は何か
多様な学びと感性を育む「場」にするために

4-1. 子どもたちがみている教室の意味をとらえること

　本章の2つの問いは，「同じ場でともに生活し学ぶことの意味を考える」「わかる，できるというとらえ方が子どもたちに与える影響を考える」でした。Table 1〜Table 4に示したいくつかのデータから考えてきましたが，みなさんが感じたことや考えたこともいろいろあると思います。本章でみてきた内容から「教室を多様な学びが生まれる場所にするには何が必要なのか」について論じたいと思います。

　神谷（2007）は，ヴィゴツキー（Vygotsky, L.）のさまざまな理論を保育という視点から考察した自身の著書の中で近代教育学における発達観について概観し，「子どもの発達の原動力を子どもの内側に見いだすのか，それとも環境や

教育のなかに（子どもの外側に）見いだすのか」ということが現代の発達理論や教育理論の対立点につながっているということを論じています。これを大きくとらえれば，何かしらの困難が生じたときに，それを子どもの内側の問題（個人の問題）としてとらえるのか，それとも受け手―集団，環境といった全体のほうからとらえるのかという違いとつながっています。また視点を変えれば，子どもたちの学びのスタートを子どもの内側に置くのか，それとも受け手―集団といった全体に置くのかということにも関連してきます。もちろんどちらも必要な視点ですが，どこに"はじまり"を置くかによってとらえられる内容が変わってきます。文部科学省は小中学校における通常の学級，通級による指導，特別支援学級，特別支援学校といった連続性のある「多様な学びの場を用意する」ことで実現させていこうとしています。

　私は，教育においてまず考えるべきことは，どのような理念や概念を掲げるか，子どものニーズに応じた学びの場をどう用意するかではなく，「子どもたちが教室という場をどうとらえているのかを理解する」ことだと思います。そのためには，「子どもたちが何を視点・基準に置いて学んでいるのか，生活しているのか」という点から分析を行うことが必要なのではないでしょうか。そのような視点から教育制度や運営上のシステムを構築することにより，多様な特性と感性をもつ子どもたちがともに生活し学び合うことがようやく機能しはじめるのではないかと思います。

4-2.「わかる，できる」という「場」で子どもが生活し学ぶことのリスク

　本章で示したキョウカさん，トモくん，ミズくんたちの例は，教育現場が抱えるさまざまな課題や困難と関連します。「わかる，できる」という視点から先生の言葉，友だちの発言，取り組んでいる活動をとらえている子どもたちの学びや生活はどのようなものになるでしょうか。「わからない，できない」を受け入れられない何かがあるとき，それが「多様な感じ方や想いを発揮しながら一緒に生活し学ぶことの本質」を阻害するものだと私は考えています。本章で示したTable 3-1・3-2のミズくんのエピソードのように多様性を認め合う，お互いを尊重し合うということは，「わかる，できる」を目指すものではなく，

「わかり合えなさ」をわかり合うこと，そしてその「わかり合えなさ」を「あなたらしさ」としてお互いに認め合うことのような気がします。だからこそ，教室という場所での「生活」の中に「わからないことさえ受け入れること」が根付いている必要があると思います。問われているのは，どのようなとらえ方や感じ方をしてもよいとお互いに安心して思うことができる土台，「それもいいね」を「場面や場所を限定することなく」形成していくことではないでしょうか。

　だからこそTable 1〜Table 4で示したデータにもあるように，「わかる，できる」という視点から子どもの多様な教育ニーズに応えていくことには課題があるように思います。わかることやできるようになることを目指すということが望ましくないというのではなく，それがすべてに優先されるようになることの危うさを私は感じています。結果として「できるようになる，わかる」のであって，大事なのはそこに至るまでの経験のありよう，もっといえばそこにどのような選択肢があって，それをどうやって選ぶことができたのかではないかと思います。

　さらに，私は多くの人がこの「わかる，できる」ということに過度な位置づけを与えているような気がしています。さまざまな現場に行ったとき，その子が何を考えているのか，どうしてそのような行動をするのかがわからないという質問を先生や保護者の方から受けることがあります。私はそのとき，先生や保護者の方々は「なぜ，何を，わかりたいのだろう」といつも考えます。私からすれば先生も保護者の方もよくわかっているように思います。それはお互いに「わからない，わかり合えないことがある」ということです。私からみると子どもたちは（そして私たち大人も）非常に合理的です。「楽しいからやる」「つまらないからやらない」「怖いから逃げる」「知らないことだから恐れる」「興味があるからさわってみる」「苦手だから避ける」「話してもわかってくれない人だから話さない」，そういうことです。みなさんの中にも子どもたちが「なぜそれに興味をもつのか」「なぜそれが好きなのか」「なぜそれが怖いのか」ということを理解することが“まず大切だ”と考える方がいるかもしれません。では，一度考えてみてください。なぜ，その理由を知ることが大切だと思うのでしょうか。その理由を知ることができなければ，一緒に生活すること，一緒

に学ぶこと，一緒に笑い合うことができないのでしょうか。もっといえば，みなさん自身は自分の感じていること，考えていることのすべてを相手にわかってほしいと思っていますか。

　私は「（理由なんて関係なく）その子はそう感じているのだ」ということ，そして「その感覚や思いがときには自分にはよくわからない部分がある」ということをお互いに分かち合うことができれば，それで十分なことも多いように思います。そう感じること，そう思うこと，それ自体がその子自身であり，私たち自身です。相手にわかってほしければわかってもらえるように努力することはもちろん必要です。しかし，「わからないこと」を「わかるように」理解するための方法や基準に自分を当てはめていくこと，そういう方法で「わからないことをなくすこと」がともに生活し学び合うことではないような気がします。「わかる，できる」で満たされた場で，子どもたちが生活し学ぶこと，それは先生や保護者の危機でもあるように思います。子どもたちだけでなく，先生や保護者も「わかる，できる」に縛られ，窮屈な教室に苦しんでいるのではないでしょうか。「わかるようにしなければならない，できるようにしなければならない」という基準の中で，子どもたちと向き合うことになる先生や保護者も多くの悩みを抱えていると思います。本章では十分にふれることができませんでしたが，教育問題は働くこと，労働の問題でもあります。先生方や保護者を支えることも真剣に考えていく必要があります。

4-3. 柔軟性をもった「場」での教育と発達

　最後に，本章でみてきたようなとらえ方や考え方が実践にもつ意義について考えたいと思います。みなさんもご存知のとおり，学習指導要領が改訂され，幼稚園では2018年度から，小学校は2020年度，中学校は2021年度，高等学校は2022年度から新しい学習指導要領が導入されています。この新しい学習指導要領では，教育課程における学びを通して「何ができるようになるのか」という観点から「知識及び技能」「思考力・判断力・表現力など」「学びに向かう力，人間性など」の3つの柱からなる「資質・能力」を総合的にバランスよく育んでいくことを目的としています。また，「何のために学ぶのか」という学

習の意義を共有しながら「どのように学ぶのか」「何ができるようになるのか」を明確化することを重視するとしています。

　そのために「主体的・対話的で深い学び（アクティブ・ラーニング）」の視点を取り入れることが明記されています。文部科学省が示す主体的な学びとは「学ぶことに興味や関心を持ち，自分の進路や職業などの方向性と関連付けながら，見通しを持って粘り強く取り組み，自己の学習活動を振り返って次につなげるような学び」と述べられています。対話的な学びとは「子ども同士が目標を共有し力を合わせて活動をしたり，先生や地域の人との対話や先人の優れた考え方を手掛かりに考え，自分の考えを広げ深めるような学びになっているか」としています。そのために「わかった」「面白い」と思える授業を目指すということも同時に示されています。

　このようなアクティブ・ラーニングを行うためにはどのような土台が求められるでしょうか。「わかる，できる」に基準を置いた受け手—集団の中では，どのような方法で学びを展開しても「自分の考えを広げ深めるような学び」にはならないと私は考えています。本章に示した子どもたちの例でもそのような姿があったと思います。

　また，新しい学習指導要領で「何ができるようになるのか」という目的から意義が書かれていることも気になります。教育の効果を評価すると考えたとき，最も簡単な方法は目標や目的を設定し，それを達成できたかをみることです。しかし，多様な学びとは，そもそも評価することができるもの，達成という概念で測ることができるものなのでしょうか。

　ここで，「わからなくても面白い」という方向性を考えてみたいと思います。浜谷（2009）は「子ども一人ひとりの多様性と基本的人権を保障してどの子も保育に参加するためには，一人ひとりの意見を対等・平等に尊重し，時には保育者が思いを代弁し，子ども同士を繋げ，自分と違う子に対して関心を向け，仲間意識が育っていく保育内容であることが重要である」と述べています。この仲間意識という部分が「わかり合えなさも含めて受け止め合える」という本章の考えと重なるのではないかと思います。自分で悩んで考えて，取り組んで，「そういうことか！　わかった！」となったときの感覚は本当に素敵なものです。「わかりたい，できるようになりたい」という想いも重要です。私た

ち人間がもつ知的好奇心の創造的な可能性を私も信じています。けれど，そもそもできるようになることだけがそのプロセスの目的ではないし，わかるための「やり方」を学ぶことが，子どもに限らず私たち人間が多くの人とかかわり合いながら生活し，学び合うことで得られるものではないと思います。わからないことやできないこと，どうやったらいいのかもよくわからないことに取り組もうとする「姿勢」を学ぶことが，教育において大切なことだと思うからです。

　「インテグレーション」や「インクルーシブ」という理念や概念を掲げて多様な特性や感性をもつ者同士が同じ場で生活し学ぶ環境を整えたところで，「わかる，できる」という限定的なとらえ方に縛られた対人環境やカリキュラムで学ぶのであれば何が変わるのでしょうか。それぞれがもっている多様性や感性を十分に発揮できない「場」で自分を表現するということの難しさ，窮屈さ，つまらなさを今の子どもたちは感じているように思います。私たちは，保育所・幼稚園，小学校，中学校，高校，大学……と多くの時間を教育の場で過ごします。多くの時間を過ごす「場」がどのようなものであるかは，そこでのやりとりを通して形成されていく「自分らしさ⇔あなたらしさ」の内容，意味づけの発達に大きな影響を与えます。多様な表現と感性を育むことができる柔軟性をもった「場」の構築が，教育の重要課題の1つだと私は考えています。

　「わかる，できる」というとらえ方に限らず，限定的なとらえ方をする傾向は，子どもたちだけではなく先生や保護者の方にもあるように感じています。「この場面の，このやりとりの正解は何か」を非常に気にする先生や保護者の方に出会うことが多いからです。その正解とはいったい誰にとっての正解なのでしょうか。マニュアルに書いてある，教科書に書いてある内容ができるようになることが正解なら，人間が教育に携わることの積極的な意味はないように思います。その先生とそのクラスの子どもたちが一緒に生活するからこそ，学び合えること，発見できることがあるはずです。みなさんは多様な特性と特徴をもつ子どもたちが，人間が一緒に生活し学ぶことの意味とその面白さをどのように考えますか。

[引用文献]

中央教育審議会初等中等教育分科会（2012）．共生社会の形成に向けたインクルーシブ教育
　　システム構築のための特別支援教育の推進（報告）．

浜谷 直人（編著）（2009）．発達障害児・気になる子の巡回相談――すべての子どもが「参
　　加」する保育へ――　ミネルヴァ書房．

神谷 栄司（2007）．保育のためのヴィゴツキー理論――新しいアプローチの試み――　三学
　　出版．

茂木 俊彦（2003）．障害は個性か　大月書店．

直島 正樹（2014）．障害児保育に関する理念と動向　堀 智晴・橋本 好一・直島 正樹（編著）．
　　ソーシャル・インクルージョンのための障害児保育（pp. 81-105）　ミネルヴァ書房．

小野 美和（2012）．特別支援学校高等部に在籍する軽度知的障害者の職業実習場面における
　　自己呈示――身体の向き，距離と実際の作業場面における職員とのやりとりからの検討――
　　特殊教育学研究, *50*(2)，181-191．

Salamanca Statement（1994）．特別なニーズ教育における原則，政策，実践に関するサラ
　　マンカ声明ならびに行動の枠組み（Salamanca Statement on principles, Policy and Practice in
　　Specail Needs Education and a Framework for Action）　国立特別支援教育総合研究所　特別支
　　援教育法令等データベース　総則／基本法令等――サラマンカ声明――．https://www.nise.
　　go.jp/blog/2000/05/b1_h060600_01.html（2022年5月16日アクセス）

コラム 1　現代社会における評価の意味：
評価をするのは誰のため？

高澤　健司

1. なぜ評価をするのか

　近年さまざまな場面でエビデンスが求められることがあります。エビデンスとは「証拠」と訳されることが多いのですが，何かを明らかにしたかったり，判断したいときにその判断材料となるものといえます。そのエビデンスとして用いられることが多いのがデータ，とくに量的なデータです。そして私たちはそのデータを用いて分析し，評価をします。この評価はなぜ行うのでしょうか，そしてどのように用いられているのでしょうか。ここでは現代社会における評価の目的と課題について，主に教育評価の視点から検討します。

　私たちは何のために教育評価をするのでしょうか。村越（1984）は「教育評価とは，教師にとっては，みずからの教育実践をふり返り，自己反省と自己点検を行う活動であり，生徒にとっては，教師の評価活動を通して，教師から与えられるさまざまな情報を契機にみずからの学習活動を点検する活動」としています。すなわち，教師にとっては自分の教育活動を反省し，生徒にとっては自分の学習活動を反省するための資源であり，その後の教育に活かしてこそ教育評価の意味があるといえます。この点について，大津（2020）は教育評価の目的を，児童生徒の学習到達度を正確に評価し，その結果をもとに，指導の改善に活かすこととしており，今後の教育に活かすためには正確な測定が必要であると述べています。

　評価について検討する前に，測定と評価の相違点について確認します。大津（2020）によると，測定は運動能力や身体測定のように数値的なデータを収集することで，価値判断は含みません。一方，評価は価値づけや値踏みが含まれるものとされています。したがって，正確な評価のためにはまず正確な測定が必要であり，その測定結果を適切に価値づけることが必要になるといえます。

　正確な測定のためにはまず測定対象の定義が必要となりますが，この定義には大変難しい問題もあります。ここでは教育現場で用いられる「学力」を例に

とります。学力の程度を示す「学力の水準」について，田中（2008）は計測可能な学力を対象にして，学力調査によって当該集団の平均値を算出したものであるものの，その低下傾向に過度に反応することへの危険性を述べており，学力を数値化することの意義や意味を考えることの重要性を唱えています。このような背景からも，量的に評価するためには客観的で正確な測定が必要となります。

　客観的で正確な測定のためには信頼性と妥当性が求められ，これらは学力といった目にみえないものを客観的に測定するために不可欠です。本来であれば，正確な評価をするためにはこれら信頼性や妥当性を担保した測定が必要とされますが，それらが担保されていない評価もみられます。こうした信頼性や妥当性の検証には予備的な調査や，評価の方法を統一化するといった標準化が必要となってきます。したがって，測定や評価を行う立場の人はこのような要件が必要であることと「何を測っているのか」を念頭に置いておくべきだと考えます。

　また，評価のためにはその基準が必要となります。何を基準にするかによって評価を分類すると，評価者が設定する要求水準を評価基準とする絶対評価と，個人の属する集団全体の成績を評価基準とする相対評価があります（撫尾，1996）。かつては小学校や中学校では相対評価が行われ，高等学校以上では絶対評価が行われていましたが，相対評価では個人の努力が反映されにくいことから，小学校や中学校においても絶対評価が導入されています。これには，児童や生徒一人ひとりの努力が反映されやすく，教師にとっても教育目標が具体性や客観性をもつことが求められるようになり，より子どもたちに対してわかりやすい目標を提示することが必要になったという背景があります。その一方で，努力が目標と一致する方向であればよいのですが，とくに小学生では苦手意識をもってしまうとなかなか成績が伸びなかったりすることから，意欲を失わせてしまう危険性があります。以上のことから，近年においては絶対評価によって個性を伸ばすという考え方が大勢を占めるようになってきましたが，身近な集団における自分の位置づけを客観的に確認できるという長所を踏まえたうえで相対評価についても活用する必要があると考えられます。

2. 身近における教育評価の動き

　近年においては，量的な基準だけなく，思考力や判断力といった高次の目標を質的に判断するために，ルーブリック（評価指標）という考え方が用いられてきています。田中（2008）によるとルーブリックとは，尺度，評価基準を示す記述と具体的なサンプルによって構成されており，それぞれの尺度にはそれを典型的に示すサンプルを付すことによって，伝達可能性や検証可能性を高めることができるものとしています。この尺度は子どもたちにわかりやすい様式で公開されることが大切であるとされています。これにより，子どもたちにとって学習活動や自己評価の指針としての役割をもち，具体的な行動指針としてその後の学習への動機づけになるものと期待されています。しかし，こうした行動指針も実行可能なものであることが重要であり，子どもたちの実態を踏まえたルーブリックづくりが重要といえます。

　また，日本において教育評価は入試などの選抜にも用いられます。高校入試や大学入試に対する進路指導は，いわゆる偏差値による指導がなされてきました。この偏差値教育について村越（1996）は，「『選抜と選別のための評価の手段』とはなりえても，『教育のための評価手段』になりえない」と批判しています。本来，教育活動や学習活動を反省し今後に活かしていくための評価が，ただ評価を上げることのみに利用され，目的が変わってしまっている現状を踏まえ，ここで原点に立ち返って教育評価の意味を問い直さなければならないと考えます。

　近年では学力テストで測れる能力だけでなく，客観的測定が難しい主体性なども評価して入試の合否判定資料として用いるという傾向がみられます。2020年代からの大学入試においては「学力の三要素（知識・技能，思考力・判断力・表現力，主体性・多様性・協働性）」を評価に取り入れるよう求められ，とくに「主体性」をどう評価するかについて議論がなされています。

　東北大学高度教養教育・学生支援機構（2019）は，この「主体性」をどのように評価し入試に取り入れていけるかという可能性について検討しています。まず，評価尺度の多元化です。成果や実績に注目する行動結果評価の軸，成果や実績という結果よりもそのプロセスを重視しようという行動プロセス評価の

軸と，複数の観点で構造化して評価する分析的評価とゆるい構造化により1つの観点で評価する評価の軸が考えられ，これらの軸の組み合わせはその評価の目的とともに，かけられる時間とコストによって向き不向きがあるとしています。また，その方法においても，調査書の他にポートフォリオや実技といったパフォーマンス評価，小論文や面接といった方法があげられます。最も用いられることが多いのは調査書ですが，その使用については，高校によって，また教員によって評価基準が異なることから，信頼性が得られるのかという問題点があげられます。また，先述したとおり，調査書の評価が大学入試に用いられることにより，高校等においても生徒が萎縮するのではないかという問題も考えられます。これらのことから，「主体性」という質的であるとともに評価対象や価値づけも異なるものを客観的に評価することは難しいことであり，入学者選抜に必要な学力や能力として評価すべき対象であるか否かを検討する必要があります。

3. 何のための評価か

　教育に携わる人々は教育評価が何のため，そして誰のために行われるのかを明確にしながら，評価を行うことが求められていますが，評価は教育現場だけで行われているわけではありません。企業などの職場でも就職や昇任といった人事考課として評価が行われています。髙橋（2010）では，教育評価でも取り上げた評価の信頼性などに加えて，個人評価に重点を置くのかチーム成果に重点を置くのかといった問題が示されています。個人かチームかについては，欧米企業では個人主義が徹底していることから，チームワークが強調されたとしても，あくまで個人の貢献の違いが公平性の基礎となっています。他方，日本では，個人の成果を強調すればするほど，チームワークが犠牲にされるというジレンマもみられます。この問題を打開する考え方として，組織の中核技術には貢献しないものの，組織目標を追求するために役立つ活動であるコンテクスト業績を評価に入れることが提案されています。

　このように，近年における評価は選抜などに用いることが第一義にあると思える場面が増えてきました。しかし，評価の本来の目的はその評価を踏まえて

111

次の目標を立て，今後の活動に活かしていくことであるはずです。人が人を評価する際には，その評価の目的を明確にし，評価される側も何がどのように評価されるのかを明らかにするとともに，その評価を今後の活動にどうつなげていけるのかを見据える必要があるといえます。

[引用文献]

村越 邦男（1984）．教育評価　平凡社大百科事典 第4巻（p. 249）　平凡社.

村越 邦男（1996）．学力と教育評価――理論とその実際――（自費出版）.

大津 悦夫（2020）．教育評価　心理科学研究会（編）．中学・高校教師になるための教育心理学 第4版（pp. 153-184）　有斐閣.

髙橋 潔（2010）．人事評価の総合科学――努力と能力と行動の評価――　白桃書房.

田中 耕治（2008）．教育評価　岩波書店.

東北大学高度教養教育・学生支援機構（編）（2019）．大学入試における「主体性」の評価――その理念と現実――　東北大学出版会.

撫尾 知信（1996）．教育評価　大村 彰道（編）．教育心理学 I 発達と学習指導の心理学（pp. 227-245）　東京大学出版会.

生徒から学生へ：
大学に進学し「大学生」になるとはどういうことか？

半澤 礼之

1. 進学率からみる日本の大学とその特徴

　学校基本調査によると，2020年度の日本の大学進学率は58.6％となっています（文部科学省, 2020）。図1をみると明らかなように，日本の大学進学率は過去から現在にかけて上昇しているということができるでしょう。

　マーチン・トロウ（Trow, M.；トロウ, 1976; 2000）は，大学進学率によって高等教育の質が変化すると考え，次のような3段階からなる高等教育の発達段階

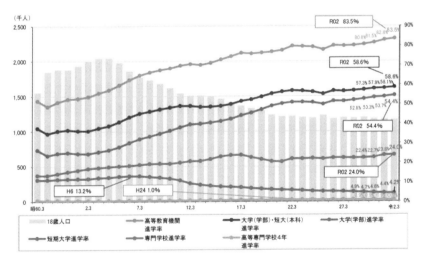

(注) 1	高等教育機関進学率	= 大学(学部)・短期大学(本科)入学者，高等専門学校4年在学者及び専門学校入学者 ／ 18歳人口（3年前の中学校・義務教育学校卒業者及び中等教育学校前期課程修了者）
2	大学(学部)進学率	= 大学(学部)の入学者 ／ 18歳人口（3年前の中学校・義務教育学校卒業者及び中等教育学校前期課程修了者）
3	短期大学・専門学校の進学率は，(注)2 計算式の入学者部分にそれぞれの入学者を当てはめて算出。	
	高等専門学校4年進学率は，同部分に4年生の学生数を当てはめて算出。	
4	□で囲んだ年度は，最高値である。	

図1　日本の進学率の推移（文部科学省, 2020）

113

論を提唱しました。

　最初の段階は大学進学率15％までを指し，トロウはそれをエリート段階と呼びました。この段階では高等教育機会は少数者の特権であり，その特色として同質性があるとしています。次に15〜50％の進学率の段階をマス段階と呼び，高等教育機会は多数者の権利であり，その特色として多様性があるとしました。そして，大学進学率が50％を超えた段階をユニバーサル段階と呼び，高等教育機会は万人の義務であり，その特色を極度の多様化（共通の水準の喪失）としています。現在の日本の大学はトロウの述べるユニバーサルの段階にあると考えることができるでしょう。ユニバーサル型の教育は，トロウ（1976）によれば従来よりもはるかに広範な"学生層"にも接近可能な新しい教育形態と，きわめて多彩な"学力基準"によって特徴づけられるものであり，全成人人口に近い構成をもちはじめているとされています。これは，この段階になると大学生は一部のエリート集団ではなく，人口を構成するすべてに近い成人が学生になりえるのだということを指しています。そうすると，全成人人口に近い構成ということを除けば，これらの記述は現代の日本の大学にも当てはまるところが多いと考えられるでしょう。

　この日本の大学や学生の多様化は最近のトピックではありません。進学率の上昇に伴い，これまでにもさまざまな議論が行われてきました。次にその議論の中から，「大学生の生徒化」（伊藤, 1999）という考え方を紹介したいと思います。これは，上述した進学率の上昇に伴う学生の多様化を背景の1つとして生じたと考えられているものです。

2.「学生」と「生徒」は違う？

　みなさんは，大学生のことをどのように呼んでいますか。「学生」でしょうか。それとも「生徒」でしょうか。学校教育法では，大学生は「学生」とされています。「生徒」は中学生や高校生を指す言葉です。これは言い換えれば，大学生は「生徒」ではないということを意味します。単なる言葉の違いと思う人もいるかもしれません。しかし，言葉が違うということはそこに込められている意味も違うと考えることもできます。以下に紹介する「大学生の生徒化」

という考え方も，そのような意味の違いを考えて理解してもらうとよいと思います。

「大学生の生徒化」について伊藤（1999）は，「今日大衆化した大学において大学生は，専ら教育を受ける存在として『生徒化』し，中学生，高校生と質的に大きく変わらない存在となっているように思われる」としています。ここで，「大学生も教育を受ける存在なのではないのか？」と疑問に思われる人もいるでしょう。伊藤（1999）は生徒化した学生の特徴のうち，学びの側面について「他律性」と「依存性」を取り上げ，「学ぶべきことは学校が用意し，教えてくれる（＝自分で見つけ，身につけるのではない）と認識する」と説明しています。これらの点から，学びの側面を取り上げれば，生徒化した大学生というのは受動的な学びのスタイルをもっていると考えることができるでしょう。

このように考えると，大学のユニバーサル化に伴う学生の多様化によって「受動的な学生が増えた」という学生側の問題としてとらえられてしまうかもしれません。しかし，それは一面的な見方であることがさまざまに指摘されています。伊藤（1999）は，大学が行う懇切丁寧なガイダンスやカウンセリング，クラス単位での指導等から，学校側も大学生を「生徒」として扱っていることを指摘しました。また岩田（2011）は，大学自体が初等中等教育のような丁寧なかかわりを学生に行うようになっているという指摘を受けて，「大学の学校化（初等中等教育の学校と同じという意味での）」と歩調を合わせるかたちで「大学生の生徒化」が進んでいる可能性があるとしています。これらの指摘から，「大学生の生徒化」は，現代の大学生と大学の相互作用によって生じたと考えることもできるでしょう。一方で当然，「生徒化」せずに能動的に大学生活にかかわっている学生も存在します。大学生の多様化をみてとることができるのではないでしょうか。

さて，生徒化した大学生には受動的な側面があると指摘したとき，そこにはネガティブな意味合いが込められることが多いといえます。しかし，はたしてそのような理解でよいのかという問題提起を，新立（2010）は行っています。彼は，「大学生の生徒化」は「学生」としての条件を満たしていないような大学生を指し示す言葉として使われているけれども，そこでいう「学生」とはトロウの述べるエリート段階やマス段階での「学生」のことであり，その条件は

「現在の大学生の基準」と必ずしも一致するとは限らないとしました。そのうえで，現在の大学生を取り巻く状況を整理し，「自分らしさ」が過度に強調される現代社会において，「生徒化」するということは「自分で生き方を選択していく圧力」をうまく受け流すための1つの方法であると述べています（新立，2010）。この議論から，「生徒化」することが現代社会に対する適応戦略の1つになっていると考えることもできるのかもしれません。

3. 「大学生」になるには

　これまで「大学生の生徒化」に関するいくつかの議論をみてきました。「大学生の生徒化」にネガティブな意味合いを込めるにせよ，それを社会に対する適応とみるにせよ，このような現象が存在するということの理解は現代社会における大学生理解にとって重要なことであるといえるでしょう。そこで最後に，「『生徒』から『学生』になるには」という点について考えていきたいと思います。もちろん，適応戦略として「学生になる」ことから降りるということも1つの選択肢としてあると思います。ここでは，そうではなく，もし降りないのだとしたら／一度降りたけれど再び「学生」になることを考えるのだとしたら，どんな取り組みをすればよいのかという点について考えることができたらと思います。

　半澤（2008）は大学1年生に対する入学時点からの縦断的な面接調査によって，学生の学業に対する不適応の背景に「大学生の生徒化」がある可能性を指摘しました。不適応の背景にあるという意味では，ここでの生徒化はネガティブなものとしてとらえられるといえます。そしてそれと相対するものとして，学生による「大学での学びの認識」がある可能性を示唆しています。この研究における「大学での学びの認識」とは，大学での学びは多様であり，授業にとらわれず自分の関心に従うかたちでさまざまなやり方をとることができるということ，また，大学1年生である自分はそこでの学びの方法をまだ習得できていない，つまりどのように学んでよいのか十分わかっていないということを含む概念です。そして，このような認識をもてるようになると，生徒から学生への移行がはじまる可能性があるとしました。

　伊藤（2015）は「生徒」と「学生」の間に質的な違いがなくなった背景に，高校と大学が連続したものとなり，移行がスムーズにいくようになった（当然そうではない学生も存在します）ことをあげています。そのうえで，これまでの高校と大学の不連続は適応上の困難を強いるものであったが，一方でそれは成長の契機でもあったとしました。半澤（2008）で得られた「大学での学びの認識」は高校と大学の学びの不連続の認識と考えることもできます。また学びに限らず，「大学生であること」の意味づけについても，高校までとは違う自分というかたちで「大学生である」自分を意味づけているということが明らかにされています（保坂, 2015）。保坂（2015）は，大学生のピア・インタビューのデータから，高校までの経験は主に受動的な自分を語るものであり，そこから大学生になった今，行為主体であらねばならないという要請に応じようと努力・葛藤している大学生の様子がみてとれたと述べています。

　「生徒」から「学生」へのプロセスは移行期として理解することができます。ある環境から別の環境への移行期においてそこにある不連続（もしくはその要請）を発見し，それと自分はどのように向き合うのかを考えることが，「『生徒』から『学生』になる」にせよ，そこから降りるにせよ，必要なことの1つなのかもしれません。

[引用文献]

半澤 礼之（2008）．学業志向的な大学進学動機を有した大学生の「生徒的‐非生徒的学業態度——「学業に対するリアリティショックとその対処」モデルの背景の質的検討——　中央大学大学院研究年報, 38. 61-75.

保坂 裕子（2015）．大学生は自らが「大学生である」ことをどのように意味づけているのか——ピア・グループインタヴューによるナラティヴ・アイデンティティ分析の試み——　兵庫県立大学環境人間学部研究報告, 17. 29-38.

伊藤 茂樹（1999）．大学生は「生徒」なのか——大衆教育社会における高等教育の対象——　駒澤大學教育学研究論集, 15. 85-111.

伊藤 茂樹（2015）．学生と生徒　日本労働研究雑誌, 657. 62-63.

岩田 弘三（2011）．キャンパス文化の変容　稲垣 恭子（編）．教育文化を学ぶ人のために（pp. 26-53）　世界思想社.

文部科学省（2020）．令和2年度学校基本調査（確定値）の公表について．https://www.mext.
　go.jp/content/20200825-mxt_chousa01-1419591_8.pdf（2021年1月11日アクセス）
新立 慶（2010）．大学生の「生徒化」論における批判的考察　教育論叢, *53*, 67-75.
トロウ，M.　天野 郁夫・喜多村 和之（訳）(1976)．高学歴社会の大学——エリートからマ
　スへ——　東京大学出版会.
トロウ，M.　喜多村 和之（訳）(2000)．高度情報社会の大学——マスからユニバーサル
　へ——　玉川大学出版部.

第 2 部

拡張される自己の世界

第5章
共通性のもとでの多様性と社会観：
社会で生きる他者をどうみているのか？

峰尾　菜生子

　みなさんは「多様性」と聞いて何を思い浮かべるでしょうか。「多様性」や「ダイバーシティ（diversity）」は近年あちこちで見聞きする言葉です。生物多様性のような意味でも用いられますが，2000年代以降では社会的な意味で用いられる場合が多いでしょう。「多様性を尊重しよう」というスローガンも，省庁や自治体，企業などで掲げられています。たとえば，LGBTQなどのセクシュアリティ，発達障害などの障害，人種・民族に対する理解を深めようという際に出てきます。私たちは，「多様性の尊重」が当たり前のように叫ばれる社会に生きています。さまざまな人が苦しみながら声をあげ続けて，社会を動かしてきた成果です。

　本章では，「青年は現在の社会をどのようにみているのか」という問いを軸にしながら，「多様性と社会観」について論じていきます。第1節では，この問いを立てるに至った問題意識を紹介します。本シリーズのテーマ「問いからはじまる」をより深く考えるために，問題意識を長めに紹介します。第2節では，問いを検討するための視点や理論，方法を述べます。第3節では，実証研究の結果を紹介します。とくに，多様性にかかわる，他者に対する認識を中心に検討します。第4節では，本研究の意義と今後の展望を述べます。

1. なぜこの問題を研究しようと思ったのか
「多様性と社会観」を考える出発点

1−1. 個人的な経験から：「みんなちがって，みんないい」だけでよいのか？

　本項では，私自身の個人的な経験から生じた，多様性に関する疑問を述べます。多様性を考える際によく引用されるのが，金子みすゞの詩「私と小鳥と鈴

と」に登場する「みんなちがって，みんないい」です。詩の全体的な解釈は
さておき，多様性を表すのにわかりやすいフレーズです。しかし，「みんなち
がって，みんないい」だけでよいのだろうかと思うときがあります。そう思う
背景の1つには，私が以前から考えてきた「『ふつう』って何だろう」という
疑問があります。

　私が中学1年生のときに，神戸で中学3年生が小学生を殺傷する事件が起き
ました。いわゆる「酒鬼薔薇事件」です。マスメディアでセンセーショナルに
取り上げられ，少年法の厳罰化や「心の教育」の推進につながるなど，社会に
大きな影響を与えました。テレビや新聞では連日，コメンテーターが「ふつう
の少年」の「心の闇」などと述べていました。私は「何だよ，『心の闇』って。
『ふつうの少年』って何それ。こいつらは何にもわかってない。自分なら加害
少年の気持ちを理解できるんじゃないか」と思っていました。「ふつう」とい
う言葉に敏感になりはじめたきっかけであり，心理学を学ぼうと思ったきっか
けの1つでもあります。

　「ふつう」に関してもう1つ個人的な経験を紹介します。高校2年生のとき，
ホームルームの時間に修学旅行の宿舎の部屋割りをすることになりました。話
し合いの少し前に，クラスの男子が「女子はさ，峰尾さんと○○さん（私の友
人の名前），どうするの？　峰尾さんはふつうだけどさ，○○さんは……」とこ
そこそ話しているのが聞こえてきました。惨めな気分になりましたし，「○○
さんよりは『ふつう』だと思われているのか」と変な優越感や安心感も湧いて
きました。「『ふつう』って何だろう。人を馬鹿にして笑っているのが『ふつ
う』なら『ふつう』でないほうがいいや」とも思いました。学校や社会におけ
る「ふつう」に自分はなじめないと感じた経験の1つです。

　以上のような経験があるため，「みんなちがって，みんないい」と言うだけ
では，「ふつうの人」と「ふつうでない人」を分けて，「お互い全然違う存在な
のだから，かかわり合わないようにしよう」となってしまうのではないかと危
惧を抱いています。「LGBTQの人たちと自分たち」「障害のある人たちと自分
たち」「日本以外の国にルーツをもつ人たちと自分たち」「フェミニストたちと
自分たち」などと，「あちらとこちら」に分けてそれでよしとしてしまうのは，
「多様性の尊重」といえるのでしょうか。「みんなちがって，みんないい」は多

様性を尊重する一歩として重要ですが，それだけでは真に多様性を尊重する社会にはならないような気がしています。

「多様性の尊重」が単なるスローガンではなく実際的なものになるには，「みんなちがって，みんないい」だけではなく，「実はみんな同じ」も重要ではないかと考えています。なぜそう考えるのかは第3節以降でも述べますが，ここでは個人的な経験を紹介します。大学生のとき，私はある同級生に対して，自己中心的で他者に対して配慮がない人だという悪印象をもっていました。しかし，ある授業でその同級生の家族の話や高校時代の話を聞き，その人もいろいろ悩んだり考えたりしていることを知りました。「『敵』ではなく，一緒に問題を考えていける仲間なんだ」とその人への認識が変わりました。「実はみんな同じ」と考えるきっかけであり，「ふつう」をめぐって生じた他者への不信が少し和らいだ経験です。

ここまで，問いの出発点にある問題意識を具体的に示すために，個人的な経験を述べてきました。次の項では，先行研究も踏まえながら，実際の研究の問いをどう立てていったのかを述べていきます。

1-2.　先行研究の整理から：適応感は高くないとダメなのか？

本項では，問題意識を心理学の研究にどう落とし込んで，問いを立てたのかを述べます。私はこれまで，「青年は現在の日本社会をどのようにみているのか」という問いを中心に研究を行ってきました。いきなりこの問いにたどり着いたわけではありません。私は大学院受験時に，「『勝ち組・負け組』意識が青年の自己肯定感に及ぼす影響」というテーマで研究しようと考えていました。受験した2007年当時は，2000年代前半の「構造改革」のもとで，公共サービスの民営化や規制緩和など新自由主義的な政策が浸透していったころでした。電車の中吊り広告には「モテ」「こうして儲ける」「東大合格者の多い学校」などの文字が並び，「勝ち組」になるための方法が喧伝されていました。そういった風潮を不快に感じていましたが，どこか気になってしまう自分もいました。「自分は『ふつう』じゃないし，『ふつう』にはなれない」と思い続けてきた経験とも相まって，他者との比較と自己評価の関係に関心をもっていまし

た。このような関心が「青年は現在の日本社会をどのようにみているのか」という問いにどうたどり着いたのか，紹介していきます。

　まず，「勝ち組・負け組」意識というのは心理学用語ではないため，関連する心理学の概念を調べました。たとえば，他者との比較に関して，競争心や社会的比較に関する論文に目を通しました。自己肯定感に関しては，自尊感情，自己効力感，有能感，自己愛など近い概念を整理しました。

　他者との比較と自己評価との関係を調べていくうちに，適応という概念に出合いました。適応とは，簡単にいうと「個人と環境の調和」です（大久保, 2005）。詳しくは，このシリーズ本の中で適応を取り上げている章やコラムをご覧ください。

　私は適応に関する心理学研究を概観していて，どうにも居心地の悪い気持ちになりました。第一に，適応感の低さばかりが問題視されているような気がしたためです。適応感の概念自体が悪いわけではありません。外からは問題なく環境になじんでいるようにみえるけれど，内心ではそう感じていない場合があるのは実感としてわかります。問題は，適応感の高低にばかり関心が向いている点です。学校や社会で求められている「ふつう」に適応できないと感じていた自分にとっては，「適応感が低いやつはダメだ。なんとかしないといけない」と言われているようで嫌な気分になりました。

　第二に，適応は個人と環境の調和を表す概念にもかかわらず，環境の側の問題や個人と環境の関係にあまり目を向けていないように感じたためです。大久保・加藤（2005）も，個人変数からだけでなく，個人と環境の相互作用や関係の変数から適応の状態を予測する必要があると指摘しています。環境の側の問題や個人と環境の関係に目を向けないことによって，かえって適応上の問題が生じてしまうのではないでしょうか。たとえば，いじめとは認知されていなくても，特定の生徒に対して「あの子，変だよね」と見下してやわらかに排除するような人々がクラスの主流派だとするとどうでしょうか。そのようなクラスの環境に適応することが望ましいのでしょうか。そういうクラスの雰囲気が嫌で，居場所がないと感じて適応感が低くなっている生徒は，一方的に「ケア」される存在なのでしょうか。クラス全体に働きかけるなど環境を変えていこうとする研究や実践もありますが，適応に関する研究全体からみるとそう多くは

ありません。

　ひきこもりの雇用支援事業にかかわってきた村澤ほか（2012）は，ひきこもりやニートと呼ばれる状態に陥っている青年は，社会に適応できていないのではなく，むしろ社会に適応しすぎた過剰適応の状態にある場合が多いと述べています。村澤ほか（2012）は，適応を強制することが青年の人間性の成長にとって本当によいのか，適応することの困難な社会の側に責任はないのかと問うています。環境側にも目を向けて，環境と個人との関係をとらえる必要があります。個人が所与の環境に適応していくだけでなく，環境を変えていく能動性をもつにはどうしたらよいかを考える契機にもなります。

2.　どんな問いを立てたのか
青年は現在の日本社会をどのようにみているのか

2−1.　社会に対する認識の研究を踏まえた問い

　適応や適応感の概念と出合い，疑問を感じたことは，問いを深めるきっかけになりました。個人が周囲の環境をどうとらえているか。その環境と自分との関係をどうとらえているか。環境が求めていることに自分は合致していると思うのか。合致していないと思うと自己評価が下がるのか。そういった問題意識をゼミで報告したところ，「社会をどうとらえているかを調べてみてはどうか」とアドバイスをもらいました。そもそも自分が「勝ち組・負け組」意識などと考えていたのは，現在の日本社会が青年の意識に与える影響に関心があったからだと思い出しました。以上のような経緯を経て，「青年は現在の日本社会をどのようにみているのか」という問いにたどり着きました。

　問いに基づいて，今度は社会に対する認識にかかわる先行研究を概観しました。心理学では，社会的態度，社会認識，社会関与という3つの概念が主に研究されています。社会的態度（social attitude）は，「個人のうちに社会的事象や状況に対して形成されている態度」（星野, 1974）などと定義されています。たとえば，「伝統指向的」「革新指向的」「合理主義的・個人主義的」「感覚的・娯楽指向的」「無気力的・虚無的」といった態度が測定されています（加藤・加藤,

1987）。社会認識（social understanding）は，「社会の仕組みについての思考であり，ある社会的事象を客観的に理解する心理活動，心理過程」（田丸，1992）などと定義されています。社会認識の研究では，主に経済的または政治的な概念やシステムに対する理解の発達が検討されてきました（たとえば，藤村，2002; 長谷川，2001; 木下，2009; 田丸，1993）。社会関与（social engagement）は，ボランティアや選挙など社会的な活動への参加を表す概念です。海外では，"地域社会やより広い市民社会の団体や活動への参加および寄与"（Boyd et al., 2011）を意味する市民的関与（civic engagement）が研究されています。

　私が関心をもっている「現在の日本社会をどのようにみているのか」に関する研究は，主に社会イメージの研究として，高木ほか（1980），都筑（2008），白井ほか（2009），小平（2012），金政（2014）などが行っています。しかし，社会的態度，社会認識，社会関与の研究に比べて，研究蓄積は多くはありません。

　研究蓄積は乏しいものの，「現在の日本社会をどのようにみているのか」という問いを探究することには3つの点から意義があると考えています。第一に，個人が自分の生きている環境を主観的にどうとらえているかは，個人の意識や行動に影響するとされているためです。ブロンフェンブレンナー（Bronfenbrenner, U., 1979）は，個人の行動や発達にとって重要なのは，客観的な現実として存在する環境よりも，その個人が認知している環境であると述べています。第二に，社会に対する関心の程度に縛られずに研究できるためです。社会的態度や社会関与は，社会に対する能動性がかかわる概念です。社会に無関心だけれど何らかの印象はもっている青年や，社会に関心があっても関与しない青年の心理を把握しきれません。第三に，社会に対する理解の正確さや社会的な望ましさに縛られずに研究ができるためです。社会認識研究では，社会的概念をどのような枠組みで理解しているかに焦点が当たっています。社会的態度は，「社会的にこうあるべきだ」という社会的望ましさが回答に反映されやすいと考えられます。たとえば，「多様性を尊重した社会であるべきだ」という項目に対して，「まったくそう思わない」とは答えづらいでしょう。以上の3点から，「現在の日本社会をどのようにみているのか」という観点から研究する意義があると考え，「社会観（view of society）」という新たな概念を提

唱しました。社会観は，「自分が生活している，政治，経済，文化などの諸制度の複合した包括的統合体としての社会に対する認知的評価」と定義されます（峰尾, 2017）。社会観の研究を行うことで，先行研究の不十分さを補い，社会に対する認識の研究に新たな知見を付け加えられます。

　ここまで述べてきた問題意識を踏まえて，本章では，テーマである「多様性」に沿うかたちで3つの問いを立てます。第一の問いは，そもそもの問いである「青年は社会をどのようにみているのか」です。第二の問いは，「青年は社会で生きている他者をどのようにとらえているのか」です。第三の問いは，「青年の他者に対する認識はどのように形成されたり，変化したりするのか」です。第二と第三の問いは，多様性を考えるうえで欠かせない，社会で生きている他者にかかわる問いです。

2－2.「多様性と社会観」をとらえるための視点・理論・方法

2－2－1.　一般性・特殊性・個別性という視点

　前項で示した問いを検討するためには，どのような視点や理論，方法を採用すればよいのでしょうか。

　2－2－1では，本研究の視点を紹介します。本研究では，問いを「一般性」「特殊性」「個別性」の3つの視点から検討します。一般性とは，すべてあるいは広範な物事に備わっている性質のことです。本章では，人間心理や青年期発達の一般的な傾向のことを指します。特殊性とは，他と異なる特別な性質のことです。たとえば，特定の時代や地域独自の性質です。本章では，とくに時代的な特殊性に注目します。青年がどのような社会状況のもとで生きているのかを考えるためです。個別性とは，個々人の違いを指します。

　このシリーズ本を読み進めてきた方は，人間の発達は多様だという認識をある程度もっているかもしれません。しかし，「一人ひとり違う」と言っただけでは，発達の多様性を説明したことにはなりません。その違いは本当に違いだといえるのか，その違いは本質的な違いなのか，その違いはなぜ生じるのかなどを考えるための軸が必要です。私の研究にとっての軸が，一般性・特殊性・個別性という視点です。この3つの視点からとらえることで，青年期発達の一

般性や時代的な特殊性といった「共通性」があるうえでの「多様性」「個別性」を考えることができ，個々の青年をより掘り下げて理解できると考えています。

2-2-2.　発達的文脈主義と後期近代論という理論的な枠組み

　2-2-2では，本研究の理論的な枠組みを示します。本研究では，2つの理論を参考にしました。1つ目は，「発達的文脈主義（developmental contextualism）」です。発達的文脈主義は，人間の発達において広い意味での「文脈」や「環境」を重視する考え方です（小林，2004）。人間の発達を，個人を取り巻く文脈との関係でとらえるさまざまな理論の総称です。代表的な論者として，ブロンフェンブレンナー，ラーナー（Lerner, R. M.）などがいます。発達的文脈主義では，生活している個人，ミクロな対人関係，学校のようなやや拡大した環境，よりマクロな社会といったさまざまな環境の相互作用が意識されています。一般性・特殊性・個別性という視点を盛り込みやすく，青年個人と社会との関係をとらえるうえで有用だと考えられます。

　2つ目は，「後期近代（late modern）」という考え方です。時代的な特殊性にかかわる理論的な枠組みです。ベック（Beck, U.）やギデンズ（Giddens, A.）が代表的な論者です。後期近代の社会では，個人の「自助努力」「自己責任」が強調され（松下，2014），とくに青年は，自分が直面するリスクは自分で乗り越えなければならないというイメージをもちやすいとされています（ファーロング＆カートメル，2009）。2000年代以降の新自由主義的政策が浸透してきた日本社会の状況と青年個人の意識との関係を考えるうえで，参考になる枠組みだと考えられます。以上のように，本研究では，発達的文脈主義と後期近代論という2つの理論的な枠組みを参考にして問いを検討していきます。

2-2-3.　研究対象と調査手法

　2-2-3では，研究対象と調査手法を紹介します。まずは，研究対象です。私は，青年の中でも大学生を主な研究対象者にしています。自分の学生時代の経験や目の前にいる学生たちの様子を見聞きする中で，大学生が学びや課外活動を通じて発達していく姿に関心をもったためです。「大学固有の発達条件」（田丸，2001）から大学生の発達を考えたいと思いました。峰尾（2019）は，次の

5点を大学生固有の文脈としてあげています。①自己裁量で使える時間が多い，②高校までとは異なる答えのない学びを行う，③サークルやアルバイト，ボランティアなどさまざまな課外活動を行う機会が多い，④自分が生活してきたものとは異なる多様な文化圏の人と出会いやすい，⑤卒業後すぐに就職して働く人が多い，という5点です。本研究では，これらの大学生固有の文脈と青年期発達とをからめながら検討していきます。

　次に，どのような手法で問いを解明するのかを述べます。本研究では，3つの手法を用いました。1つ目は，自由記述式の質問紙調査です。大学生自身の声から出発するために，自由に記述してもらう方法を用いました。2つ目は，社会観を測定する尺度と他の変数を組み合わせた質問紙調査です。このような質問紙調査を行ったのは，全体的な傾向をつかむためと個人間の比較をするためです。たとえば峰尾（2017）では，女性よりも男性のほうが，1年生よりも4年生のほうが，実家生よりも一人暮らしの学生のほうが，社会を肯定的にみる傾向があることが明らかにされています。3つ目は，半構造化面接です。質問紙調査では把握しきれない，個人内の具体的な心理過程をつかむために行いました。本章では，自由記述式の質問紙調査と面接調査の結果の一部を紹介します。

　以上，第2節で述べてきた視点・理論・方法を踏まえて，問いを少しアレンジします。第一の問いは，「大学生は社会をどのようにみているのか」です。第二の問いは，「大学生は社会で生きている他者をどのようにとらえているのか」です。第三の問いは，「大学生の他者に対する認識はどのように形成されたり，変化したりするのか」です。次の第3節で，この3つの問いを実証的に検討していきます。

3. どんな研究をし，何がわかったのか
大学生は社会を否定的にみている

3-1. 大学生は社会をどのようにみているのか

　本項では，第一の問い「大学生は社会をどのようにみているのか」を検討

します。ここでは，峰尾（2017）の調査結果の一部を紹介します。峰尾（2017）では，東京都内の4年制私立大学に通う文系学生138名（男性74名，女性64名，平均年齢19.50歳，$SD=1.24$）を研究対象者としています。この調査では，「今の社会を見ていて，いいと感じているところ，悪いと感じているところ，好きなところ，嫌いなところなどいろいろあるかと思います。あなたは，今の社会についてどのように感じていますか」と尋ねました。

　調査の結果，全体で245個の記述が得られました。意味内容の類似している記述ごとに分類した結果，【全体的なイメージ】（記述数39，全記述数に対する割合15.9%。以下，（　）内の数値は同様），【人と人との関係】（35，14.3%），【経済・生活】（34，13.9%），【メディア】（31，12.7%），【人間】（23，9.4%），【政治】（20，8.2%），【社会と自分】（17，6.9%），【社会を評価することに対する考え】（12，4.9%），【安全】（10，4.1%），【能力主義】（7，2.9%），【文化】（6，2.4%）という11の大カテゴリーが抽出されました（分類不能であった記述11個を除く）。【全体的なイメージ】には，社会全体に対する漠然としたイメージが分類されました。下位カテゴリーとして，［全体的な負のイメージ］［決して悪いばかりではない社会］などが抽出されました。【人と人との関係】には，社会の中で生きている人同士のかかわりに関する記述が分類されました。【経済・生活】には，［大不況］［物質的な豊かさ］などの下位カテゴリーがあり，主に日本の経済状況に関する記述が分類されました。【メディア】には，マスメディアの報道姿勢や報道に対する人々の反応にかかわる記述が分類されました。【人間】には，社会で生きている人々の性質についての記述が分類されました。【政治】は，［政治全体や政策への不信］［国民と政治家，国会，政府との乖離］などの下位カテゴリーが抽出されました。【社会と自分】には，［自分次第で何とかなるという思い］［社会に出ていくことに対する不安］［自分からは遠いと感じる社会］などの下位カテゴリーがあり，進路選択の面から社会と自分とを関連づけた記述や，社会と自分との距離に関する記述が分類されました。【社会を評価することに対する考え】には，社会の定義や社会の評価基準，社会への関心にかかわる記述が分類されました。【安全】には，治安や平和に関する記述が分類されました。【能力主義】には，競争社会やその弊害についての記述が分類されました。【文化】には，主に日本独自の文化に関する記述が分類されました。

　分類された記述の内容が肯定的か否定的かという軸で整理すると，【全体的なイメージ】【人と人との関係】【メディア】【政治】【人間】【能力主義】の6カテゴリーにおいて，否定的な記述が6割を超えていました。反対に，肯定的な記述が6割以上であったのは，【文化】と【安全】の2つでした。肯定的な記述と否定的な記述が半々であったのは，【経済・生活】と【社会と自分】の2つでした。【社会を評価することに対する考え】に分類された記述は，中間的あるいは肯定と否定の両面を含む内容のものでした。

　結果をまとめると，次の2点が明らかにされました。第一に，個々の大学生は社会を多様な側面からみているという点です。社会という語から大学生が思い浮かべる事柄は，漠然とした社会全体，社会を構成している人々，政治や経済などの制度，文化，メディア，治安，社会と自分とのかかわりなど多様です。先行研究で主に扱われてきた政治などの制度面からだけでは，大学生の社会観を把握しきれないことが示唆されました。

　第二に，多くの大学生は社会を否定的にみているという点です。11カテゴリーのうち6カテゴリーにおいて，否定的な記述が6割を超えていました。【経済・生活】と【社会と自分】においても，半分ほどは否定的な記述でした。青年が社会を否定的にとらえる傾向は，先行研究でも明らかにされてきました（たとえば，白井, 1990; 百合草, 1981）。30年以上前の研究と同様の結果が示されたことから，社会を否定的にとらえる傾向は青年期発達の一般的な傾向といえそうです。青年期には認知能力が発達し，大人の考えや社会的慣習などの矛盾や不合理に気づくようになるとされています（藤原, 1962; 山岸, 1990）。本研究の結果も，青年期の認知能力の発達がかかわっていると考えられます。

3－2. 大学生は社会で生きている他者をどのようにとらえているのか

　本項では，第二の問い「大学生は社会で生きている他者をどのようにとらえているのか」を検討します。前項で示したカテゴリーのうち，他者に関する記述が含まれている【人と人との関係】【人間】【メディア】の3つを取り上げます。この3カテゴリーは，分類された記述数の多さで上位5位以内に入っています。【人と人との関係】と【人間】に分類された記述数を合わせると全体の

約24％を占めます。【メディア】に分類された記述は他者にかかわるものだけではありませんが，報道に対する人々の反応にかかわる記述も含まれています。社会で生きている他者は，大学生が意識しやすい社会の側面といえるかもしれません。

　【人と人との関係】【人間】【メディア】に分類された記述をさらに細かくみていきましょう。表1は，峰尾（2017）で行われた調査のデータをもとに，他者に関する記述が含まれているカテゴリーと記述例を抜粋して示した表です。

　まずは【人と人との関係】の下位カテゴリーを紹介します。峰尾（2017）では，【人と人との関係】の下位カテゴリーとして，［人間同士の関係の希薄さ］（記述数18，カテゴリー内の割合51.4％。以下，（　）内の数値は同様），［他者に対する攻撃］（10，28.6％），［一人一人が尊重されない社会］（5，14.3％），［差別・偏見］（2，5.7％）の4つが示されています。［人間同士の関係の希薄さ］には，記述例で示されているように，現在の日本社会では，他者への関心が薄くなり，人と人との関係が希薄になっているとする内容の記述がまとめられました。［他者に対する攻撃］には，現在の日本社会は，他者を蔑視したり，誹謗中傷したりする人が多いという内容の記述がまとめられました。［一人一人が尊重されない社会］には，少数派の人の意見が通りにくいなど，個人の意思や存在が尊重されていない社会だという内容の記述がまとめられました。［差別・偏見］に分類された記述には，現在の日本社会には差別や偏見があるという内容のものと，反対に，現在の日本社会には差別がないとするものがありました。

　次に，【人間】の下位カテゴリーを紹介します。峰尾（2017）では，［主体性のなさ］（7，30.4％），［閉鎖的な国民性］（6，26.1％），［社会に生きる人間の質の低下］（5，21.7％），［頑張っている人たちの存在］（4，17.4％），［今を楽しむ人たちの増加］（1，4.3％）の5つが示されています。［主体性のなさ］には，周りの人に合わせている人が多く，個人の意見をあまり言わないといった内容の記述がまとめられました。［閉鎖的な国民性］にまとめられた記述には，日本人の視野の狭さや排他性に関するものなどがありました。［社会に生きる人間の質の低下］には，人々がだんだんと精神的に貧しくなっていっているといった内容の記述がまとめられました。［頑張っている人たちの存在］には，まじめに頑張っている人たちもいるといった内容の記述がまとめられました。［今

表1　社会で生きている他者に関する自由記述の分類 (峰尾, 2017を一部改変)

大カテゴリー	下位カテゴリー	記述例
人と人との関係 (35)	人間同士の関係の希薄さ (18)	「人と人とのつながりがうすれているような気がしています」 「他人への関心が薄くなった, 他人にあまり干渉しなくなったように感じる」
	他者に対する攻撃 (10)	「人をさげすむ人が多くなった気がする」 「常に誰かを誹謗・中傷する風潮があるのはマイナスイメージ」
	一人一人が尊重されない社会 (5)	「少しでも"普通"からはみだすだけで, 数の原理で封じ込めようとする」 「合理化の追及をすすめすぎていて, 個人の尊重が軽視されているような気がします」
	差別・偏見 (2)	「差別や偏見もまだまだ残っている」 「全ての人に対し差別が無く (必要な区別はあるが) 平等な社会」
人間 (23)	主体性のなさ (7)	「何となく周りの様子をうかがって周りの様子に合わせているような状況が過度に徹底しているようなところはあまりいい感じはしないです」 「個人の意見を大きく言う (聞く) ような場が少なく, 一人一人の主体性・自由さは低いとも言えるかと思います」
	閉鎖的な国民性 (6)	「日本人は全般的に視野が狭いと感じることが多い」 「どこかアジアの一国であることに対してコンプレックスを持ってるのに, とても閉鎖的な国民である」
	社会に生きる人間の質の低下 (5)	「この社会に生きる人間の質が下がっていってる」 「物質面では割りと満たされていても, 精神的に貧しい人間が多いと思う」
	頑張っている人たちの存在 (4)	「皆頑張って働いている」 「好き…マジメな人達がいる所」
	今を楽しむ人たちの増加 (1)	「良いと思うのはずっと先のことよりも今を楽しむ人がふえていること」
メディア (20)	マスコミの過剰報道と人々の過剰反応 (11)	「マスメディアがその社会的な状況を悪く伝えすぎて, あまり社会全体に活気がない」 「何事も, マスメディアであおり立てる程には何も起こっていないように感じる」
	メディアの影響による何も考えない人の増加 (9)	「マスコミに影響されすぎている」 「人々はテレビやインターネットのせいで, 自分で考える力というものを確実に失っていってると思います」

※　（　）内は記述数。ただし, メディアはカテゴリー内の他者に関する記述のみの数。
　　記述例は明らかな誤字脱字以外は修正せず, 原文のまま載せた。

を楽しむ人たちの増加］に分類された記述は，現在を楽しむ人々を肯定的にとらえている内容のものでした。

　最後に，【メディア】の下位カテゴリーのうち，他者に関する記述が含まれている2つのカテゴリーを紹介します。［マスコミの過剰報道と人々の過剰反応］（11，35.5%）には，マスメディアの報道が過剰に不安や怒りなどをあおり立てており，人々がその影響を受けているという内容の記述がまとめられました。［メディアの影響による何も考えない人の増加］（9，29.0%）には，さまざまなメディアの影響によって，自分の頭で考えない人が増えているという内容の記述がまとめられました。

　結果をまとめると，全体的な傾向として，大学生は他者を批判的にとらえていることが明らかにされました。とくに，「他の人に対して関心が薄い人や攻撃的な人が多い」「自分の頭で考えたり，主体的に意見を言ったり行動したりする人が少ない」ととらえている学生が少なくないことが示されました。友人や家族など身近な他者を思い浮かべて回答した人もいるかもしれませんが，どちらかというと「世間一般の人々」というような一般的な他者を思い浮かべて回答した人が多いと考えられます。

　なぜ，世間一般の人々を批判的にとらえる傾向があるのでしょうか。前項でふれたように青年期の認知発達という観点からも考察できますが，本項では社会心理学の知見を参考に考えます。社会心理学では，友人や家族などの身近な他者への信頼と，一般的他者への信頼は異なることが示されてきました（山岸，1998）。たとえば，タジフェル（Tajfel, H., 1978）などによって研究されてきた，内集団びいきという現象があります。自分が所属している集団のメンバーをより好ましく思う傾向です。それ以外の集団に対しては偏見やステレオタイプ的なとらえ方，差別的な行動がより多くみられるとされています（唐沢，1999）。多くの大学生が世間一般の人々を批判的にとらえている要因の1つとして，このような人間心理の一般的な傾向が反映されていると考えられます。

　多くの学生が「他の人に対して関心が薄い人や攻撃的な人が多い」と問題視しているということは，逆に考えると，他の人に対して関心が薄かったり，攻撃的だったりする人は案外多くはないのかもしれません。「自分とは違う」と思っていた他者が，「実は自分と同じ」ように考えていることに気づけると，

第1節で述べた「あちらとこちら」というような分断は生じにくく，他者に対する認識が変化するかもしれません。

3-3. 大学生の他者に対する認識はどのように形成されたり，変化したりするのか

　本項では，第三の問いである「大学生の他者に対する認識はどのように形成されたり，変化したりするのか」を検討します。ここでは，峰尾（2019）が行った調査の結果の一部を紹介します。

　峰尾（2019）は，東京都内の4年制大学に通う学生10名（男性4名，女性6名，平均年齢20.5歳，$SD=1.2$）を対象者として面接調査を行い，大学生活の中で社会観がどのように形成されていくのかを検討しました。本項では，峰尾（2019）では割愛された語りも一部紹介します。ごく限られた対象者であるため，この調査の結果を単純に一般化はできません。しかし，2010年代以降の大学生の社会に対する認識の一端を知る材料にはなります。

3-3-1. 他者に対する認識はいかに形成されるのか

　他者に対する認識はいかに形成されるのでしょうか。ここでは，前項で示されたような他者に対する批判的な認識の形成を中心にみていきましょう。

　峰尾（2019）の面接調査では，【人と人との関係】に関しては，「差別や偏見がある」（言及数5）や「誹謗中傷をする人が多い」（言及数4）ととらえている学生が半数程度いました。そのようにとらえている理由として，インターネット上，とくにSNSの1つであるTwitterでのやりとりをあげる学生が複数いました。たとえば，表2のような語りがみられました。

　発話例AやBのように，複数の学生がTwitterでの人々のやりとりを，差別や誹謗中傷をする人が多いと感じる理由やきっかけとしてあげていました。このような学生の語りからは，社会で生きている人々に対する認識とSNSとの関連について，以下の3点が浮かび上がってきます。第一に，Twitterなどの SNSは，大学生にとって社会で生きている人々を知る手段として大きなウェイトを占めている点です。第二に，Twitterで書かれる内容から他者を認識す

表2　SNSを通した，他者に対する認識の形成例（峰尾，2019の調査データをもとに作成）

【発話例A】
普通に接している分にはあんまり気づかなくても，ネットに入った瞬間に，そこでそういう裏な部分，ストレスを抱えている部分が見えてきて〔中略〕在日朝鮮人の方に対する差別，ヘイトスピーチとかも規制より表現の自由が上に来ちゃって，あんまり守らないなって。アジア諸国に対する差別をもっている人が多いかなってイメージがあります〔中略〕他にあるストレスをぶつけられるのがそこにしかないから，叩きやすいものを叩くのかなって思って。でも，なんか，顔が出てるときには表立ってそういうことができない人が多いかなって〔中略〕SNS，とくに私はTwitterをよく使うんですけど，Twitterだとすぐそういうのは出てくる〔中略〕。あとは，ふつうにネットのニュースとか見てても思ったりはしますね。
【発話例B】
Twitterとか割と誹謗中傷飛び交ってますし，政治的な意味でも右派左派いろいろあるじゃないですか，あれで結構お互いを，どっちがいいどっちが悪いとか言うつもりはないんですけど，お互いがお互いを中傷し合ってるって感じがして，醜さが出てるというか〔中略〕ほら，Twitterってリツイートされてくるじゃないですか〔中略〕悪いイメージをもたれるツイートってリツイートされやすいので，すごい回ってくるんですよね。自分のあれ（タイムライン）に表示されるので，見たくなくても見えちゃうっていうか。

※　〔中略〕は発話の省略。（ ）内は調査者による補足。

る点です。Twitter上では，ある問題に対して賛成の人と反対の人とがそれぞれ意見を書き込み，議論が白熱する場合もあります。ある人の発言や行動に非難や批判が集中し，収拾がつかなくなる場合もあります。そのような様子をみて，他者に対して攻撃的な人が多いと認識しやすくなると考えられます。第三に，Twitterの機能によって他者を認識する点です。発話例Bにあるリツイートとは，他のユーザーが投稿した文章をそのまま引用して，自分のアカウントから発信することです。タイムラインとは，自分やつながっているユーザーの投稿やコメント履歴が時系列に示されたものです。他のユーザーの投稿やリツイートがタイムライン上に流れてくるため，意識せずに社会のさまざまな情報が入ってきます。以上のように，TwitterなどのSNSは，この社会で生きている人々を認識する，しかも攻撃的な人が多いと認識しやすい手段の1つといえます。前項でふれたような，社会に対して否定的になる青年期発達の一般的傾向や，外集団に対して否定的になる人間の一般的な心理傾向を，SNSは増幅させる可能性があります。人間発達の一般性が，新たなツールという時代的な特殊性とからみ合った例といえるでしょう。

表3　努力をする／しない他者に対する認識の形成例
（峰尾，2019の調査データをもとに作成）

【発話例C】

　結局，高所得者が税金を多くとられるわけで，なんか，一生懸命働いて稼いでるのに，一生懸命頑張った人が税金いっぱいとられて，そうでもないっていうとちょっと語弊がありますけど，そんなにやってもないのに，そんなに税金払わなくていいっていったら，それはおかしい。うちの父が自営業で結構夜遅くまで働いてるんですけど〔中略〕その分まあ稼いではいるとは思うんですよ。結構夜10時11時，朝8時とかに出て，で，帰ってくるの遅いんで，それでやっぱりとられるのはおかしいなって〔中略〕大学でやっぱりそういう授業あるんで〔中略〕税金とか税制はどうかっていう。結構やってくと，ほんとにいっぱいとられちゃうんだなって。それは，（大学に）入ってから強くなりましたね。

【発話例D】

　努力しても報われないときってあるんじゃないかなって，単純に思って〔中略〕スペシャルな人っていうか，オリンピックですごい成績をおさめる人とか，そういう人たちは，ま，努力ももちろんあるとは思うんですけど，でも，ま，資質みたいなものもあるんじゃないかな〔中略〕本人がどれだけ頑張っても，そのステージにいけない人っているんじゃないかなって思ってて〔中略〕世間から犯罪者っていうスティグマというか，えっと，ラベルを貼られて，それで「ちょっとうちでは…」っていうことで頑張ることが，頑張る機会を与えられないというか，その，そこに行きつけないような人も中にはいるような感じだなって思っていますね。もしくは，それこそ障害もってる方とか，頑張ろうともできない。あるいは頑張ることすら能力的にも難しいって人がいることを考えると，まあ，一概に言えないかなっていうふうに思いましたね。

※　〔中略〕は発話の省略。（ ）内は調査者による補足。

　峰尾（2019）の面接調査において，「人と人の関係」以外の面で，社会で生きている人々に対する言及が多くなされていたのが，個人の努力が報われる社会であるかどうかに関して尋ねたときでした（言及数5）。個人の努力が報われる社会だと思わない理由として，大きく分けて2つあげられていました。第一に，一生懸命に働いた人ほど多くの税金を徴収され，あまり働いていない人ほど税金を納めていないという理由です。第二に，努力するための環境や機会が整っていなかったりする場合があるという理由です。そのような認識はどのように形成されるのでしょうか。たとえば，表3のような語りがありました。

　発話例Cでは，懸命に働いている家族の姿を通して社会の不公平さを感じていることが示されました。さらに，そのような認識は，大学の授業で学ぶ中で強化される場合もあることが示されました。不公平さを感じる中で，努力して働いていない他者に対して批判的になりやすいことが推測されます。このような認識は，「自助努力」「自己責任」が強調される後期近代社会においては，と

くに強く現れやすいと考えられます。発話例Dでは，主に2つの点から努力だけではどうにもならないこともあるという認識が示されています。1つ目は，オリンピック選手のような特別な人は努力もしているが，その人がもっている資質のようなものもかかわっているという点です。2つ目は，何らかの理由で努力する機会が与えられなかったり，努力すること自体が困難だったりする場合もあるという点です。表3では割愛しましたが，発話例Dの学生は，犯罪者の処遇を取り上げた授業の影響があると述べていました。

　以上のように，3-3-1では，社会で生きている一般的他者に対する認識がいかに形成されていくのかについての例を示しました。SNSを通じて攻撃的な人の存在を知ったり，努力している人が報われないという不公平感を抱いたりする中で，他者に対する批判的な認識が生じてくることが明らかにされました。ここで示した例がすべてではありませんが，大学生の他者に対する認識がどのように形成されていくのかについての示唆を与えてくれます。

3-3-2. 他者に対する認識はいかに変化するのか

　3-3-1で示された他者に対する認識は変化するのでしょうか。3-3-2では，他者に対する認識がいかに変化するのか，例を示します。なお，個人の発達過程全体からすると，3-3-1で示した例も他者に対する認識の変化といえますし，3-3-2で示す変化の例も他者に対する認識の形成ともいえます。3-3-2では，大学入学前後で他者に対する認識がどのように変化するのかに焦点を当てます。第2節であげた大学生固有の文脈を踏まえて，授業，アルバイト，一人暮らしを通じての変化の3つの例を紹介します。

　まず，授業を通じての他者に対する認識の変化の例を紹介します。表4は，授業によって他者に対する認識が変化したという学生の発話例を示したものです。表4の発話例Eにあるように，授業を通して社会で生きている多様な人々についての知識を獲得することで，他者に対する認識が変化したという語りがみられました。発話例Fでは，授業内で他の学生の意見を聞くことによって，多様な考え方を知るようになった経験が示されています。発話例Eは授業の内容によって，発話例Fは授業の形式によって，社会で生きている他者に対する認識が変化した例といえます。

表4　授業を通した，他者に対する認識の変化例
(峰尾, 2019の調査データをもとに作成)

【発話例E】

「本人の頑張り次第でお金持ちになれる社会だ」っていうのは，私みたいな中間層にいれば頑張り次第で，アイデア次第でなれるかもしれないんですけど〔中略〕ちゃんとした教育受けられてない人たちがなれるのか〔中略〕スタートの位置の違いって結構あるのかなって思いました。《そういうのはどこで感じたりしました？》一応，憲法かなんかの授業のときに，あの……社会権，生きていく権利のときに，すごい社会保障受けて生きている人たち〔中略〕すごい苦しい生活だったので〔中略〕そこから抜け出すのって頑張りだけじゃどうにもなんない。

【発話例F】

〔前略〕生徒（学生）たちにどんどん意見を聞いて，こう，先生とディベートするような授業だったんで，ずっと参加してる感じだったんで，面白かったですね。結構，その授業はみんなそれぞれすごいちゃんと考えをもってたんで，全然，自分と逆の立場の人の話でも納得できるというか，「あ，こういう考え方もあるんだな」って，全然違う視点からそれを見てる人もいたりとかしたんで。で，それを別に自分の中で拒否するわけでもなく，結構，何でもすとんすとんと入ってくるなっていう〔中略〕かといって，なんか，自分の意見がすごい曲がっちゃうとかいうわけでもないので，面白かったですね。

※　〔前略〕〔中略〕は発話の省略。( ) 内は調査者による補足。《 》内は調査者の発話。

表5　アルバイトや一人暮らし経験を通した，他者に対する認識の変化例
(峰尾, 2019の調査データをもとに作成)

【発話例G】

《バイトやってみて，お客さんの様子見たりとかお店の様子とか一緒に働いている人とか見て，社会について知ったりするときありますか？》いろんな人がいるなって思って。それこそ毎日のように来るおじいちゃんとかいて，何してるんだろうなって思ったり〔中略〕初対面でも結構話しかけてくるおばちゃんとかおじいさんとかいて，なんか，すごいフレンドリーな人たちがいるんだなって思って。あとは親子連れとか，あと，子どもたち不思議なことするなって思ったり〔中略〕キャリアウーマンっぽいなっていう（人），〔中略〕絶対主婦だなっていうエプロンつけた人たち。学生カップルがいたり，いろんな人がいるなってのは思いましたね。今までの学校とかとは世界が違います，かかわってる世界が〔中略〕《バイト始める前と始めた後で自分の感じていることとかイメージが変わったこととかって何かありました？》漠然とまあ何とかなるだろうなって，何とか生活をしていけるだろうって思ってたのが，やっぱり，いろんな人がいるから，どんな形であれ何とかなりそうだなって思ったり。

【発話例H】

大学生活を続けていくなかで，バイトしてお金稼いだり，あとは一人暮らしで自分で家事もしたり，あとは，水道光熱費とか払ったりしていくなかで，その，普通に生活してる人たちっていうのが，なんか，ただ，ただ，なんとも思ってなかったけど，すごいんだなって思うようになったかもしれないですし。

※　〔中略〕は発話の省略。( ) 内は調査者による補足。《 》内は調査者の発話。

　次に，授業以外での大学生活を通じた変化を紹介します。表5には，アルバイトや一人暮らし経験によって他者に対する認識がどのように変化するのかについて，例を示しました。発話例Gでは，アルバイト先でそれまで学校で出会ってきた他者とは異なるさまざまな人々と接することで，他者の多様性を認識するようになることが示されました。そのうえで，さまざまな人が生活をしているのだから，自分もなんとか生活をしていけそうだという認識の変化も起きていることが示されています。発話例Hでは，一人暮らしで家事や水道光熱費の支払いなどの手続きを経験することで，何気なく日常生活を送っている人々に対する敬意が生じていました。

　以上のように，3-3-2では，社会で生きている他者に対する認識がいかに変化していくのかについての例を示しました。学業やアルバイト，一人暮らしといった高校までとは異なる経験を通して，社会で生きている他者のイメージが豊富になったり，他者の姿を通して自分が社会で生きていくことを具体的に考えられるようになったりすることが示されました。

4. それが実践にもつ意義は何か
多様性の尊重を共通性から考える

4-1. 本研究の意義

　本章では「多様性と社会観」をテーマに，3つの問いを検討してきました。結果をまとめると，①大学生は社会全体を否定的にみる傾向があること，②大学生は社会で生きている他者を批判的にとらえる傾向があること，③他者に対する認識は，SNSやマスメディア，家族の働き方などによって形成され，授業やアルバイト，一人暮らし経験など，大学生固有の文脈によって変化しうることが明らかにされました。2-2で述べた視点からみると，青年期発達や人間心理の一般性が，SNSのような時代的な特殊性や大学という特殊性とからみ合って現れていることが示唆されました。

　本研究の意義は以下の2点です。第一に，大学生が社会や社会で生きている他者をどのように認識しているのかを明らかにしている点です。大学生が適応

しようとしている社会はどのようなものなのかを考える材料が提供できたといえます。第二に，単に他者に対する認識を明らかにするだけでなく，その認識が形成されたり変化したりする要因を明らかにしている点です。他者に対する認識がいかに形成されるかが示されたことは，多様性の尊重を実践的に考えるうえで，重要な材料を提供したといえます。

4-2．今後の展望

　今後の展望として，本章で個々の学生に行った調査を，集団を対象にして再構築していけないかと考えています。「みんなちがって，みんないい」だけではなく，「実はみんな同じ」という点に気づけるような研究を行い，実践と結びつけたいと思っています。対象は異なりますが，中学生の規範意識を取り上げている加藤・太田（2016）の研究が参考になると考えています。加藤・太田（2016）は，学級の荒れを解決するには，他の生徒の規範意識は自分が思っているよりも低くないと知ることが重要だと指摘しています。他者がどのように考えているのかを知る研究や実践を積み重ねることが今後の課題です。

　最後に，共通性のもとでの多様性に関する経験を紹介します。私は以前，渋谷で行われた東京レインボープライドに参加しました。「LGBTをはじめとするセクシュアル・マイノリティの存在を社会に広め，『"性"と"生"の多様性』を祝福するイベント」（東京レインボープライド, 2021）です。ウェディングドレスやタキシードを着た人，LGBTQと教育に関心のある人，あらゆる差別に反対する人などさまざまな人が参加していました。パレードのプラカードには，ひらがな，カタカナ，漢字，アルファベット，ハングルなどの文字が躍っていました。沿道では，参加者同士が「Happy pride！」と声をかけ合いました。「多様性，自分らしさを大事にしよう」という共通性のもとで，それぞれが思い思いの表現をして存在していました。単純に社会に反映できるわけではありませんが，「多様性の尊重」を具現化した場だと感じました。

　SOGI（ソジ）という言葉があります。Sexual Orientation（性的指向）とGender Identity（性自認）の頭文字をとった言葉です。LGBTQと異なり，SOGIはすべての人の属性が含まれる言葉のため，誰もが他人事ではなく自分

のこととして考えられます。社会的なマイノリティや弱者が抱える独自の困難が軽んじられることは避けねばなりませんが，社会における多様性を考えるうえでは，「みんなちがって，みんないい」だけではなく，「実はみんな同じ」「私のことであり，あなたのことである」という観点も大事にした実践が求められます。

[引用文献]

Boyd, M. J., Zaff, J. F., Phelps, E., Weiner, M. B., & Lerner, R. M. (2011). The relationship between adolescents' news media use and civic engagement: The indirect effect of interpersonal communication with parents. *Journal of Adolescence, 34*(6), 1167-1179.

Bronfenbrenner, U. (1979). *The ecology of human development: Experiments by nature and design.* Cambridge, MA: Harvard University Press. （ブロンフェンブレンナー，U. 磯貝 芳郎・福富 護（訳）（1996）．人間発達の生態学〈エコロジー〉——発達心理学への挑戦—— 川島書店）

藤村 宣之（2002）．児童の経済学的思考の発達——商品価格の決定因に関する推理—— 発達心理学研究, *13*(1)，20-29.

藤原 喜悦（1962）．社会への働きかけ 松村 康平・西平 直喜（編）．青年心理学（pp. 144-173） 朝倉書店.

Furlong, A., & Cartmel, F. (2007). *Young people and social change* (2nd ed.). Maidenhead, UK: Open University Press. （ファーロング，A. & カートメル，F. 乾 彰夫・西村 貴之・平塚 眞樹・丸井 妙子（訳）（2009）．若者と社会変容——リスク社会を生きる—— 大月書店）

長谷川 真里（2001）．児童と青年の「言論の自由」の概念 教育心理学研究, *49*(1)，91-101.

星野 命（1974）．社会的態度 内山 喜久雄（監修）．児童臨床心理学事典（p. 286） 岩崎学術出版社.

金政 祐司（2014）．自己ならびに他者への信念や期待が社会へのイメージならびに将来への時間的展望に及ぼす影響 社会心理学研究, *30*(2)，108-120.

唐沢 讓（1999）．内集団／外集団 中島 義明・安藤 清志・子安 増生・坂野 雄二・繁桝 算男・立花 政夫・箱田 裕司（編）．心理学辞典（pp. 646-647） 有斐閣.

加藤 厚・加藤 隆勝（1987）．現代青年の社会態度の構造——態度を構成する次元の検討—— 筑波大学心理学研究, *9*，87-93.

加藤 弘通・太田 正義（2016）．学級の荒れと規範意識および他者の規範意識の認知の関係

　　——規範意識の醸成から規範意識をめぐるコミュニケーションへ——　教育心理学研究, *64*(2), 147-155.

木下 芳子（2009）．多数決の適用についての判断の発達——日本とイギリスとの比較研究——発達心理学研究, *20*(3), 311-323.

小林 亮（2004）．発達的文脈主義とは何か　発達, *25*(98), 63-68.

小平 英志（2012）．社会観との関係　速水 敏彦（編著）．仮想的有能感の心理学——他人を見下す若者を検証する——（pp. 122-131）　北大路書房.

松下 佳代（2014）．大学から仕事へのトランジションにおける〈新しい能力〉——その意味の相対化——　溝上 慎一・松下 佳代（編）．高校・大学から仕事へのトランジション——変容する能力・アイデンティティと教育——（pp. 91-117）　ナカニシヤ出版.

峰尾 菜生子（2017）．大学生における日本社会に対する社会観の特徴——自由記述に基づく社会観尺度の作成と妥当性の検討——　青年心理学研究, *28*(2), 67-85.

峰尾 菜生子（2019）．大学生における社会観の特徴と形成要因——青年期発達と時代背景の視点から——（中央大学博士学位論文，未公刊）.

村澤 和多里・山尾 貴則・村澤 真保呂（2012）．ポストモラトリアム時代の若者たち——社会的排除を超えて——　世界思想社.

大久保 智生（2005）．青年の学校への適応感とその規定要因——青年用適応感尺度の作成と学校別の検討——　教育心理学研究, *53*(3), 307-319.

大久保 智生・加藤 弘通（2005）．青年期における個人—環境の適合の良さ仮説の検証——学校環境における心理的欲求と適応感との関連——　教育心理学研究, *53*(3), 368-380.

白井 利明（1990）．現代青年の未来展望における対社会関与に関する研究（1）——中学生を対象に——　大阪教育大学紀要 第Ⅳ部門 教育科学, *39*(1), 59-73.

白井 利明・安達 智子・若松 養亮・下村 英雄・川﨑 友嗣（2009）．青年期から成人期にかけての社会への移行における社会的信頼の効果——シティズンシップの観点から——　発達心理学研究, *20*(3), 224-233.

Tajfel, H. (1978). Inter group behaviour: II. Group perspectives. In H. Tajfel & C. Fraser (Eds.). *Introducing social psychology: An analysis of individual reaction and response* (pp. 423-445). Harmondsworth, UK: Penguin Press.

高木 秀明・吉田 富二雄・加藤 隆勝（1980）．現代青年の社会認知と社会イメージ　年報社会心理学, *21*, 189-202.

田丸 敏高（1992）．子どもの社会認識　橋口 英俊・無藤 隆・佐々木 正人・高橋 恵子・山田 洋子・湯川 良三（編）．児童心理学の進歩1992年版（pp. 211-234）　金子書房.

田丸 敏高（1993）．子どもの発達と社会認識　法政出版.

田丸 敏高（2001）．大学生の発達と教育改革の課題——鳥取大学におけるアンケート調査をもとにして——　鳥取大学教育地域科学部紀要 教育・人文科学, *3*(1), 11-24.

東京レインボープライド（2021）．TRPとは？　https://tokyorainbowpride.com/about2021/
　（2021年3月25日アクセス）

都筑 学（2008）．中学校から高校への進路選択に伴う時間的展望の変化プロセスの研究　平
　成16〜19年度科学研究費補助金基盤研究（c）（2）研究成果報告書．

山岸 明子（1990）．青年の人格発達　無藤 隆・高橋 惠子・田島 信元（編）．発達心理学入門
　Ⅱ――青年・成人・老人――（pp. 11-30）　東京大学出版会．

山岸 俊男（1998）．信頼の構造――こころと社会の進化ゲーム――　東京大学出版会．

百合草 禎二（1981）．現代青年の自己評価と時間的展望について　日本教育心理学会総会発
　表論文集, *23*, 504-505.

第6章
過去からとらえる自己：
自分は変わる？　変わらない？

奥田　雄一郎

1. なぜこの問題を研究しようと思ったのか
　　「自分」や「私」への問いのはじまり

1−1. ある大学生の悩み

　　今大学生の私にとって，この「本当の自分」という問題はとてもリアルな
問題である。この問題は，中学生のころからずっと私を悩ましてきたが，大
学三年生になった今，より深刻な問題として私の上にのしかかっている。な
ぜなら大学生活も半分を過ぎて自分の将来について本気で考えなければいけ
なくなった今，この先自分は何を仕事として生きていくのだろう，どのよう
に生きるのがもっとも自分らしいか，そういったことを考えるには，一体自
分がどういう人間なのかがわからなければ，一歩も先には進めないのである。

　　青年期には誰しも，一度はこの大学生のように「自分とはいったい何者なの
だろうか，私はどこから来てどこへ行くのか」といった「自分」や「私」につ
いての問いを考えたり，そうした問いに答えを出そうと悩んだりした経験があ
るのではないでしょうか。青年心理学においては，これまでにも多くの研究が
この「自分」や「私」をめぐる問題を扱ってきました。たとえば青年心理学の
父と呼ばれるホール（Hall, G. S., 1904）が，青年期を「疾風怒濤」の時代と呼ん
だことは有名です。それほどまでに青年期における自分に対する悩みは激し
く，どの時代にも共通する悩みであったといえるでしょう。ここでも一人の大
学生が「自分とは何なのか」という問題に思い悩んでいるようです。
　　実はここで引用した文章を書いたのは，大学3年生になったばかりのころの
筆者なのです。文章の未熟さも恥ずかしいですが，それ以上に時間を隔てた

「過去の自分」にあらためて出会う際の，何ともいえない気まずさもあります。この文章は『新 かたりあう青年心理学』という本の中で，当時大学3年生になったばかりの筆者が，白井（1999）の論考に収録する学生からのコメントとして書いたものの一部です。『新 かたりあう青年心理学』の帯には，「青年期のあなたにとっての『自分』とは？」と大きく書いてあります。まさに，この本自体が「自分」という問題を正面からテーマとした青年心理学の本であったといえるでしょう。久しぶりに学生のころの自分の文章に向き合い，過去の自分と語り合ってみると，このころから「自分」や「私」といったテーマに関心を抱いていたのだということを再認識することができました。そうした意味では，この「過去からとらえる自己」という章のテーマにつながる筆者の問いは，当時すでにはじまっていたのかもしれません。

　さて，この章で試みたいことは2つあります。第一に，この青年期における「自分」や「私」という問題に対する「時間」という視点からのアプローチを紹介することです。心理学においてはこれまで，さまざまな視点から「自分」や「私」についての研究がなされてきました。そうしたさまざまな視点の中でもとくに，「時間」という視点からとらえることによって，どのような新たなアプローチが可能になるのか考えてみたいのです。そして第二に，私がこれまで行ってきたいくつかの研究，とくに学生時代からの研究のいくつかを紹介することによって，本シリーズのタイトルである「問いからはじまる」について，みなさんと一緒に考えてみたいということです。どんな研究でもそうだと思いますが，はじめからその研究の道筋が明確に決まっているわけではありません。先行研究を批判的に検討することの中から，あるいは，日常や実践でさまざまな人々とかかわる中で，さまざまな問いが少しずつ生まれていきます。そうした問いに対して予備的な質問紙調査やインタビューなどによって，その問いを少しずつ形にしていく。そんなプロセスをみなさんと一緒に少したどってみたいと考えています。

1-2.　人間が人間を研究するということ

　この章のテーマである自己と時間の関係をみていくにあたり，はじめに心理

学における「自分」や「私」についての研究を少し概観してみましょう。前項の大学生の事例にみたような，「自分」や「私」についての問題は，心理学においてはこれまで自己（Self）という概念で研究がなされてきました。

　そうした自己についての初期の研究としては，ジェイムズ（James, W., 1890）によるI : self as knower（主体としての自己）と me : self as known（客体としての自己）の議論をはじめとして，クーリー（Cooley, C. H., 1902）による鏡に映った自己（自分が他者にどのように映っているのか）についての議論や，ミード（Mead, G. H., 1932）の象徴的相互作用論などがあります。その後も生涯発達の中で自己意識がどのように発達していくのかといった自己の発達研究，あるいは異なる文化の間で自己にはどのような違いがあるのかといった自己の比較文化研究，そして現代における人工知能は自己意識をもてるかいった AI 研究に至るまで，さまざまな視点からの自己研究がなされてきました。このように，自己についての研究は，心理学における主要なテーマの1つであり続けてきたということができるでしょう。

　こうした心理学における自己論の研究は，学生時代の筆者にとっても興味深いものでした。大学で心理学を学ぶ以前から物理学や生理学といった科学にはずっと興味をもっていましたが，そうした物理学・生理学・心理学という科学的なアプローチの中でも，心理学という学問にはとくに，物質を対象とした物理学，生き物を対象とした生理学とは異なり「人間が人間を対象に研究する」という特殊性があります。つまり，先ほど紹介したジェイムズのIとmeのように，主体としての人間が客体としての人間を研究するという関係性です。われわれ人間は，それぞれ人間を生きながらも人間について知らない。このパラドックスは，学生時代の私にとって知的好奇心をかき立ててくれました。

　筆者は現在，若者の発達・学び・文化などをテーマとして青年心理学研究を行っていますが，そうした現在まで続く自らの研究の根源には前節で紹介した大学生のころの「自分」や「私」，つまり，自己についての問いが響き続けているように思います。大学教員となった今でも，学生たちとともに若者についての研究と実践を続けることができているのは，自分が大学生だったころの問いが終わることなく，現在でも新たな問いを生み続けているからなのでしょう。

　自己をテーマとした心理学の研究は，社会心理学，人格心理学，認知心理学，発達心理学，臨床心理学などの領域においてこれまで無数に行われてきました（梶田・溝上，2012）。そうしたさまざまな自己を扱う心理学分野の中でも，学生時代の筆者がとくに関心をもったのは，青年心理学における自己の問題でした。

1-3.　青年期を内側─外側からみるということ

　青年期における最も有名な「自分」や「私」をめぐる議論としては，エリクソン（Erikson, E. H., 1959）によるアイデンティティについての理論があります。アイデンティティという用語自体は，「私にとってのアイデンティティは」「日本人としてのアイデンティティは」といったように，現代においてはすでに日常語となっています。しかしながら，青年期におけるアイデンティティという概念は，もともとはアメリカの精神分析家エリクソンが青年期に顕著となる発達的危機に対する臨床経験から理論化し，彼の漸成的発達理論の中で概念化したものです。

　エリクソンの自我同一性（アイデンティティ）は「これが私である」という自己定義を模索し，「私はどこから来てどこへ行くのか」という過去から未来への連続した感覚としてとらえる自己アイデンティティ（self-identity）と，理想として見出した自己定義を，他者に対して役割実験を行い，社会の中に位置づけていくという心理社会的アイデンティティ（psychosocial identity）からなります。こうしたエリクソンのアイデンティティ論や，エリクソンのアイデンティティ論を実証的に検討可能にしたマーシャ（Marcia, J. E., 1966; 1967）のアイデンティティ・ステイタス・インタビューによるさまざまな研究は，学生時代に青年心理学の授業を受講していた当時の筆者に，まさに自らが今考えている青年期における「自分」や「私」という問題を，青年心理学という学問的な道具を用いて考えるという機会を与え，また，研究という営みの面白さを教えてくれました。

　筆者が現在，大学で青年心理学の授業をする際には「発達心理学の中でもとくに青年心理学はみなさんにとって特殊な心理学なのです」という話をしま

す。なぜなら，「児童心理学はもうすでにみなさんが通り過ぎた過去の発達段階について学ぶ心理学ですし，逆に，老年心理学はみなさんにとってこれから経験する未来の発達段階について学ぶ学問です。しかしながら，生涯発達の中でも青年心理学だけは，今みなさんがまさに経験している青年期という発達段階を，その内側（主体）と外側（客体）の両面から学ぶ学問だからです」。毎年の青年心理学の授業の初回に，筆者はこのように青年心理学という学問の不思議さと面白さについて学生たちに語りかけます。

　まさに学生時代の筆者にとっても，青年心理学の授業は自分が経験しているその世界を，ときには内側から，そしてときには外側から考察する時間でした。授業の中で紹介される理論や，さまざまな研究者たちによる研究知見に，「なるほど，自分が経験している問題はこういうことだったのか」ととても共感できるときもありましたし，逆に，この研究知見は現代の青年には当てはまらない，むしろ他の視点から考えたほうがよいのではないかと，先行研究を批判的に考える機会にもなりました。

1−4.　自我同一性と時間的展望

　こうして筆者は大学4年生となり，いよいよ卒業研究に取り組むこととなりました。卒業研究を行ううえで，ここまで述べてきた青年期における自己の問題に加え，当時の筆者がもう1つ関心をもっていたのは，時間的展望研究と呼ばれる分野でした。

　時間的展望はレヴィン（Lewin, K., 1951）よって「ある一定の時点における個人の心理学的過去，および未来についての見解の総体」（訳は都筑, 1982より）と定義されています。私たち人間は，たとえば他の動物たちのようにその時々の現在というその瞬間だけに生きているわけではなく，過去・現在・未来という時間的な広がりの中に生きています。こうした，過去・現在・未来といった時間の視点から，人間の発達や，そしてこの章で問題とする青年期における自己などの心理学的な問題についてアプローチする分野を時間的展望研究といいます。時間的展望研究は国内外においてさまざまな研究知見が積み重ねられてきました（都筑・白井, 2007）。指導教授の都筑学先生や，冒頭で紹介した文章を収

録していただいた論考の著者である白井利明先生がこの時間的展望を研究されていたのも（白井, 1997; 都筑, 1999），学生時代の筆者にとって大きな刺激となっていました。

　青年期においては，青年から成人への自立や進路選択などからとくに，こうした時間的展望の問題が顕在化します。また，先にも述べたエリクソンの自己アイデンティティは，過去から未来への連続した感覚をアイデンティティ達成における重要な問題としており，青年の過去，現在，未来といった時間を扱う時間的展望との関係も深いはずです。そのため，筆者はこの青年期のアイデンティティと時間的展望の関連を卒業研究のテーマとしようと決意しました。

　そうして先行研究を調べていくと，都筑（1993）が，自我同一性地位と時間イメージ尺度・Circles Testの2つの時間的展望の尺度との関連を検討し，自我同一性を達成した大学生は未来志向を示し，自我同一性が拡散している大学生は過去志向を示すことを明らかにしていることがわかりました。研究の世界においては，取り組もうと思ったテーマがすでに他の研究者によって研究されている，ということはしばしばあります。しかしながら，筆者の卒業研究の場合，そのテーマの専門家はあまりにも身近にいたのでした。

2. どんな問いを立てたのか
心理学における過去へのアプローチ

2-1.「時間」という視点から青年にアプローチするということ

　その分野の最先端の専門家が指導してくれるのですから，これ以上に恵まれていることはありません。結果として，卒業研究においては時間的展望研究の専門家の都筑先生にご指導いただきながら，大学生の自我同一性と時間的展望という問いを継続してテーマとしました。就職活動期の大学生を対象とした縦断的なインタビュー調査を行い，就職活動の中で大学生たちの過去・現在・未来という時間がどのようにダイナミックに変化してくのかを研究しました（奥田, 2004）。

　大学院へと進学し，本格的に研究活動をはじめた筆者は，青年期における

自己と時間というテーマを継続して研究しました。とくに筆者が着目したのは，過去・現在・未来という時間の中でも「過去」という時間でした（奥田，2003a）。

　時間的展望研究は本来，過去・現在・未来という時間のすべてを対象にした研究領域ですが，時間的展望研究の多くが主に未来の側面に焦点化し，過去の側面に対する概念的検討や研究方法などについては不十分であるという指摘が以前からありました（大橋・鈴木，1988; 奥田，2002a）。確かに時間的展望研究者の中には，ワラス（Wallace, M., 1956）の「個人的未来の出来事に関する時間的調節と配列化」という定義にみられるように，研究の対象を未来に限定している者もいます。しかしながら，時間的展望において過去・現在・未来はダイナミックに関係しており（木下，1999），過去や現在の側面を切り捨てるわけにはいかないと考えられます。

　過去の側面についての先行研究もなかったわけではありません。勝俣（1995）は，時間的展望の概念においては未来展望のみが重視されており，偏りがみられることを指摘し，時間的展望の過去の側面を過去展望としたうえで，「すでに経験した過去の出来事や状態に対する現在から見た個人ないし集団・社会の認知様式であるとともに，時間的空間における過去の定位／指向性，広がり，内容の明細度，重要度及び感情調の統合の様態であり，feedback 機構を含む」と定義しました。白井（2001a; 2001b）の変容確認法のように過去展望の研究法の開発を目指したり，中島（2001; 2002）の非行少女の過去の語り，徳田・無藤（1999）による子育て中の女性の時間的展望における過去の語りに着目したりしている研究もありましたが，将来展望／未来展望に着目した研究と比べると，その数は圧倒的に少ない状態でした。現在においては，たとえば石川（2019）は大学生の過去のとらえ方という視点から時間的展望の関連性を検討しています。しかしながら依然として，時間的展望研究と聞くと未来についての研究と考える人が多いのも事実です。

　また，過去についての時間的展望研究が少ないのには，もう 1 つの理由が考えられました。それは，心理学において，過去についての研究は記憶研究がその役割を担ってきたという歴史的な理由です。

2-2. 過去についての研究としての記憶研究と時間的展望研究

　従来，人間の過去についての研究の多くは主に，記憶研究を中心として進められてきました（松島, 2001）。記憶研究においては「人間は過去の出来事をどの程度覚えていることができるのか」，あるいは「それらをどの程度思い出すことができるのか」などといった問いに従って数多くの実験的研究がなされてきました。

　こうした状況に対して筆者は「記憶研究以外からの過去へのアプローチはないのだろうか」という問いを立てました。もちろん，人間が過去という時間を有することができるのは，生物学的に記憶という認知機能を有するからにほかなりません。その意味では記憶研究は心理学にとって重要な研究であり，記憶という認知機能は人間にとって重要な機能です。

　しかしながら，この記憶という認知機能に対する研究だけではなく，日常生活の中で人々がその記憶という機能を用いてどのように自分の過去をつくり上げているのか，あるいはそうした過去が人々の発達にどのような影響を与えるのかといった，従来の記憶研究的な問い以外の新たな問いを立てることもまた可能ではないでしょうか。

　記憶研究の中でも，時間的展望研究が扱うような過去という時間に近い領域についての研究は，主に自伝的記憶と呼ばれる領域において研究がなされてきました。自伝的記憶とは，神谷・伊藤（2000）によれば「これまでの生涯を振り返って想起する個人的経験に関するエピソードであり，その個人に直接的なかかわりのある過去の出来事に関する記憶」とされています。つまり，言い換えれば個人の出来事の記憶についての研究です。

　下島（2008）や白井（2008）は時間的展望研究と自伝的記憶研究の類似点を提示しながらも，たとえば白井（2008）は，以下の点で両者を区別しています。第一に，自伝的記憶では特定のエピソードを問題とするが，時間的展望では過去を全体として問題にすること。第二に，自伝的記憶では記憶の事実性が問われるが，時間的展望では過去の事実性は問題にしないこと。第三に，自伝的記憶の「現在」は想起時点を指すが，時間的展望の「現在」は瞬間ではなく幅があることです。

　奥田（2003a）は，自伝的記憶を含む記憶研究と時間的展望研究の違いを，以下の4つに整理しています。第一に，記憶研究では，松島（2001）が指摘するように，人間の過去に対して「人間は過去の出来事をどの程度覚えていることができるのか」あるいは「それらをどの程度思い出すことができるのか」といった問いを立てるのに対し，時間的展望研究では，「過去の出来事をどのようなものとして意味づけているのか」あるいは「自分の過去をどのように構造化しているのか」といったように，過去に対する問いの立て方が異なることとしています。第二に，そのような問いを可能にする過去自体への認識の仕方が異なるということをあげています。つまり，認知心理学に属する記憶研究においては，多くの研究が人間の過去，つまり人間の記憶というものはアタマの中のどこかに"そのまま"のかたちで記録されているという前提のもとに記銘─保持─再生というロジックが潜在的に組まれている（松島, 2001）のに対し，時間的展望研究では，レヴィン（Lewin, 1951）による時間的展望の定義の中の「ある一定時点における（at a given time）」に代表されるように，常に「現在（という時間）からみた」という前提が置かれています。時間的展望研究においては過去や未来といった時間は，常に現在との関係性の中でこそ意味があると考えられます。第三に，人間の過去という対象に対して，明らかにしようとする目標が異なるということを差異としてあげています。記憶研究においては，その記憶は正しいのか，間違っているのかといったように，正解を必要とする研究の性質上，過去という対象についての正誤性が問題とされます。それに対して時間的展望研究においては，白井（2008）も指摘するように，たとえそれが事実と完全には一致していなかったとしても，過去の出来事の内容が本人にとってどのように展望されているのか，あるいは現在と過去との関係がどのようなものとされているのかなどを明らかにするために研究が行われます。第四に，記憶研究は過去のエピソード同士の関係性をあまり問題としないのに対し，時間的展望研究は，過去の出来事同士の，あるいは過去の出来事と現在との関係性を問題としたり，それらの出来事の個別性よりも全体性を問題としたりします。

　このように，記憶研究と時間的展望研究を比較し，整理してみると，記憶研究以外からも「人間の過去」という対象にアプローチし，研究する意味がみえ

てきました。大切なのは，過去を研究するのは記憶研究なのか，それとも時間的展望研究なのかといった二項対立的な視点よりも，それぞれの研究のメリット・デメリットを明確にし，記憶研究と時間的展望研究の両者が相補的に人間の過去にアプローチする方法論を確立していくことでしょう。

　たとえば裁判のように，その記憶の事実性が問題となる場面もあります。そうした場面においては記憶研究の知見は必須のものとなるでしょう。それに対して，ある青年が過去の出来事や過去の自分をどのようにとらえているかという場面においては，その過去の出来事の事実性よりもむしろ，その出来事に対するその青年自身の感情や認知，あるいは過去に対する態度や意味づけといった側面のほうが重視されるかもしれません。そういった場面では，時間的展望研究における過去展望研究の知見が役立つかもしれません。

2-3.　自己に対するアプローチとしての時間的展望研究

　こうした過去に対する時間的展望研究という視点から，筆者は大学1〜4年生たちを対象に，彼らの過去展望に対して縦断的なインタビューによる検討を行いました（奥田，2001）。この調査の結果わかったことの中でもとくに筆者が着目したのは，大学生たちの過去に対する語りがその時々で大きく変化していくということです。それまでの時間的展望研究においては，そうした大学生たちの過去の変容を説明する理論的な枠組みはありませんでした。一方，記憶研究においては，そうした過去の語りの変容は，事実に対する間違いやエラーと解釈されるかもしれません。

　こうした大学生たちの過去の変容という問題に対し，筆者はナラティブ・アプローチ（ブルーナー，1999；やまだ，2000）という視点を援用し，大学生たちの時間的展望を検討することにしました。なぜなら，ナラティブ・アプローチにおいては，過去とは今この場において他者との語りの中で生成されるものとみなされ，ナラティブ・セラピーや家族療法と呼ばれる臨床場面をはじめ，ライフヒストリー研究や自己論において，こうした過去の語りの変容についていくつかの説明枠組みを提出しはじめていたからです。奥田（2003b）は，そうしたナラティブ・アプローチの中でもとくに，浅野（1997；2001）による自己物語論

の議論からの検討を試みました。自己物語論においては，個人の過去は決して個人のそれまでの出来事の蓄積のような静的な存在ではなく，現在の状況に応じてその時々の現在という結果から逆行的に再構成される動的なものと考えることができます。奥田（2003b）は，そうした議論をもとにして，青年期における自己を過去からとらえるという研究のあり方を検討しました。

こうした現在という時点から再構築される過去という視点は，いくつかの青年心理学研究においてもみられはじめていました。たとえば溝上（2001）は，青年期における自己を論じる中で，「それは，人が過去の出来事を，過去に経験したそのままの姿で再現して語っていないからである。たとえ過ぎ去った事実であろうと，人はそれを『今』の場で新たに経験しながらしか語ることができないのである。これらはいずれも，人生の出来事が，『今ここ』の場との意味ある関係において構築・再構築されていることを示している」と，現在という時点における過去の構築・再構築の重要性を強調しています。同様の知見は，職業選択の決定・未決定という現在の状況によって時間的指向性に差が出ることを明らかにしている園田（2002）の研究や，白井（2002）による青年に対する縦断的な研究における，就職活動の過程の評価が，その結果を実現したかどうかだけではなく，現在が満足できる状態かどうかや自分の力を出し切ったかどうかといった現在の視点からの展望が重要であるという指摘にもみることができます。

こうした時間的展望研究の視点から，あらためて本章のテーマである青年期における「自分」や「私」，つまり自己について考えてみると，青年期の自己というものがいかに過去や未来に開かれた時間的な問題であるかがみえてきます。青年期における自己は単なる過去の記憶の積み重ねなどではなく，「今ここ」という現在という時点において，他者とともに構築・再構築され続けていくものであるととらえ直すことができます。

日々の教育実践の中で学生たちの話を聞いていると，自分の過去や未来を固定的なものとして，変えることはできないものとして語る大学生たちにしばしば出会うことがあります。たとえば，それは「＊＊＊であった自分，＊＊＊ではなかった自分」といった過去展望であったり，「どうせ＊＊＊になる自分，＊＊＊になることを避けられない自分」といった未来展望だったりします。

　しかし，時間的展望研究の視点では，過去や未来といった時間は，そうした静的で固定的なものではないことを明らかにしてきました。もちろん，過去や未来がどうにでも自由になる，というわけではありません。それでもなお，筆者は大学教員として，少しでも彼らと一緒に，彼らの未来を創れる他者でありたいと願います。

3. どんな研究をし，何がわかったのか
過去展望についての研究

3-1. 大学生は過去の出来事をどのように現在と関連づけているのか

　さてここからは，これまで述べてきた自己に対する時間的展望研究の視点を踏まえ，本章のはじめに掲げた2つ目の目標，つまり筆者がこれまで行ってきたいくつかの研究を紹介していきたいと思います。

　ここで紹介するいくつかの研究は，本当にシンプルな，ミクロなものもあります。しかしながら，そうしたミクロな試みの中には研究を行ううえでの試行錯誤のプロセスや，小さな問いのタネがたくさんあります。今回はあえてそうした小さな試みについても紹介します。

　この「問いからはじまる心理学」シリーズの執筆者たちが過ごした都筑ゼミでは，こうした小さな研究や小さな議論がたくさんありました。ある意味で，すでに確立された方法論だけではなく，さまざまな新たな試みをしたり，研究法を開発しようと試みたりといったところもこの研究室らしさであったように感じています。

　はじめに紹介するのは，奥田（2002b）です。この研究は，大学生たちが自らの過去展望をどのようなものとして現在の自己に関連づけているのかを検討したものです。方法としては，大学1〜4年生22名（男性12名，女性10名）に対して以下の3点を尋ねるというとてもシンプルなものです。

1. 印象に残っている過去の出来事（過去展望の種類）
2. それはどのくらい前のことなのか

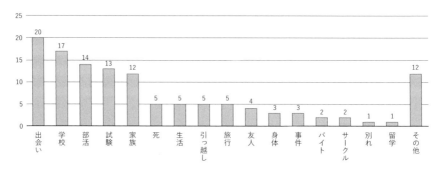

図1　回答された過去展望の種類

3. それらが現在とどのようなかたちで関連しているのか

　たったこれだけの質問からでも，さまざまなことがみえてきます。集計の結果，過去展望の種類としては〈出会い：「今も関係が続いてる親友に出会ったこと」など〉〈学校：「高校3年の文化祭」など〉〈部活：「高校の部活の新人戦」など〉〈試験：「大学受験に現役のとき失敗した」など〉〈家族：「母がとくに忙しそうだったこと」など〉といったカテゴリーに分類される記述が多くみられました（図1）。

　「どのくらい前の出来事なのか」という質問に対する過去展望の年代は，その多くが現在から5年以内であり（5年以内：67.10%），比較的現在と近接した出来事があげられていたことがわかります。

　高齢者を対象とした回想研究や自伝的記憶研究においては，青年期に関する想起が多くあげられることが明らかにされているのに対し，この研究の結果からは，大学生たちの過去展望は比較的最近のものが多いことがわかりました。

　そしてこの調査のテーマである「過去展望の現在との関連づけ」に関して，最も多かったのは「将来を考えるきっかけになった」といった現在の自己や判断などの行動における〈きっかけ・変化〉カテゴリーの記述であり（47.96%），次に多かったのは「楽しかった・悲しかった」などの〈感情〉カテゴリーの記述（25.51%）でした（図2）。

　以上のことから，大学生はそれまで経験した出来事の中から，比較的最近の

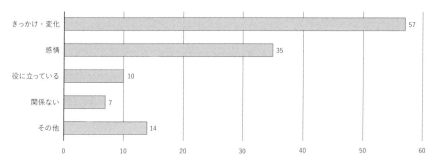

図2　過去展望と現在の関連性

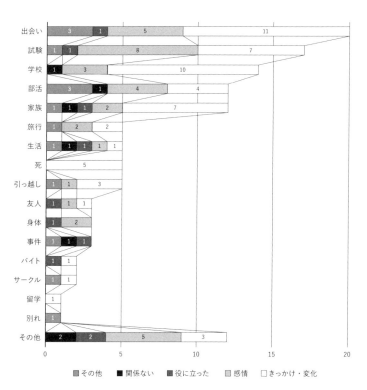

図3　過去展望の種類とその現在への関連のクロス集計

出来事を過去展望として展望することが多く，その種類は出会い，学校，部活，試験，家族などに関するものであり，さらにそれらの過去展望を現在の自己や判断などの行動におけるきっかけや変化の起源としてとらえていることが多いことがわかりました。

　さらに，2つの質問への回答を組み合わせて，過去展望の種類と関連づけのカテゴリーをクロス集計してみると，大学生たちがどんな過去の出来事をどのように関連づけているのかがおぼろげながらみえてきます（図3）。

　大学生時代はそれまでの学校生活から，卒業後にはいよいよ社会人としての社会生活へと移行するターミナルとなる時期です（奥田, 2011）。本章冒頭に引用した筆者の事例でもみられたような，自己をめぐる問題と対峙する中で，青年たちは何度も何度も自分の過去を振り返ります。そうした過去は単にバラバラな出来事の記憶なのではなく，これまでみてきたように現在という時点から新たな意味づけがなされ，現在と関連づけられていく時間的展望なのです。

3-2. 過去・現在・未来の満足度の相対的関係からの検討

　前項でも述べたように，筆者の関心は，過去・現在・未来という時間を，それぞれの因子としてバラバラに扱うのではなく，むしろそれらの関連や全体的構造に着目したものでした。そうした過去・現在・未来の関係の総体を扱うために，奥田（2008）では，過去・現在・未来に対する満足度の相対的関係に着目してみました。

　奥田（2008）では，162名の大学生（男性68名，女性92名，不明2名）を対象に，過去・現在・未来のそれぞれについて，「1. 満足していない」から「4. 満足している」までの4件法で尋ね，過去・現在・未来の満足度がそれぞれ相対的にどのような関係にあるのかによって，以下の5つのタイプに分類しました。

　　①無変化群：過去・現在・未来の満足度の値が変わらないもの（$N=39$，男性
　　　16名，女性23名：過去満足度平均＝3.00，現在満足度平均＝3.00，未来満足度平均
　　　＝3.00）。
　　②満足度上昇群：過去・現在・未来の満足度の値が上昇するもの（$N=46$，

　　男性 19 名，女性 27 名：過去満足度平均＝2.07，現在満足度平均＝2.89，未来満足度
　　平均＝3.54）。

③満足度下降群：過去・現在・未来の満足度の値が下降するもの（N＝28，
　　男性 15 名，女性 13 名：過去満足度平均＝3.32，現在満足度平均＝2.98，未来満足度
　　平均＝2.11）。

④現在満足群：過去と未来の満足度は低いが，現在の満足度は高いもの
　　（N＝24，男性 7 名，女性 17 名：過去満足度平均＝2.04，現在満足度平均＝3.30，未
　　来満足度平均＝2.17）。

⑤現在不満足群：過去と未来の満足度は高いが，現在の満足度は低いもの
　　（N＝23，男性 11 名，女性 12 名：過去満足度平均＝3.17，現在満足度平均＝2.04，
　　未来満足度平均＝3.13）。

　①無変化群，②満足度上昇群，③満足度下降群，④現在満足群，⑤現在不満
足群の 5 タイプで時間的展望体験尺度（白井，1994）の 4 つの下位尺度の得点に
有意な差があるかどうかを，一元配置の分散分析によって検討しました（図 4・
表 1）。

　本研究において特徴的であったのは，②満足度上昇群と④現在満足群でし
た。ここではこの 2 つの特徴的な群について考察してみましょう。

　従来の時間的展望研究の枠組みでは，未来に対する満足度が高いほど，つま
り未来に対して明るい展望を抱いているほど他の変数の値も高くなるという研
究が多く報告されています（奥田，2002b）。しかしながら，本研究ではたとえ未
来に対する満足度が高かったとしても，満足度の相対的関係という本研究の時
間的展望の構造の基準によって，②満足度上昇群と⑤現在不満足群の 2 つの群
に分類されます。

　両群ともに未来に対する満足度は 3 点を超えており，本研究の協力者らの中
では未来に対して明るい展望を抱いているといえます。しかしながら，両群の
時間的展望の構造は異なります。

　②満足度上昇群では，過去よりも現在，現在よりも未来のほうがより満足で
きるという時間的展望の構造を有しているのに対して，⑤現在不満足群では過
去に比べて現在が低く，現在に比べて未来の満足度が高いという時間的展望の

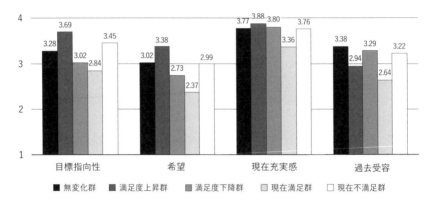

図4　5タイプの時間的展望体験尺度得点

表1　過去・現在・未来の関係の群別各平均得点，標準偏差

	①無変化群 $n=39$	②満足度上昇群 $n=46$	③満足度下降群 $n=28$	④現在満足群 $n=24$	⑤現在不満足群 $n=23$		
	平均 (SD)	平均 (SD)	平均 (SD)	平均 (SD)	平均 (SD)	F	Tukey
目標指向性	3.28 (1.05)	3.69 (0.96)	3.02 (0.98)	2.84 (0.80)	3.45 (0.72)	3.60*	②＞③④
希望	3.02 (1.05)	3.38 (0.70)	2.73 (0.95)	2.37 (0.89)	2.99 (0.60)	5.03**	②＞③④
現在の充実感	3.77 (1.25)	3.88 (1.01)	3.80 (1.22)	3.36 (1.19)	3.76 (0.98)	n.s.	
過去受容	3.38 (0.95)	2.94 (0.64)	3.29 (0.88)	2.64 (1.02)	3.22 (0.67)	3.74*	①③＞④

** $p<.01$，* $p<.05$

構造となっています。②満足度上昇群は目標指向性，希望，現在の充実感の得点が他の群に比べて最も高く，これが従来の時間的展望研究が未来志向と呼んだタイプと考えることができるでしょう。

　このように，満足度の相対的関係による時間的展望の構造という新たな視点を取り入れることによって，これまでの時間的展望研究とは異なったタイプの特徴を明らかにすることができました。

3-3. 新入生は自らの過去・現在・未来をどのように構造化しているのか

　筆者はナラティブ・アプローチを用いて研究を進めていく中で，次第に大学生の時間展望を過去・現在・未来でそれぞれ個別に検討するのではなく，それらの関係性や全体的な構造に着目するようになりました。つまり，個々の出来事を過去・現在・未来の時間的展望全体の中でどのように関係づけ，構造化しているのかをとらえる必要があると考えるようになったのです（奥田, 2005）。

　こうした時間的展望の関係性や構造を，研究者にとっても，そして研究協力者である大学生にとっても視覚的に理解しやすい方法論はないものでしょうか。そんな問いから，奥田・半澤（2003）においては，大学新入生70名（男性35名，女性35名）を対象とし，新入生が過去・現在・未来の出来事をどのように展望し，それらをどのように彼らの時間的展望の全体性の中へ構造化しているのかを明らかにすることを目的に質問紙調査を行いました。

　この奥田・半澤（2003）では，時間的展望構造テスト（Time Perspective Structure Test: TPST）という新たな時間的展望の研究法の開発を試みました。TPSTの詳細は，安達・下村（2013）にも紹介されています。

　TPSTでは，過去の出来事の中で自分にとって重要だと思われるもの（A：1〜5），現在取り組んでいること（B：1〜5），将来の目標の中で重要だと思うこと（C：1〜5）について質問し，それぞれ5つの出来事を自由記述で答えてもらい，最高15個の出来事が，自らの中でどのように時間的に関連しているかを，5＊7のマトリックス上に時間軸に沿って配列させ，学生たち自身でグループに分類してもらいました。

　TPSTによって得られたグループは，1人につき平均3.90個であり（全員の総計は160グループ），それらのグループを時間的展望の構造により，図5の5つのカテゴリーに分類しました。

　図中のA・B・Cなどは，過去の出来事の中で自分にとって重要だと思われるもの（A：1〜5），現在取り組んでいること（B：1〜5），将来の目標の中で重要だと思うこと（C：1〜5）といった個別のエピソードを示しています。

　加えて，質問紙に回答した学生のうち面接調査への協力を承諾した27名（男性13名，女性14名）に対しては，このTPSTの結果をもとに面接調査を行いま

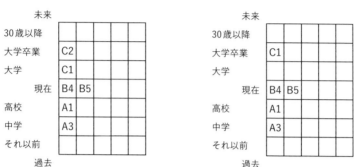

1. 過去・現在・未来のすべてがあるグループ（*N*=43）

2. 未来の目標はあるが現在とつながっていないグループ（*N*=37）

3. 未来だけ，過去だけのグループ（*N*=9）

4. 過去と現在，現在と未来のグループ（*N*=30）

5. 単独のもの（*N*=41）

図5　TPSTで得られたグループのパターン

した。

　奥田・半澤（2003）において特徴的だったのは，2の「未来の目標はあるが現在とつながっていないグループ（N=37）」の存在です。新入生という対象の特殊性もありますが，面接調査の中では目標をもちながらも，その目標となる出来事がまだ現在とは関連づけられていない，接続されていない大学生たちの語りが多くみられました。

事例：19歳，男性

> 　まだ，うーん．……まだ全然みえてないですね．やっぱり．そのカウンセラーになるっていうのがどんってできすぎて，その，うん，その今と，カウンセラーになるっていう未来の間の過程は，今，あれですね．すっぽ抜けちゃってますね。

　たとえば，TPSTで得られた自由記述の中で，職業について書かれたものだけを抽出し（N=44），先ほどの5つのグループに分類してみると，「1. 過去・現在・未来のすべてがあるもの（N=6）」「2. 未来の目標はあるが現在とつながっていないもの（N=20）」「4. 過去と現在，現在と未来のもの（N=2）」となりました。こうした結果からも，大学生たちにとって，たとえば職業といった具体的な目標を，どのように現在とつないでいくのかがキャリア教育といった大学教育にも，そして，大学生である彼ら自身にとっても課題であることが明らかとなりました（図6）。

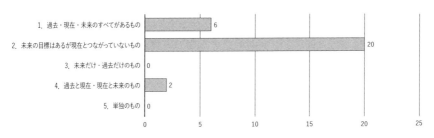

図6　大学新入生における職業に関連したTPSTのグループ

4. それが実践にもつ意義は何か
変化しつつ，同じであること

　ここまで，青年期における「自分」や「私」という問題を，過去を中心とした時間的展望研究の視点からみてきました。

　第1節では，筆者の学生時代から現在へと続く研究の問いの源泉をたどってみました。筆者自身が学生時代にどんなことに問いを抱き，関心をもって研究を行ってきたのかをあらためて振り返ってみました。第2節では，時間的展望研究，とくに過去についての時間的展望研究を整理し，記憶研究との対比から青年期の自己に対するアプローチの可能性を検討しました。第3節では，筆者のこれまでの研究の中からいくつかのものを紹介することによって，大学生たちの過去に対する多様な問の立て方，多様なアプローチの仕方の試行錯誤をみてきました。

　この「自己と時間」というテーマにおいて，筆者がずっと考え続けている問題があります。それは「変化しつつ，同じであること」という問題です。われわれ人間は，その生涯発達過程の中で常に変化し続けています。子どもから大人へ，そして高齢者へといったように生物としての私たちの身体も常に変化し続けていますし，心理的な側面においても常に変化の中にあります。しかしながら一方で，自己と呼ばれる存在は，生涯発達過程の中で「自分」や「私」といったかたちで，常に同一性を保っているように感じられます。確かにあのころとは同じではなく変化している，一方であのころも今も相変わらず私は私である。これって，ものすごく不思議なことではありませんか？

　今回「過去からとらえる自己」というテーマをいただいて，あらためて筆者自身も自分の過去と向き合う機会を得ました。本章冒頭の大学3年生の自分との再会にはじまり，これまでの研究における問いという，過去の自分とあらためて出会い直す機会であったように思います。そして，そうした過去の自分と向き合う中で，「変化しつつ，同じである」自分と，そして学生時代からの問いであるこの問題とあらためて出会うことになりました。本章の冒頭の文章を書いたころの筆者と現在の筆者では身体的にも社会状況的にも大きく変化しつ

つ，一方でそのころと同じ私であるという同一性の感覚もあります。この「変化しつつ，同じであること」というパラドックスは，現在もなお，筆者の研究関心の根底にあるのでしょう。そして，この「変化しつつ，同じであること」というパラドックスへのヒントが，時間的展望研究にはあると筆者は考えています。

筆者自身もこの「変化しつつ，同じであること」という自己の問題を今後も考え続けていくでしょうし，本書を読んだ青年の誰かが，こうした問題に関心をもち，新たな問いを続けていってくれることを願っています。

[引用文献]

安達 智子・下村 英雄（編著）(2013).　キャリア・コンストラクション ワークブック——不確かな時代を生き抜くためのキャリア心理学——　金子書房.

浅野 智彦 (1997).　構成主義から物語論へ　東京学芸大学紀要 第3部門 社会科学, *48*, 153-161.

浅野 智彦 (2001).　自己への物語論的接近——家族療法から社会学へ——　勁草書房.

Bruner, J. (1990). *Acts of meaning.* Cambridge, MA: Harvard University Press.（ブルーナー，J.　岡本 夏木・仲渡 一美・吉村 敬子（訳）(1999).　意味の復権——フォークサイコロジーに向けて——　ミネルヴァ書房）

Cooley, C. H. (1902). *Human nature and the social order.* New York, NY: Charles Scribner's Sons.

Erikson, E. H. (1959). *Identity and the life cycle: Selected papers.* New York, NY: International Universities Press.（エリクソン，E. H.　小此木 啓吾（訳編）(1973).　自我同一性——アイデンティティとライフ・サイクル——　誠信書房）

Hall, G. S. (1904). *Adolescence: Its psychology and its relation to physiology, anthropology, sociology, sex, crime, religion and education* (2 Vols.). New York, NY: D. Appleton and Comany.

石川 茜恵 (2019).　青年期の時間的展望——現在を起点とした過去のとらえ方から見た未来への展望——　ナカニシヤ出版.

James, W. (1890). *Principles of psychology* (2 Vols.). New York, NY: Henry Holt and Company.

梶田 叡一・溝上 慎一（編）(2012).　自己の心理学を学ぶ人のために　世界思想社.

神谷 俊次・伊藤 美奈子 (2000).　自伝的記憶のパーソナリティ特性による分析　心理学研究, *71*(2), 96-104.

勝俣 暎史 (1995).　時間的展望の概念と構造　熊本大学教育学部紀要 人文科学, *44*, 307-318.

木下 稔子（1999）．時間的展望の概念と測定法　光華女子大学研究紀要，*37*, 1-15.

Lewin, K. (1951). *Field theory in social science: Selected theoretical papers* (D. Cartwright (Ed.)). New York, NY: Harper & Brothers.（レヴィン，K.　猪俣 佐登留（訳）（1979）．社会科学における場の理論（増補版）　誠信書房）

Marcia, J. E. (1966). Development and validation of ego-identity status. *Journal of Personality and Social Psychology*, *3*(5), 551-558.

Marcia, J. E. (1967). Ego identity status: Relationship to change in self-esteem, "general maladjustment," and authoritarianism. *Journal of Personality*, *35*(1), 119-133.

松島 恵介（2001）．記憶と自己　日本児童研究所（編）．児童心理学の進歩 2001年版（pp. 127-153），金子書房.

Mead, G. H. (1932). *The philosophy of the present*. Chicago, IL: Open Court.

溝上 慎一（編）（2001）．大学生の自己と生き方——大学生固有の意味世界に迫る大学生心理学——　ナカニシヤ出版.

中島 千加子（2001）．自己についての語りの変容に見られる非行少女の立ち直り　日本教育心理学会第43回総会発表論文集，499.

中島 千加子（2002）．非行から立ち直りつつある少女の，過去の自己についての語りと，自己に対する語りかけとの関係——非行をしていた過去の自己とどのように向かい，受容し，未来を生きようとするのか——　日本発達心理学会第13回大会発表論文集，385.

大橋 靖史・鈴木 明人（1988）．非行少年の時間的展望に関する研究　日本犯罪心理学会第26回大会発表論文集，4-5.

奥田 雄一郎（2001）．過去展望への物語論的アプローチ——大学生は自分の過去をどのように意味づけているのか——（中央大学大学院2001年修士論文，未公刊）.

奥田 雄一郎（2002a）．時間的展望研究における課題とその可能性——近年の実証的・理論的研究のレヴューにもとづいて——　中央大学大学院研究年報 文学研究科篇，*31*, 333-346.

奥田 雄一郎（2002b）．大学生の過去展望に関する研究（1）——大学生は過去の出来事をどのように現在と関連づけているのか——　日本発達心理学会第13回大会発表論文集，325.

奥田 雄一郎（2003a）．時間的展望研究は人間の過去に対していかにアプローチするか——記憶研究との対比から——　中央大学大学院研究年報 文学研究科篇，*32*, 167-179.

奥田 雄一郎（2003b）．物語としての時間——時間的展望研究に対する物語論的アプローチの可能性についての検討——　論究，*35*, 1-16.

奥田 雄一郎（2004）．大学生の語りからみた職業選択時の時間的展望——青年期の進路選択過程における時間的展望の縦断研究——　中央大学大学院研究年報 文学研究科篇，*33*, 167-180.

奥田 雄一郎（2005）．生涯発達における時間の構造——時間的展望の構造に関する理論的検

討――　論究, *37*, 165-176.

奥田 雄一郎 (2008). 大学生の時間的展望の構造に関する研究――過去・現在・未来の満足度の相対的関係に着目して――　共愛学園前橋国際大学論集, *8*, 13-22.

奥田 雄一郎 (2011). 未来という不在をめぐるディスコミュニケーション　山本 登志哉・高木 光太郎 (編). ディスコミュニケーションの心理学――ズレを生きる私たち―― (pp. 115-135)　東京大学出版会.

奥田 雄一郎・半澤 礼之 (2003). 大学生の時間的展望の構造についての研究 (I)――新入生は自らの過去・現在・未来をどのように構造化しているのか――　第11回日本青年心理学会大会発表論文集, 42-43.

下島 裕美 (2008). 自伝的記憶と時間的展望　心理学評論, *51*(1), 8-19.

白井 利明 (1994). 時間的展望体験尺度の作成に関する研究　心理学研究, *65*(1), 54-60.

白井 利明 (1997). 時間的展望の生涯発達心理学　勁草書房.

白井 利明 (1999).「自分さがし」の青年心理研究法――青年心理学の学びによる自己の気づき――　心理科学研究会 (編). 新 かたりあう青年心理学 (pp. 49-90)　青木書店.

白井 利明 (2001a). 青年の進路選択に及ぼす回想の効果――変容確法の開発に関する研究 (I)――　大阪教育大学紀要 第IV部門 教育科学, *49*(2), 133-157.

白井 利明 (2001b). 青年の自己変容に及ぼす調査活動と結果のフィードバック――変容確認法の開発に関する研究 (II)――　大阪教育大学紀要 第V部門 教科教育, *50*(1), 125-150.

白井 利明 (2002). 大学から社会への移行における時間的展望の再編成に関する追跡的研究 (4)――大卒5年目における就職活動の回想――　大阪教育大学紀要 第IV部門 教育科学, *51*(1), 1-10.

白井 利明 (2008). 時間的展望と自伝的記憶　佐藤 浩一・越智 啓太・下島 裕美 (編著). 自伝的記憶の心理学 (pp. 138-148)　北大路書房.

園田 直子 (2002). 大学生の進路確定と時間的指向性　日本教育心理学会第44回総会発表論文集, 136.

徳田 治子・無藤 隆 (1999). 子育て期女性の時間的展望――重要な他者と生きる文脈における時間の認知構造――　日本発達心理学会第11回大会発表論文集, 242.

都筑 学 (1982). 時間的展望に関する文献的研究　教育心理学研究, *30*(1), 73-86.

都筑 学 (1993). 大学生における自我同一性と時間的展望　教育心理学研究, *41*(1), 40-48.

都筑 学 (1999). 大学生の時間的展望――構造モデルの心理学的検討――　中央大学出版部.

都筑 学・白井 利明 (編) (2007). 時間的展望研究ガイドブック　ナカニシヤ出版.

Wallace, M. (1956). Future time perspective in schizophrenia. *Journal of Abnormal and Society Psychology*, *52*(2), 240-245.

やまだ ようこ (2000). 人生を物語ることの意味――ライフストーリーの心理学――　やま

だ ようこ（編著）．人生を物語る──生成のライフストーリー──（pp. 1-38）　ミネルヴァ
書房．

第7章

広がる時間を生きる：
青年は現在・過去・未来をどう生きているのか？

石川　茜惠

1. なぜこの問題を研究しようと思ったのか
現在をイキイキと生きるには

1-1. 過去をどのようにとらえながら未来を展望し，現在を生きているのか

　人は現在を生きていますが，現在のことだけを考えて生きているでしょうか。過去を振り返ったり未来を見通したり，ときにそのような過去や未来に影響を受けながら現在を生きていたりはしないでしょうか。筆者がこのような意識について研究する時間的展望研究に興味をもちはじめてから10年以上がたちました。とくに，青年が「過去をどのようにとらえるか」「過去のとらえ方によって未来への展望はどのように変わるのか」，そのような「過去からみた未来展望は現在の行動をどのように動機づけるのか」という点に興味をもって研究を進めてきました。

　具体的には，「過去があるから今の自分がある」とか「過去の出来事はこれからに活かそうと思う」などは日常でよく聞かれるエピソードだと思いますが，こういった過去を現在や未来と関連づけているような人はどのような現在を生きているのかという点に関心をもっています。もちろんこれとは反対に，「過去のせいで今何もうまくいかなくなってしまった」とか「過去の出来事がなければ」といったエピソードもあると思います。このように過去にとらわれていたり，後悔したりしている人がどのような現在を生きているのかという点にも関心をもっています。たとえば大学受験で第一志望の大学に不合格となり，不本意入学になった学生がいたとします。このような状況で，その学生が「不合格になって今の大学に入学したからこそ，知り合えた大切な友人がいる」とか「今の大学に入学したおかげで学びたいこと・将来の目標がみつかった」

169

と思いながら現在を生きている場合，その現在はイキイキとした活動的な現在になっていることが推測されます。一方で，「こんな大学に通いたくなかった」「不合格になったせいで学びたいことが何も学べなくなってしまった」と思いながら現在を生きている場合，その現在は充実したものになっているとはいいがたいのではないでしょうか。また，思い描く未来も明るいものにはなりにくいように思います。このように，同じ過去の出来事でもそのとらえ方，とくに自身の現在や未来とどのように関連づけてとらえるかによって現在の行動や生き方が違ってくるという点に関心を寄せてきました。

1-2. 研究をはじめたきっかけと継続している理由

　前項で述べた現象に関心をもったきっかけについて話す前に，そもそも研究者になりたいと思ったきっかけについてお話しします。それは，大学・大学院時代の所属ゼミの指導教員であった都筑学先生（中央大学）が研究する姿をみて「大学教員って研究者なんだ。研究者という職業があるのか」と知り興味をもったからでした。もともと，中学生のときに臨床心理士がスクールカウンセラーとして配置されたことで心理学を知り，そのころから心理学にかかわる仕事がしたいという気持ちがありました。その後，上述したように研究者という存在を知り，研究者として心理学にかかわりたいと思うようになり，現在の職業選択につながっていきました。そのため，「この研究がしたい！」と思って研究をはじめたのではなく，「研究テーマは何にしよう」というテーマ探しからはじまったのが筆者の研究です。

　大学・大学院生活の中で研究テーマを探しているとき，2つ年下の弟が過去にあった失敗や嫌な出来事にとらわれて心の調子を崩し，これからの人生を「余生としか思えない」「何もしたいと思わない」と言っている時期がありました。弟とは仲がよかったため，弟が毎日をイキイキと生きていくためには何が必要なのかを考えるようになりました。さらに弟が「やっぱり問題に向き合わないといけないんだと思う」と言ったことで，時間，とくに過去への関心が高まっていきました。過去になぜとらわれてしまうのか，どうすれば前を向けるようになるのか，こういったことを，常に考えていたように思います。数年間

かかりましたが，弟はその後，お医者さんの支えや弟自身の頑張りによって回復し，今ではすっかり元気になりました。これが過去をどのようにとらえるかという点に関心をもったきっかけです。

　ただ，きっかけはあくまできっかけで，その後，研究を続ける動機になった経験は別にあります。これまで，質問紙調査を中心にしながらも，その中で面接調査や展望地図法（園田，2011），お手紙課題という質的調査を重ねてきました。これらの質的調査は，青年と直接話すことができ，青年の考えに直接ふれることができる貴重な機会でした。今まで誰にも話せなかった過去の出来事を話してくれたり，赤裸々に書いてくれたり，またそうして話したり書いたりしながら一生懸命前を向いて生きようとしている青年を知りました。一方で，過去の出来事にとらわれ，自分の人生をすでにあきらめていると話す青年にも出会いました。調査で話したり書いてくれたりした内容は，どんな内容でも今でも大切に保管しています。このような調査で青年と直接ふれあったことで，青年たちが何を考えながら今を生きているのかを多くの人に理解してほしい，また少しでも青年に還元できるような研究がしたいと思いながら研究を続けるようになりました。

1-3. 研究する理由を気楽に考える

　一方で，問いの出発点は大切にしつつも，ときにはもう少し気楽に考えてもよいのではないかとも思います。大学院生のころ，自分の研究が何の役に立つのか，社会的意義がどこにあるのか悩んだことがありました。なんとなく，研究をはじめたきっかけが大したことのないように思えたのです。身近な先輩に相談したところ，「自分が面白いと思う研究をすればいいんじゃない」という言葉をかけてくれました。研究の意義について長い間悩んでいた筆者は，その言葉でとても気が楽になり，面白いと思うこと，やってみたいことをベースに研究をしていきました。このときはそのほうが視野を広くもつことができ，いつもとは違うアイデアが出てきたように思います。また，大学院に在学中，国際時間的展望学会（International Conference on Time Perspective）が開催され，世界の時間的展望研究者とふれあえたことは筆者にとって大きな出来事でし

た。時間的展望研究者が時間的展望研究の発展を心から願っており，みんなで1つのものをさまざまな角度から明らかにしようとしているように感じ，自分もその一員になりたいと思ったからです。この気持ちも，筆者の研究活動を動機づけてくれています。

　きっかけや動機はさまざまだと思いますが，とても強いきっかけとなった出来事や疑問がなくては研究してはいけないということはありません。それこそ社会状況が変われば青年のもつ時間的展望も変化しますし，そんなときは自分の経験したきっかけや出来事にこだわるべきではないでしょう。そのため，研究のはじまりの問いは大切にしつつも，そのテーマの研究を継続するきっかけや動機はその時々で自分の中に存在していればいいというのが筆者の研究継続のスタイルです。そのほうが自分に合っていると思っています。もし研究の問いやきっかけがなくて悩んでいる人がいるのであれば，この文章がもう少し気楽に考えることのできるきっかけになればうれしいです。

2. どんな問いを立てたのか
青年の未来だけをみていていいのか

2-1. 青年の現在という視点から現象をとらえる

　さて，筆者が興味をもった「過去のとらえ方によって未来への展望はどのように変わるのか」「過去からみた未来展望は現在の行動をどのように動機づけるのか」という問いにかかわる現象ですが，これらの現象はどういった視点や理論でとらえればよいのでしょうか。筆者は時間的展望が専門ともいえるゼミに在籍していたため，時間的展望の視点に行き着くのは必然だったともいえますが，その前にまず，「青年の現在という視点に一緒に立つ」ということを意識して研究を進めてきました。指導教授の都筑先生にもご指導の中で「現実の青年から離れた研究になってはいけない」「青年の視点に立つように」とご助言いただいてきましたが，1-2で述べたように調査を通して直接青年とふれあったことで，より強く自分でもそう思うようになりました。そのため，抽象的な心理学的概念を研究するにあたって，現実の青年がみえなくなるような

概念同士の関連などの話に終始しないよう，常に「たとえばこういう青年がいて」という話ができるように心がけていました。逆に例が出てこないときには，青年に寄り添った研究になっているのか，青年から離れた研究になっていないかを確認するよい機会になりました。「過去をとらえる」のは現在であり，また「未来を展望する」のも現在という時点でのことです。その青年の現在という視点に一緒に立ち，そこから青年の思い描く未来を過去からみていくことで，現在を生きる青年の姿を明らかにしていこうと考えています。この視点に立つことで，主体的に自分の人生を形成しようとしている青年の姿を理解することができると思うからです。

2−2. 時間的展望の視点で現象をとらえる必要性

　次に，現象をとらえる視点として，時間的展望の視点でこの現象をとらえていきました。時間的展望とは，レヴィン（Lewin, K.：レヴィン, 2017, p. 77）によって「ある与えられた時に存在する個人の心理学的未来および心理学的過去の見解の総体」と定義された心理学的概念です。レヴィンは場の理論における心理学的場としての生活空間を構成する要素の1つとして時間的展望を位置づけました。つまり，個人の現在の行動は時間的展望を含む全体的な場によって決定されるということです。「過去からみた未来展望は現在の行動をどのように動機づけるのか」という問いには，記憶に関する研究や過去のネガティブな出来事に関する研究，未来に関する研究，動機づけに関する研究などさまざまな研究領域がかかわっています。しかし，現在においてどのように過去をとらえ，過去を現在や未来とどう関連づけているのか，そしてその思い描かれた未来によって現在はどのように動機づけられるのかという現在，過去，未来，そして現在という一連の連関過程を包括的にみていくには，時間的展望の視点によってみていく必要があると考えました。そのため，過去を含む時間に関するさまざまな領域の研究を，時間的展望の視点で整理するという作業をしていきました。

2-3.　時間的展望研究において明らかにされてきたことと研究の不足点

2-3-1.　未来が現在の行動を動機づける，青年にとって重要な未来

　先行研究を整理した結果，時間的展望研究では，現在の行動を動機づける要素としてとくに未来の側面に焦点が当てられ研究が多く積み重ねられてきたことがわかりました。その中では，目標の種類や特徴，内発的か外発的かという動機づけの種類や，思い描く未来がどれくらい先の未来なのかといった未来の長さの違いなど，未来展望（Future time perspective: FTP）の違いが動機づけの結果に影響を与えることが示されてきました（Lens et al., 2012; Nuttin & Lens, 1985）。また，目標設定を行っていく中で個人の未来展望（FTP）が発達することも指摘されてきました（Lens et al., 2012）。

　さらに青年期においては，就職や結婚といったライフイベントが間近に迫ることでとくに未来が重要な時期となることから，将来展望や目標などの未来の側面は，現在の行動を動機づける（Husman & Lens, 1999）点でより重要な意味をもつこと，このような未来に対する意識をもつことが，実際の行動を促している点や適応と関連している点が明らかにされてきました（de Volder & Lens, 1982; Mello, 2008; 山田, 2004）。また，大学の学業と将来の職業を結びつけて考えるといった現在と未来を接続する意識は，現在の行動や適応と関連しているが（溝上, 2009; 白井, 1997），それらの接続が青年の理想とされているかどうかという文脈の違いによっても現在への影響は異なることも明らかにされています（半澤・坂井, 2005）。

2-3-2.　過去の研究の不足

　以上のように，未来の側面と現在の行動について従来の研究が明らかにしてきたことは多くあり，貴重な知見です。一方で，青年の過去については実証的な研究が少なく，十分に明らかにされていないこともわかりました。とくに筆者が関心をもっていた，「過去のとらえ方によって未来への展望はどのように変わるのか」という点に含まれる過去と未来の関連については，相関分析やプロフィールによる研究，Balanced time perspective 等の研究（Andretta et al., 2013; Boniwell & Zimbardo, 2004; 日潟・齋藤, 2007; 都筑, 1999）で示されてきまし

たが，関連が示唆されるという域を出ていませんでした。しかし，未来志向と
される青年期においても，青年は過去を頻繁に回想していることや（Mello et
al., 2009; 長田・長田, 1994），過去のとらえ方によって未来に対する意識が異なる
可能性があること（日潟・齋藤, 2007; 尾崎・上野, 2001; 白井, 2001）も示唆されてお
り，青年にとって過去がどのような意味をもっているのか，過去と未来がどの
ように関連しているのかを明らかにすることが必要だと考えられました。

　また，フランク（Frank, L. K., 1939）やレヴィン（2017）は，過去を含めて時
間的展望を概念化しており，これまでに提案された時間的展望のモデル（勝俣,
1995; Mello & Worrell, 2015; 白井, 2008; 都筑, 1999）においても過去はもちろん含ま
れてきました。その中で，過去は現在時点において振り返る対象であり，個
人は現在や未来のために過去の経験を考慮したり参照したり（Lens et al., 2012;
Nuttin & Lens, 1985），ときには再解釈したり再定義し（都筑, 1999），またそこか
ら何かを学び取ったりして（勝俣, 1995），現在，未来と関連づけたり統合して
いくと位置づけられてきました。

　このように時間的展望の構造の中に過去が位置づけられているものの，未来
展望（FTP）の長さやその内容に過去がどのように関連しているのかという，
過去・現在・未来の連関を実証的に示した研究はほとんどありませんでした。
青年のみている自身の未来が，過去や現在と連続している未来なのか，断絶し
ている未来なのかによって青年の現在の行動や生き方は大きく異なってくると
推測されます。そのため，過去から未来をみていく研究を行う必要があると考
えています。

2－4. 青年の過去から未来を，そして現在をみることにどのような意義が
　　　あるのか

　ここまで，筆者の関心のある現象に関して先行研究を整理した結果から，青
年の過去から未来をみていく必要性と研究の必要性を述べてきました。では，
この研究にはどのような意義があるのでしょうか。筆者は，次の2点で意義が
あると考えています。

　第一に，これまでに得られてきた青年の時間的展望に関する知見に，新しい

知見と解釈を加えることができるということです。とくに，未来と現在だけを扱った研究知見からでは理解できなかった青年を，過去という視点からとらえることで，その生き方や心理的側面を再解釈できる可能性があります。たとえば，これまで青年は未来志向であることが示され，青年期を通して比較的安定していることが示されてきました（都筑, 2007）。しかし，思い描いている未来が常に現在の行動を動機づけているというわけではないかもしれません。「大学生のキャリア調査2013」（京都大学・電通育英会, 2013）では，「あなたは，自分の将来についての見通し（将来こういう風でありたい）を持っていますか」という質問に対して「持っている」と答えた学生は全体で67.6%いました。さらに「その見通しの実現に向かって，今自分が何をすべきなのか分かっていますか。またそれを実行していますか」という質問に対し，「何をすべきか分かっているし，実行もしている」と答えたのは37.5%，「何をすべきかは分かっているが，実行はできていない」と答えたのは17.4%，「何をすべきかはまだ分からない」と答えたのは45.1%となっていました。この調査からは，青年が将来に対して見通しをもっているものの，多くの青年が将来に向かって何をすべきかわからない状態にあることがわかります。つまり，将来の見通しをもっていると答えることができても，その未来が現在の行動を動機づける未来かどうかはわからないということです。このとき，未来だけをみるのではなく，自身の過去を現在や未来とどのように関連づけているのかを踏まえてみていくことで，現在の行動につながっている青年とそうでない青年の違いを説明することができると考えています。

　また，今までの時間的展望研究の流れに，本研究で得られた過去に関する研究知見を位置づけていくことで，時間的展望における過去のもつ意味をより明確に示していくことができます。これにより，時間的展望研究の発展につながることが期待されます。

　第二に，これまでにも述べてきたように，現在において過去をどのようにとらえ，未来をどのようにみているのかという視点は，青年の現在という視点に立った時間的展望研究です。このような視点をもって研究することで，主体的に自分の人生を形成しようとしている青年の姿を理解することができるのではないでしょうか。これまでの研究では，青年がどのような未来を思い描いてい

るのか，またどんな未来が現在の行動を動機づけているのかといった，青年の
外から時間的展望を明らかにしてきたといえます。一方で，青年の現在という
視点に立ちながらその過去から未来をみるというアプローチは，青年と同じ視
点に立った時間的展望を明らかにしようとするものであり，青年が過去・現
在・未来に対してどのように主体的にかかわろうとし，現在にどう生きている
のかという主体的な側面をみることができます。このような時間的展望に関す
る知見は，キャリア教育やキャリア支援の領域においても有益な知見となると
考えられます（下村ほか, 2007参照）。やりたいことや将来の目標に基づいた人生
形成を行う者が多いとされる青年（溝上, 2004; 2010）の未来が，過去をどのよう
に踏まえたうえで，また過去とどのように関連づけられたうえで見通されてい
るのかを明らかにすることで，青年が形成しようとしている人生を理解するこ
とができます。

　以上のことから，青年の現在という視点に立ち，過去から未来，そして現在
をみていく研究が必要であり，この研究には意義があると考えました。

2-5. 研究の目的

　以上でみてきたように，これまでの時間的展望の研究，とくに青年期を対象
とした研究では，青年が思い描く未来を研究対象としたものが多く，その未来
が現在の行動をどのように動機づけているかという点を明らかにしてきまし
た。しかし，過去のとらえ方が未来展望に影響を与えていること，それらに関
する実証的な研究が少ないことから，実証的な研究を積み重ねたうえで，現
在，過去，未来，そして現在という流れを明らかにする必要があると考えまし
た。そこで筆者は次の研究目的を設定し，研究を進めていきました。

研究の目的

> 　青年における時間的展望を，現在・過去・未来の3時点をセットとして
> とらえ，その連関過程を明らかにすることを目的とする。

　具体的には次の3つの課題を設定し，①～③の手順で研究を実施しました。

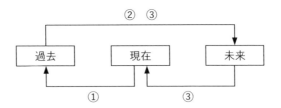

図1　本研究における研究課題と検討手順

①現在の状況によって過去のとらえ方がどのように規定されるのか。

②過去のとらえ方によって未来への展望がどのように異なるのか。

③過去からみた未来展望は現在の行動をどのように動機づけるのか。

　図1は本研究における研究課題の検討箇所とその手順を図にしたものです。第3節では研究の準備と得られた結果について，第4節では得られた結果の意義について説明します。

3. どんな研究をし，何がわかったのか
現在・過去・未来の連関過程の検討

3-1. 研究の準備を整える

　現在・過去・未来の連関過程を明らかにするためにはどのような方法をとればよいのでしょうか。

　まず，「過去のとらえ方によって未来展望が変わる」という点は先行研究から示唆されてきたものの，実証されているとはいいがたい状況でした。そもそも，青年が自身の過去をどのようにとらえているのかを包括的に測定できるような心理尺度はありませんでした。そのため，まず青年が自身の過去をどのようにとらえているのかを複数の側面から測定することのできる尺度を作成することが必要となりました。次に，この尺度を用いて研究を実施し，研究課題の①・②・③を明らかにしていく必要がありました。

　以下では，作成された尺度，そして現在の状況によって過去のとらえ方がど

のように規定されていたのか，過去のとらえ方タイプ別にみた未来展望の特徴はどのようであったか，現在・過去・未来の連関に関するパス図による検討結果，縦断調査結果を紹介し，最後に複数の調査結果から得られた時間的展望における連関過程のモデル図について紹介します。

3-2. 尺度の作成

　まず，前項で述べたように，青年の過去のとらえ方を測定するための尺度を作成しました。上述したとおり，青年期を対象とした研究では青年の過去を扱った研究は少なく，青年がどのように過去をとらえているのかは明らかにされていなかったからです。過去に対して肯定的か否定的かという感情を一次元的に測定する尺度はありましたが，「過去があるから今がある」とか，「過去の出来事はこれからに活かそうと思う」という側面については，よく耳にする言葉であるにもかかわらず測定できる尺度はありませんでした。自由記述調査等の質的調査に基づき尺度項目を作成し，信頼性と妥当性を検討するための質問紙調査を実施し，「過去のとらえ方尺度」と「時間的関連性尺度」の2つを作成しました。それぞれ，青年の過去のとらえ方を5つの側面から測定することのできる尺度と，過去と現在，現在と未来をどのように関連づけているかを測定できる尺度になっています。詳細については，石川（2013; 2019）を参照してください。それぞれの尺度の下位尺度および代表的項目を以下に示します。

【過去のとらえ方尺度】（石川, 2013）
連続的なとらえ：「過去のマイナスな出来事は，自分の糧になった」
否定的態度　　：「過去に対して，後悔をしていることが多い」
受容的態度　　：「過去に向き合うようにしている」
わりきり態度：「マイナスな出来事は，忘れてしまうことが多い」
否定的認識　　：「自分の過去は暗い思い出が多い」

【時間的関連性尺度】（石川, 2019）
過去―現在関連性尺度

　変化への肯定：「過去から現在にかけて変わったことで，良かったと思う面がある」

　肯定的一貫性：「過去から現在にかけて，自分にとって変わらずに好きなことがある」

　変化への否定的評価：「過去の出来事のせいで，自分は変わってしまったと思う」

　否定的一貫性：「自分には，過去から現在にかけて，変わらない嫌なところがある」

現在―未来関連性尺度

　改善への希望：「今から未来に向けて，良くなれるように頑張りたい」

　一貫性の希望：「今もこれからも，自分らしくあり続けたい」

　否定的一貫性の予測：「今から未来にかけて，自分の中でダメだと思う面は，変わらないと思う」

　これらの尺度を用いて，現在の状況によって過去のとらえ方がどのように規定され（研究課題①），また過去のとらえ方によって未来への展望がどのように異なるのか（研究課題②）という点について明らかにするため，それぞれ3つの質問紙調査を行いました。

3-3. 現在の状況によって過去のとらえ方がどのように規定されるのか

　現在の状況によって過去のとらえ方がどのように規定されるのかを明らかにするため，現在の感情として充実感と空虚感を取り上げ，その違いによってどのように過去のとらえ方が異なっているかを検討しました。表1は，その結果をまとめたものです。充実感と空虚感の高低に基づき，過去のとらえ方で得点が高かったものに＋，低かったものに－がつけてあります。それぞれ，得点が高いとその過去のとらえ方が高いことを示しています。

　この結果からは，現在の感情としての充実感が高く，空虚感が低い青年は，過去を現在や未来と連続したものとしてとらえており，否定的な認識や態度をもっていないことがわかりました。

表1　現在の感情による過去のとらえ方の違い（石川，2019をもとに作成）

		過去のとらえ方				
		連続的なとらえ	否定的態度	受容的態度	わりきり態度	否定的認識
現在の感情	充実感　低	−	+			+
	充実感　高	+	−			−
	空虚感　低	+		+		
	空虚感　高	−	+	−		+

　また，現在の状況として学生生活タイプ（溝上，2009）を取り上げ，生活スタイルの違いによってどのように過去のとらえ方が異なっているかという点を検討しました。その結果，学生生活タイプとしては大学生活においてあまり活動的ではない活動低群，大学生活の中心的な活動が友人と交際することである交際群，「インターネット・ゲーム・マンガ」などに時間を費やしている娯楽群の3タイプが見出されました。このうち，活動低群にあたる青年は，とくに他者との交際が活発な青年に比べて過去を否定的に認識していることがわかりました。

3-4. 過去のとらえ方の違いによって未来展望がどのように異なるのか

　次に，過去のとらえ方によって未来展望がどのように異なるのかを明らかにするため，まず過去のとらえ方のタイプを抽出することにしました。そのため，過去のとらえ方尺度の下位尺度を用いて質問紙調査を行い，クラスタ分析を行いました。得られたタイプは次の6タイプです。

【過去のとらえ方の6タイプ】
1. 葛藤群：過去に対して肯定的にも否定的にもとらえており，葛藤していると考えられる群
2. 肯定群：否定的なとらえ方が低く，肯定的なとらえ方が高めの群
3. 無関心群：過去をとらえるという意識の薄さがうかがえた群
4. 不安定群：わりきりが高いが，他の4下位尺度の特徴ももっており，過去をとらえる意識が安定していない群
5. 統合群：過去を過去として受け止め，連続的にとらえている群

181

表2　過去のとらえ方6タイプと未来展望の関連 （石川, 2019をもとに作成）

| | | 未来展望の種類 | | | |
		自己形成意識	将来への希望	将来目標の有無	目標数
過去の とらえ方 タイプ	葛藤群		−	+	
	肯定群	+	+		
	無関心群	−	−	−	−
	不安定群	+			
	統合群	+	+	+	+
	とらわれ群	−	−	−	

6. とらわれ群：過去に対する否定的な態度や認識が強く，過去にとらわれて
　いる群

　次に，得られたタイプごとに，未来展望の各側面である自己形成意識（中間,
2007），目標意識（都筑, 1999より「将来への希望」「将来目標の有無」の2下位尺度を
使用），目標数について違いをみていきました。表2は，その結果をまとめたも
のです。各タイプで，得点が高かったものに＋，低かったものに−がつけてあ
ります。それぞれ，得点が高いとその意識が高い・多いことを示しています。
　この結果からは，まず，過去を肯定的にとらえていたり現在や未来と統合し
てとらえている場合（統合群・肯定群）には，自己形成意識や将来の目標をもつ
といった目的的な未来への意識と，将来への希望といった非目的的な未来への
意識のどちらも高めることがわかりました。反対に，過去に対して無関心で
あったりとらわれている場合には，どちらの未来への意識ももちにくいことが
わかりました（無関心群・とらわれ群）。さらに細かくみていくと，過去に対し
て否定的な認識や態度をもっていても（葛藤群・不安定群），過去を受容的にと
らえようとする態度や，連続的にとらえようとする態度をもつことで，自己形
成意識や将来の目標をもつといった目的的な未来への意識を高めることがわか
りました。一方で，肯定的な意識をもっていても，過去に向き合えていない様
子であったり，強く葛藤している，とらわれていることは（葛藤群・不安定群），
将来への希望といった非目的的な未来への意識をもちにくくさせることがわか
りました。

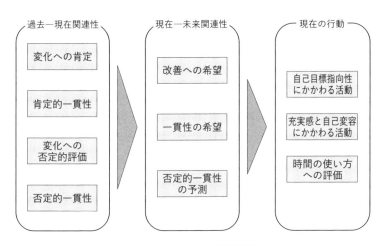

過去―現在関連性

- 変化への肯定
- 肯定的一貫性
- 変化への否定的評価
- 否定的一貫性

現在―未来関連性

- 改善への希望
- 一貫性の希望
- 否定的一貫性の予測

現在の行動

- 自己目標指向性にかかわる活動
- 充実感と自己変容にかかわる活動
- 時間の使い方への評価

図2　現在・過去・未来の連関過程の検討

3-5. 過去から未来，そして現在の行動という連関に関するモデルの検討

　3-3，3-4で紹介した結果は，現在が過去をどう規定するか，過去のとらえ方によって未来展望がどう異なるかという点について別々に検討したものでした。研究課題③である連関過程を示すには，過去・現在・未来の3つの時間を同時に扱っていく必要があります。そのため，まず過去・現在・未来という3時点を用いて図2に示すような関係モデルをもとにパス図を作成し，検討を行いました。ここでは，時間的関連性尺度と現在の行動に関する尺度（時間の使い方に対する評価；石川，2019で独自に作成），日常的自己形成活動に関する項目（山田，2004）を使用しました。日常的自己形成活動に関する尺度は，「充実感と自己受容」「自己目標志向性」の下位尺度から構成され，それぞれの得点の高さは「充実感や自己受容感が得られる活動を行っている」「目標にかかわる活動を行っている」程度が高いことを示すものです。

　共分散構造分析を用いたパス解析の結果，次のことが明らかになりました。

3-5-1. 過去から現在，そして現在から未来へ

　過去から現在にかけて変化してきた自分を肯定的に評価すること（変化への

肯定）や過去から現在まで自分の中に一貫してポジティブな側面があると感じること（肯定的一貫性）は，現在から未来に向けてよりよくなりたいという意識（改善への希望）につながり，またこれからも今の自分のままでいたいという意識（一貫性の希望）を高めていました。さらに，自己や環境のネガティブな側面がこのまま変わらないだろうという意識（否定的一貫性の予測）を減少させていました。

　過去から現在まで自分の中に一貫してポジティブな側面があると感じること（肯定的一貫性）は，これからも今の自分のままでいたいという意識（一貫性の希望）につながり，さらに現在から未来に向けてよりよくなりたいという意識（改善への希望）にもつながっていました。また，自己や環境のネガティブな側面がこのまま変わらないだろうという意識（否定的一貫性の予測）を減少させていました。

　過去から現在にかけて自分の中に一貫してネガティブな側面があると感じていること（否定的一貫性）は，現在から未来に向けてよりよくなりたい（改善への希望）という意識を高め，これからも今の自分のままでいたいという意識（一貫性の希望）を減少させていました。その一方で，このまま変わらないだろうというネガティブな予測（否定的一貫性の予測）にもつながっていました。

3−5−2. 現在から未来，そして現在の行動へ

　現在から未来にかけてこれからも今の自分のままでいたいという気持ち（一貫性の希望）をもっていると，現在における「目標にかかわる活動」や，「充実感・自己受容感を得られる活動」を動機づけ，さらに現在における「時間の使い方への評価」を肯定的にさせていました。また，現在から未来に向けてよりよくなりたいという意識（改善への希望）をもつことは，現在の「目標にかかわる活動」を高めている一方で，「時間の使い方への評価」を否定的にさせていました。また，自分はこのまま変わらないだろうというネガティブな予測（否定的一貫性の予測）は，「時間の使い方への評価」を低めていました。

3−5−3. 現在の行動はどのように動機づけられるか

　以上の結果から，過去から現在の変化や一貫性に対する意味づけ方は，現在

から未来にかけての意識に影響を与え，さらに現在から未来にかけての意識は現在の行動を動機づけることが明らかになりました。

　しかし，過去から現在にかけて変化してきた自分を肯定的に評価することや，過去から現在まで自分の中に一貫してポジティブな側面があると認識していることから生じる「変わっていきたいという希望」と，過去から現在にかけてネガティブな自分が変わらずにあり続けているという認識から生じる「変わっていきたいという希望」は，異なる文脈から生まれた希望といえます。このような異なる文脈から生じた改善への希望は，現在の行動や時間の使い方への評価に異なる影響を与える可能性があります。すなわち，未来への展望においても，その意識が生まれた文脈の違い（水間, 2002）を考慮する必要が示唆されました。

3−6.　現在，過去，未来，そして現在という連関過程を明らかにするために

　最後に，現在，過去，未来，そして現在という連関過程の流れを示すために，短期縦断調査を実施しました。現在の状況によって過去のとらえ方が規定され，過去のとらえ方によって未来展望が変化し，その未来展望によって現在の行動が動機づけられるという連関過程を示すには，時間という変数を研究に取り入れなければ明確に示すことができません。時間という変数を取り入れることによって，現在の状況の変化をみることができ，それによって過去のとらえ方がどう変化したかをみることができます。そして，過去のとらえ方が変化した際，未来展望がどのように変化したかをみることによって，その関連を明確に示すことができます。したがって，図3のような短期縦断調査を計画しま

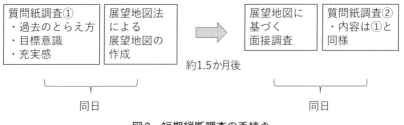

図3　短期縦断調査の手続き

した。これまで部分的に検討してきた過去・現在・未来を同時に扱うことのできる技法である展望地図法（園田, 2011）と面接調査を実施し，その前後で時間的展望に関する質問紙調査を行う流れです。展望地図法は「自分自身に関する記述を時間軸に沿って空間的に配列し，過去・現在・未来の自分がどのように関連しながら変化していくかを視覚的に確かめる技法」（園田, 2011）です。地図の作成および地図に基づく面接を通して他者に自身の過去・現在・未来を説明することにより，時間的展望が肯定的に変化する可能性があったため使用しました。以下では，展望地図作成および面接前後で，時間的展望がどのように変化したかを紹介します。

3−6−1. 展望地図作成および面接前後における時間的展望の変化

　展望地図の作成と展望地図に基づく面接調査の前後で，時間的展望がどのように変化したかを検討した結果，過去のとらえ方のうち，「受容的態度」と「連続的なとらえ」は肯定的に変化し，「否定的認識」が低くなっていました。次に，未来の側面においては，「将来目標の有無」「将来への希望」の得点が高くなっていました。最後に，現在の感情として測定した「空虚感」は低くなっていました。

　以上の結果から，展望地図作成と面接調査において過去を振り返り，過去・現在・未来のつながりを他者に向けて自分なりに説明することによって，過去のとらえ方は肯定的なものへと変化すること，それに伴い未来展望も肯定的なものへと変化することが明らかにされました。さらに，そのような未来展望に基づいた生活を送ってきたことによって，感じていた空虚感が低くなり，以前より充実した現在を送れていることが推測されます。

4. それが実践にもつ意義は何か
　青年の現在という視点に立つ

4−1. 現在・過去・未来の連関過程

　第3節では，現在の状況によって過去のとらえ方がどのように規定され，過

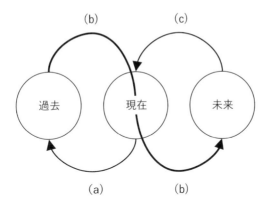

図4　青年期における時間的展望の現在・過去・未来の連関過程
（石川, 2019をもとに作成）

去のとらえ方によって未来への展望がどのように異なるのか，そしてそのような未来展望によって現在の行動がどのように動機づけられるのかという点を明らかにするために行ってきた調査，また得られた結果を紹介してきました。

　これらの一連の研究結果をまとめると，青年期後期にあたる大学生の時間的展望は，現在を起点として現在，過去，未来が関連づけられながら変化していくことが明らかにされました。その結果考えられたのが図4に示す青年期における時間的展望の現在・過去・未来の連関過程のモデル図です。

　モデル図4では，（a）現在という時点において過去を受け入れること，過去と現在の関連に対する意味づけが肯定的なものへと変化することで，（b）未来への展望が肯定的な，強い動機づけをもつものへと変化し，（c）その未来展望に現在の行動が動機づけられる，そして動機づけられた行動によって変化した現在の生活感情や生活スタイルという新しい現在の状況において，（a）また過去がとらえられていく，という連関過程が示されています。このように，時間的展望は，現在，過去，未来，そして現在という順序で連関しながら変化し，形成されていくと推測されます。

　本モデルを用いて青年をみていくことで，青年がどのように自分の人生にかかわり，形成していこうとしているのか，という人生形成における主体的な側面をみていくことができると考えられます。

4-2. 現在・過去・未来の連関過程を明らかにした意義

　青年の過去から未来をみていく研究の意義については，すでに2-4において述べましたが，もう一度得られた結果の意義についてまとめたいと思います。

　第一に，時間的展望研究がこれまでに明らかにしてきた知見に対し，再解釈できる可能性を示したことです。これまでの時間的展望研究では，未来展望が現在の行動を動機づけるということについて，多くのことを明らかにしてきました。しかし，過去をどのようにとらえたうえで未来を見通しているのか，そしてその過去からみた未来は現在をどのように動機づけているのかという点は明らかにされてきませんでした。本章で紹介した結果から，過去のとらえ方によって未来展望が異なること，またその未来展望が現在を動機づけるという点においては，それまでの文脈を考慮する必要性が示唆されました。たとえば，ある人では，過去をポジティブにとらえることで，未来展望もポジティブなものになり，かつその未来が主体的に選択した未来や目標であるときには，現在の行動を動機づける程度が高くなる可能性があります。一方で，過去をネガティブにとらえている人では，目標をもつことができていたり，変わりたいという希望をもつことができていたりしても，その目標や希望が現在の行動を動機づける程度が先のタイプの人とは違うかもしれません。このように，未来と現在だけをみていても理解できなかった青年を，過去をどのようにとらえているのかという視点からとらえることによって理解することができる可能性を示しました。

　第二に，青年の現在という視点に立って研究をすることで，主体的に自分の人生を形成しようとしている青年の姿を理解することができることです。青年は，未来に目標をもってそれに向かって行動しているというだけではなく，過去をとらえながら現在，未来と関連づけ，自分の人生をどのように生きていくべきか考え行動しています。キャリア教育やキャリア支援においてその対象となる青年を支援する際には，このような青年の現在・過去・未来を含めて支援していくことが求められるのではないでしょうか。

4−3. 今後の展望

　本章では質問紙調査の結果を中心に紹介してきましたが，一連の研究の中では，面接調査や自由記述調査といった質的調査も実施してきました。その中で，現在という時点への介入可能性が示されたことから，その後，お手紙課題という調査を実施しました。教示は次の内容でした。下線は，自由に書いてもらうために強調した箇所です。

> 　お手紙課題の教示：あなたはこれまでの人生において，良い出来事も悪い出来事も含めて，いろいろな出来事を経験してきたと思います。あなたが，これまでどうやって生きてきたのか，どのように人生を送ってきたのか，私に手紙を書いて教えてくれませんか？
> 　家族，友人，恋愛，自分の性格のこと，どんな出来事を経験してきたかなど，自分の人生を語るには欠かせない出来事や書きたいことがあればなんでもお書き下さい。テーマと関係ないから……と書いてはいけないことはありません。お手紙おまちしています。

　これは，他者（調査者）に向けて過去から現在までの出来事を手紙として書くことで，時間的展望に変化が起こるのかどうかを明らかにするために実施したものです。結果としては，数値として明確な変化はみられませんでしたが，文面の最後に未来展望について言及した手紙が全体の約64％を占めていました。これからの未来について書いてくださいということは伝えていないにもかかわらず言及が多かったことは，過去を他者に向けて語るということの効果の1つとして，またその後の時間的展望の変化のはじまりとして注目に値することです。今後，時間的展望における現在・過去・未来の連関過程をより明らかにするために，さらに長期の縦断的調査や介入調査を実施する必要があります。

　また，過去をどのようにとらえるかをキーワードにして研究を進めてきましたが，過去は肯定的にとらえなければいけないものなのか，過去を肯定的にとらえることができたり受容できたりするには，他者に向けて話すということの

他には何が必要なのかをより丁寧に明らかにしていく必要があるでしょう。た
とえば身近な他者の死を含む喪失体験など，肯定的にとらえることができない
出来事もあります。喪失体験からの回復過程においては回復のきっかけとなる
出来事や，喪失体験後にさまざまな出来事を経験した後に徐々にポジティブに
とらえられるようになっていくことが示されていますが（武井ほか，2011），きっ
かけとなる出来事の特徴や，それらと過去の出来事をどのように関連づけてい
るのか，きっかけとなる出来事がない場合にはポジティブに変化しないのかな
ど，検討すべき課題はまだまだあります。これらを丁寧に明らかにしていくこ
とで，現在・過去・未来の連関過程に関するモデルも充実していくでしょう。

　最初に述べたように，筆者は筆者の関心から時間的展望の研究をはじめまし
たが，これからの時代，時間的展望の研究はより必要とされると考えていま
す。現代社会では価値観や人生の選択肢が多様化し，選択ができ，生きやすく
なった側面もある一方，先のみえない，見通しのもちにくい社会といわれは
じめてからすでに何十年もたちました。2022年6月現在においては，新型コロ
ナウイルス感染症の流行という状況から，今後，いつ生活が前のように戻るの
か，生活スタイルを変えていく必要があるのか，また雇用や働き方の問題も出
てきており，ますますどのように生きていくのかわからない状況になっていま
す。このような見通しのもちにくい社会で，どのように職業や結婚などのライ
フイベントを選択していくのかは以前よりも難しい課題となっていくのでは
ないでしょうか。サビカス（Savickas, M. L.；サビカス，2015）も指摘するように，
過去や現在を意味づけながら，未来を構築していく，柔軟な時間的展望をもっ
ていく必要があるのではないでしょうか。今後，現在・過去・未来という連関
過程に着目した研究がより発展していくことを望んでいます。

[引用文献]

Andretta, J. R., Worrll, F. C., Mello, Z. R., Dixson, D. D., & Baik, S. H. (2013). Demographic group
　differences in adolescents' time attitudes. *Journal of Adolescence*, *36*(2), 289-301.

Boniwell, I., & Zimbardo, P. G. (2004). Balancing time perspective in pursuit of optimal functioning.
　In P. A. Linley & S. Joseph (Eds.). *Positive psychology in practice* (pp. 165-179). Hoboken, NJ: John

Wiley & Sons.

de Volder, M. L., & Lens, W. (1982). Academic achievement and future time perspective as a cognitive-motivational concept. *Journal of Personality and Social Psychology*, *42*(3), 566-571.

Frank, L. K. (1939). Time perspectives. *Journal of Social Philosophy*, *4*, 293-312.

半澤 礼之・坂井 敬子（2005）．大学生における学業と職業の接続に対する意識と大学適応――自己不一致理論の観点から――　進路指導研究，*23*（2），1-9.

日潟 淳子・齋藤 誠一（2007）．青年期における時間的展望と出来事想起および精神的健康との関連　発達心理学研究，*18*（2），109-119.

Husman, J., & Lens W. (1999). The role of the future in student motivation. *Educational Psychologist*, *34*(2), 113-125.

石川 茜恵（2013）．青年期における過去のとらえ方の構造――過去のとらえ方尺度の作成と妥当性の検討――　青年心理学研究，*24*（2），165-181.

石川 茜恵（2019）．青年期の時間的展望――現在を起点とした過去のとらえ方から見た未来への展望――　ナカニシヤ出版.

勝俣 暎史（1995）．時間的展望の概念と構造　熊本大学教育学部紀要 人文科学，*44*，307-318.

京都大学・電通育英会（2013）．大学生のキャリア意識調査2013.

Lens, W., Paixão, M. P., Herrera, D., & Grobler, A. (2012). Future time perspective as a motivational variable: Content and extension of future goals affect the quantity and quality of motivation. *Japanese Psychological Research*, *54*(3), 321-333.

Lewin, K. (1951). *Field theory in social science, Selected theoretical papers* (D. Cartwright (Ed.)). New York, NY: Harpers.（レヴィン，K.　猪俣 佐登留（訳）（2017）．社会的葛藤の解決と社会科学における場の理論Ⅱ 社会科学における場の理論　ちとせプレス）

Mello, Z. R. (2008). Gender variation in developmental trajectories of educational and occupational expectations and attainment from adolescence to adulthood. *Developmental Psychology*, *44*(4), 1069-1080.

Mello, Z. R., & Worrell, F. C. (2015). The past, the present, and the future: A conceptual model of time perspective in adolescence. In M. Stolarski, N. Fieulaine, & W. van Beek (Eds.). *Time perspective theory; Review, research and application: Essays in Honor of Philip G. Zimbardo* (pp. 115-129). Switzerland: Springer International Publishing AG.

Mello, Z. R., Worrell, F. C., & Andretta, J. R. (2009). Variation in how frequently adolescents think about the past, the present, and the future in relation to academic achievement. *Research on Child and Adolescent Development/Diskurs Kindheits- und Jugendforschung Diskurs Kindheits- und Jugendforschung*, *2*, 173-183.

溝上 慎一（2004）．現代大学生論――ユニバーシティ・ブルーの風に揺れる――　日本放送

出版協会.

溝上 慎一（2009）．「大学生活の過ごし方」から見た学生の学びと成長の検討——正課・正課外のバランスのとれた活動が高い成長を示す——　京都大学高等教育研究, *15*, 107-118.

溝上 慎一（2010）．現代青年期の心理学——適応から自己形成の時代へ——　有斐閣.

水間 玲子（2002）．自己形成意識の構造について——これまでの研究のまとめと下位概念間の関係の検討——　奈良女子大学文学部研究年報, *46*, 131-146.

中間 玲子（2007）．自己形成の心理学　風間書房.

Nuttin, J., & Lens, W. (1985). *Future time perspective and motivation: Theory and research method.* Leuven, Belgium: Leuven University Press.

長田 由紀子・長田 久雄（1994）．高齢者の回想と適応に関する研究　発達心理学研究, *5*(1), 1-10.

尾崎 仁美・上野 淳子（2001）．過去の成功・失敗経験が現在や未来に及ぼす影響——成功・失敗経験の多様な意味——　大阪大学大学院人間科学研究科紀要, *27*, 63-87.

Savickas, M. L. (2011). *Career counseling.* Washington, DC: American Psychological Association.（サビカス, M. L.　日本キャリア開発研究センター（監訳）(2015)．サビカス キャリア・カウンセリング理論——〈自己構成〉によるライフデザインアプローチ——　福村出版）

下村 英雄・白井 利明・川﨑 友嗣・若松 養亮・安達 智子（2007）．フリーターのキャリア自立——時間的展望の視点によるキャリア発達理論の再構築に向けて——　青年心理学研究, *19*, 1-19.

白井 利明（1997）．時間的展望の生涯発達心理学　勁草書房.

白井 利明（2001）．青年の進路選択に及ぼす回想の効果——変容確認法の開発に関する研究（I）——　大阪教育大学紀要 第IV部門 教育科学, *49*(2), 133-157.

白井 利明（2008）．時間的展望と自伝的記憶　佐藤 浩一・越智 啓太・下島 裕美（編著）. 自伝的記憶の心理学（pp. 138-148）北大路書房.

園田 直子（2011）．時間的展望を形成する方法としての「展望地図法」の開発とその効果の検討　久留米大学心理学研究, *10*, 22-30.

武井 優子・嶋田 洋徳・鈴木 伸一（2011）．喪失体験からの回復過程における認知と対処行動の変化　カウンセリング研究, *44*(1), 50-59.

都筑 学（1999）．大学生の時間的展望——構造モデルの心理学的検討——　中央大学出版部.

都筑 学（2007）．大学生の進路選択と時間的展望——縦断的調査にもとづく検討——　ナカニシヤ出版.

山田 剛史（2004）．現代大学生における自己形成とアイデンティティ——日常的活動とその文脈の観点から——　教育心理学研究, *52*(4), 402-413.

第8章

他者とつながる身体：
他者に支援してもらうと虐待は起こりやすくなるのか？

1. なぜこの問題を研究しようと思ったのか
人間は一人で生きているのだろうか？

　本章では要介護高齢者のことを取り上げて「人間は一人では生きていけない」ということについて考えてみたいと思います。この「一人では生きていけない」というフレーズは誰もが一度は聞いたことがあると思います。たとえば母親から「人間は一人では生きていけないんだから，感謝しなさい」といったことを言われたという経験がある人は少なくないでしょう。もちろんご飯を作ってくれる人がいて，洗濯してくれる人がいて……という意味で「人間は一人では生きていけない」というわけです。これは，自分でできるけれど，他者に頼っているということになると思います。しかしここではそうではなく，要介護高齢者という他者のケアを受けて生活している人たちからこのことを考えてみたいのです。

　ところで，みなさんは「ケア」と聞いてどんなことを思い浮かべるのでしょうか。このケアに似た言葉には介護や介助，看護，もしくは気配りといった言葉があります。私が本章で言いたいことに近い日本語は，介護や介助だと思います。しかしこの言葉では看護や気配りといった意味を取り逃してしまいます。私は看護やいわゆる介護には含まれにくい気配りといった意味も含めたいと考えました。

　なぜ要介護高齢者のことを取り上げて他者からのケアを受けて生きていくことについて研究しようと思ったのかというと，人間は自分の意思で行動できるのが当たり前だと思っているけれど，それは本当だろうか，人間が受け身にならざるをえないことがあるのではないかと考えたことです。そこから，人間の身近にある自分の意にならないものとして身体があると考えました。身体は自

分の意思とは関係なく大きくなっていったり，衰えていったりします。そのうち，成長期といわれる時期における身体の変化は，比較的受け入れることができるでしょう。それに対して，老年期における身体の変化は，それ自体を受け入れることは難しいことでしょう。高齢者が「最近，身体がいうことをきかない」と言い，イライラしていたり，無気力になってしまっている様子をみたことがある人もいると思います。高齢者にとっての老化という身体的変化は受け入れるのが難しいようなのです。しかも，自らの力では生活できず，他者に頼る必要があったとしても，その他者に頼ることがなかなかできない高齢者も少なくありません。

　このように，老年期における身体変化に伴う他者との関係性の変化というのは他の時期に比べて問題化しやすいといえます。その1つに"要介護"があります。他者からの介護が必要な高齢者のことを要介護高齢者といいます。"要介護"という介護を要する状態はどのような状態なのか，そして，他者からのケアを受けずにはいられないがゆえに他者との間で起こってしまう"虐待"の問題があります。

　虐待は，要介護高齢者にとって嫌なことであるのは想像に難くないですし，ケアをするケア労働者も虐待をしたくてするわけではないでしょう。「イライラしてつい叩いてしまった」といった人がほとんどなのではないでしょうか。ですから，ケア労働者にとっても虐待はないほうがいいのです。にもかかわらず虐待が起こる背後には「自立と依存の枠組み」が隠れているようです。

　「自立と依存の枠組み」というのは，ケア労働者とケアを受ける要介護高齢者が自立と依存をどのようにとらえているのか，その認識の枠組みのことです。自立と依存をどのようにとらえているのかということが両者の間で起こる虐待を理解するのにとても重要になってくるため，詳しくは第3節以降で述べています。

　このように要介護高齢者にとってもケア労働者にとっても嫌なのに起こってしまっているのが虐待であるならば，その虐待がなくなるためにはどうすればいいのだろうか，その背後にある「自立と依存の枠組み」とはどういうものなのだろうかということについて研究したいと考えるようになりました。

　本章では要介護という身体の状態にある高齢者を取り巻く問題について取り

上げています。その際，障害者に関する話も取り上げます。障害者，とくに身体的なケアを要する障害者も，要介護高齢者同様，日常生活において他者からのケアを受けながら生活しています。この障害者に関する議論は，要介護高齢者の問題を考えるのに非常に参考になります。そのため，本章では障害者に関する話もたくさん出てきます。

2.　どんな問いを立てたのか
ケア関係における「自立と依存の枠組み」はどうあるべきか？

　前節のような問題に取り組むにあたり，本節ではそもそも身体が不自由になる老年期とはどういう時期なのだろうか，不自由になることで他者（ケア労働者）との関係はどうなるのだろうか，そしてそのケア労働者との間で起こってしまう虐待はどういうメカニズムで起きてしまうのか，という問いについて考えてみます。

2－1.　身体は意のままになる!?

　私たちは皮膚によって自分の境界が決まっています。もちろん髪の毛や所有物なども自分の一部と感じることがあることは否定しませんが，非常に素朴に考えて皮膚によって境界が決まっているといえます。その皮膚によってさえぎられている内側が身体ということでしょう。身体は自分の意志で動かせるし，自分のことですからよく知っていると感じていますが，必ずしもそうでないようです。

　以前，ニュース番組を観ていたときのことです。スポーツニュースになり，プロ野球の結果が放送されました。そこでホームランを打った選手がインタビューを受けていました。インタビュアーが「ホームランが出て，調子がよさそうですね」といった趣旨のことを言い，その選手は「あのホームランが打てたということは調子がいいということだと思います」というような返答をしていました。この返答に私は「ん？」と感じました。「調子がいいから，ホームランが打てました」という話ならわかりやすいのに，そうではなかったので

す。つまり，この選手は自分の状態を自分ではよくわかっておらず，ホームランという結果から，自分の状態を推測しているわけです。私はスポーツ選手のこういった発想に関心をもち，それ以降，気にかけるようにしました。すると自分のことを自分でわかっていないような発言をするスポーツ選手が他にもいました。

　そうすると，私たちはどれだけ自分の身体のことを知っているのでしょうか。このことに関して面白い研究があります。少し古いのですが，今でもインパクトのある研究だと思います。それは「"またぎ"と"くぐり"のアフォーダンス知覚」というタイトルの研究です（三嶋, 1994）。

　この研究の概要は以下のとおりです。

　目の前に走り高跳びのバーがあるとします。そのバーの向こう側に行かなければならないとして，そのバーをみただけで「またぐ」のか「くぐる」のかについて，実験参加者に判断してもらいます。バーの高さを変えていき，どのくらいの高さまで「またぐ」と判断するのか，その境目を探ります。すると「またぐ」判断と「くぐる」判断の境目の高さは，股下の長さ×1.07であることがわかりました。その後，今度はバーの高さを変えて実際にまたいだりくぐったりしてもらったところ，実際に行った際のまたぎとくぐりの境目の高さも股下の長さ×1.07になりました。

　つまり，みただけで「またぐ」と判断したギリギリの高さと，実際にまたげるギリギリの高さがほぼ同じになったのです。このことを踏まえると，私たちは自分の身体のこと（この実験では足の長さということでしょうか）をよくわかっていて，みただけで自分の身体がどのくらいのことができるのかについてとても正確な判断を下すことができるのです。

　この実験を高齢者にやってもらった研究（正高, 2000）では，その結果は先ほどの実験に参加していた若い人たちのそれとは違うものになりました。若い人の場合，だいたいの人が先ほど述べたような結果になるのですが，高齢者の場合は，2つのグループに分かれます。

　ここで図1をみてください。○と▲を使って一人ひとりの高齢者の結果をプロットした図です。横軸はみただけでどのくらいの高さまでまたげると判断するのかを表しており，縦軸は実際にまたげる高さを表しています。

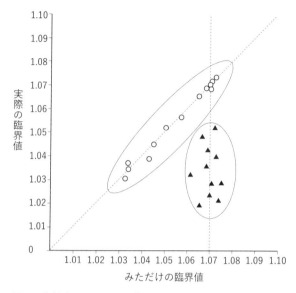

図1　高齢者によるまたぎとくぐりの結果（正高，2000）

　1つ目のグループは○の人たちです。この○の人たちというのは，みただけのギリギリの高さが人によって違っていることがわかると思います。いちばん高い人は1.07近辺にいますし，いちばん低い人だと1.03の近辺にいます。では，○の人たちの実際にまたいでもらったときのギリギリの高さも確認してみましょう。たとえば，みただけのギリギリの高さがいちばん低い人の実際のまたぎのギリギリの高さは1.03あたりです。つまりこの人は，みただけでまたげると判断したギリギリの高さと，実際にまたいだときのギリギリの高さが1.03あたりということで一致したわけです。

　この人以外の○の人たちも，斜線上に集まっているように，みただけの判断と実際に行ったときのパフォーマンスが一致しています。若い人との違いは，その高さが低くなっているということです。つまりこの○の人たちは，自分が年をとって，若いころのようには身体が動かないことを自覚している人たちということになるでしょう。

　それに対して▲の人たちは，みただけのギリギリの高さにはあまり個人差がありません。おおよそ1.06〜1.08の間に全員が集まっています。その一方で，

実際にまたげるギリギリの高さが人によって違います。いちばん高いバーをまたいだ人で1.05となっており，いちばん低いバーをまたいだ人では1.02となっています。

　それでは個々に確認してみましょう。実際にまたいだバーの高さがいちばん低い人をみてみると，みただけのギリギリの高さは1.06〜1.07の間ですが，実際にまたいだギリギリの高さは1.02あたりです。他の人々も似たような結果になっています。この▲の人たちは，みただけで判断したギリギリの高さは若い人たちとほとんど変わらない1.06〜1.08に集まっているにもかかわらず，実際にまたげるギリギリの高さはそれよりも低くなっています。そうすると，▲の人たちは，みただけでは若い人たちと同じ高さを「またげる」と思ったにもかかわらず，その高さを実際にはまたぐことができなかった人たちということになるでしょう。

　○と▲の人たちを対比すると，○が自らの身体の老いを自覚している人たちなのに対して，▲は自らの身体の老いを自覚していない人たちということになるでしょう。このようにみてくると，▲の人たちは自らの身体がどの程度，自分の想定したとおりに動くのかについてよくわかっていない人たちということになるでしょう。

　それでは，世の高齢者たちはどのようなことで老いを自覚するのでしょうか。この問題は以前から研究されており，古くは守屋・大竹（1975）があり，比較的最近の研究では馬場・久木原（2014）や渡邊ほか（2001）があります。これらの研究では多くの高齢者が，活動性の低下や身体機能の低下，体力低下といった身体に関することをきっかけに老いを自覚することが明らかにされています。高齢者は身体機能の低下などを経験することで，「自分も年をとったなぁ」と自覚するに至るわけです。

　ということは，先ほどの正高（2000）の研究を踏まえて考えてみると，バーがあり，またげるだろうと考えて近づき，実際には思ったようにはまたげないことを経験することで，老いを自覚していくということなのでしょう。そうであるならば，この実験結果の▲の人たちというのは，老いの自覚を抱く前の高齢者であり，この人たちもそのうち，○の人たちのように老いを自覚していくようになると考えられます。

　さて，そもそも成長や老化に伴う身体の変化は本人の意志ではコントロールできないものです。たとえば，幼児期から児童期にかけて乳歯から永久歯に生え変わりますが，それを止めることは不可能です。同様に身体の老いも止めることができません。もちろん老化の過程を遅らせることは不可能ではないでしょう。しかし老いを止めて身体を若返らせることは不可能です。そのため身体は老化し続けるのに対して，意志が自分の身体の老化に気づかない，もしくは意図的に無視することによって，▲の人たちのような状況が生じてしまうといえます。

2−2．身体が意のままにならない人とはどんな人なのか

　前項ではバーをまたぐのかくぐるのかについて考えました。そこに出てきた高齢者はまだ自分で動くことができる人たちでした。65歳以上の人たちを高齢者と呼びますが，高齢者の多くは自分で動くことができる人たちです。ただし，高齢者がみんな死の直前まで元気に過ごしているというわけではありません。日常生活に支障をきたさずに過ごせる期間のことを健康寿命といいます。厚生労働省によると，平均寿命から寝たきりや認知症などの介護状態の期間を差し引いた期間ということになります。そのため，平均寿命から健康寿命を引くと介護を受けて暮らしている期間がわかります。厚生労働省（2018）をもとに，平均寿命と健康寿命から介護を要する期間を計算してみました（表1）。

　全体で平均すると10年ほどケアを受けながら生活する期間があります。高齢者といってもその身体状態はさまざまで，また健康寿命もさまざまですが，多くの人が最終的には要介護の状態になり死に向かっていくといえるでしょう。つまりほとんどの高齢者が，身体が意のままにならない状態を経験し，ケ

表1　平均寿命・健康寿命・要介護期間

	平均寿命	健康寿命	要介護期間
男性	80.98歳	72.14歳	8.84年
女性	87.14歳	74.79歳	12.35年
全体	84.06歳	73.47歳	10.60年

アを受けるようになっているのです。

　しかし，高齢者の間には「ぽっくり信仰」といわれるものが流行ったり，「ピンピンコロリ」が理想だといわれていたりします（小谷, 2018; 村田, 2018）。松本・若崎（2008）によると，65歳以上の高齢者を対象に老いに対する思いを調査した結果，多くの高齢者が「他人の世話にはなりたくない」という思いを抱いていることが明らかになりました。また「死は，その時が来たらぽっくり逝きたい」という思いを抱えていることもわかりました。

　このように「ぽっくり逝きたい」という思いを高齢者が抱くのは，健康寿命と平均寿命が一致するのが理想だと考えているからだといえます。ピンピンコロリが理想とされるということは，裏を返せば現実にはそうなっていないこと，もしくはそうならないことを恐れていることを意味します。それだけ高齢者にとっては要介護の状態になることは避けたいことなのです。また，ピンピンコロリは要介護になっていない高齢者だけが考えることではありません。

2-3. ケアを受けること

　高齢者がそこまで嫌う「ケアを受けること」とはどういうことなのでしょうか。ケアという営みは，それを必要としている人々とそれを提供する人々の間でなされる行為であるといえます。ケアの与え手が独善的にケアを提供するのがよいとはいえません。ケアの受け手には受けたくないケアを拒否する権利があります（上野, 2011）。たとえば，受けたくないケアの代表的なものとして不適切なケアや虐待があります。これらの行為を要介護高齢者は拒否できます。

　そもそもケアは，受けずに済むのなら受けないで済ませたいもののようです。しかし，ケアを受けずに済ませたくてもそういうわけにもいかず，仕方なく受けているといえます（天田, 2004; 最首, 2005）。ケアを提供するのが家族や介護士といった専門家であっても，ケアを受けることを避けたいという気持ちが高齢者あるいは障害者にはあります（小山内, 1997）。さらに，ケアを受けなければならないとしても，できればケア労働者を手足のように使ったり，道具のように自由に使いたいと思い，感情をもたない優れた介護ロボットがあればそれが最善であるという考えもあります（石川, 2004）。つまり，人からケアを受

けることがストレスとなる可能性があるということです。

　脳性麻痺による障害がある小山内（1997）は，ケアの与え手に，やってほしいことややってほしくないことなどを告げるとわがままだと言われたと述べています。そのため，わがままと言われるのが嫌でさまざまなことを我慢してきたというのです。また中西（中西・上野，2003）は，ケアを受けるたびに「すみません」「ありがとう」と言い続けたと述べ，ケアの与え手と受け手の非対称的な関係について言及しています。ケアの受け手と与え手の間には非対称性があり，どちらかというと与え手のほうに権力が偏りやすいのです（上野，2011）。

　また，ケアの受け手が要介護高齢者の場合，その権力の非対称性は甚だしいことも指摘されています（副田，2008）。そのためケアの受け手は与え手に対して感謝の念を抱いたり，すまなさを感じたりしています（天田，2004）。ケアが本来，与え手と受け手の間の営みであり，与え手の独善的なケアを受け手は拒否する権利があると先に述べましたが，このような非対称性があるため，実際には受け手が受けたくないケアを拒否するのは難しいといえます。ケアの与え手と受け手の関係が非対称的であり，与え手のほうに権力が偏りやすい状況に対して，原田（1999）は，ある障害者がプライドを捨てないとやっていられないのだと語っていたことを紹介しています。

　また鷲田（2003）は，家族やプロのケア労働者に対して負担をかけているとの思いを抱くと，「可愛いおじいちゃん・おばあちゃん」という社会の現役メンバーに受け入れられる役柄を演じるしかないとしています。つまり要介護高齢者をはじめとしたケアの受け手は，気持ちよくケアを受け続けるために，ケア労働者から可愛いと思ってもらえるようにふるまうか，中西（中西・上野，2003）が述べていたように「すみません」や「ありがとう」と言い続けるしかないと感じているようです。

　沖中（2006; 2011）は，老人保健施設に入所している要介護高齢者や在宅で暮らす要介護高齢者を対象に調査し，彼らが迷惑をかけてまで生きたくないという意識を抱いていることや，老いた自分が情けないという意識を抱いて生きていることを明らかにしています。そして稲葉（2009）は，要介護高齢者がケアの与え手に向ける否定的なコメントは，ケアを受けなければならない自分に対する落胆や怒り，不満や悲しみも影響しているのではないかと述べています。

　この稲葉（2009）の議論を踏まえ，認知症の人が示す周辺症状の1つである「もの取られ妄想」について考えてみましょう。「もの取られ妄想」とは，被害妄想の1つで，実際には盗まれていないのに，金銭などの大切なものを他者に盗まれたと訴える症状のことです。そして認知症の人が盗んだ犯人と主張するのが主たるケアの与え手です。施設ならばケア労働者ですし，家庭ならばヘルパーや子どもやその配偶者などです。ケアをしてくれる人をドロボー扱いするわけですから，妄想を向けられた人はたまったものではないでしょう。この「もの取られ妄想」も，稲葉（2009）の研究に基づけば，ケアをしてくれる人を犯人扱いするというのは，ケアを受けなければならない自らに対する落胆や怒りなどがケアをしてくれる人に向かっていると考えることもできるでしょう。このように，ケアを受けている高齢者というのは，ケアを受けることを避けたいにもかかわらず，ケアを受けざるをえない状況にあるわけで，非常に複雑な心理状態にあるといえるでしょう。

2-4. ケアをすること

　次にケアをするとはどういうことなのかについて考えていきたいと思います。まず，ケアする人は誰なのかということについて少し確認してみましょう。ケアは昔，家族，とくに嫁や娘といった女性によって担われていました（袖井, 2002; 上野, 2005）。その後，ケア労働者が必要になった背景には，家庭でケアを担ってきた女性の職場進出，自立意識の向上などによって，家庭内にケアを担う人が少なくなっていったことがあります（袖井, 2002）。このような背景から，介護の仕事はしばしば女性なら誰にでもできると考えられていました（山下, 2012）。

　その後，ケア労働者の地位向上，あるいは待遇向上のためにケア労働者の専門性が主張され，その中で介護福祉士資格が誕生することになりました（山下, 2012; 吉岡, 2011）。しかしそれ以降も，ケア労働者は看護師と比較されるなどして，その専門性が議論されてきました。たとえば，看護師は注射など他の人にはできないことができるという意味で専門性が高い（立岩, 1999b）といわれる一方で，ケア労働者にできることは看護師にもできるという意味で，看護師よ

りも専門性が低いとみなされています。

　そのため，看護師はケア労働者にできることはやらないというかたちで両者の業務の棲み分けが進んでいくことになりました。たとえば，看護師は，医療的看護はするが清拭はしないというかたちで専門化が進んでいるといわれます（上野，2005）。ちなみに清拭というのは，自ら入浴できない障害者や高齢者等，ケアを必要としている人の身体を清潔に保つ行為です。具体的には身体を蒸しタオルなどで拭くといったことです。

　また，看護には患者の治療や回復という明確な目標がありますが，ケアでは，対象者の状態の改善というよりもその満足度によって業務内容が評価されたりします。そのために専門性を確立することが難しく，誰にでもできる仕事と認識され，低賃金に抑えられてしまっているともいわれています（袖井，2002）。そもそも無償労働（アンペイドワーク）として家族（主に女性）によって担われていたため，ケア労働者は自己犠牲を厭わずケアに従事しているようです（高口，2008）。

　以上より，ケアする人は女性だったのが，ケア労働者という専門職も生まれ今に至っているけれど，依然として誰にでもできる仕事と認識されていることを確認しました。

　しかし本当に誰にでもできることなのでしょうか。そもそもケアとは何なのでしょうか。ケアというと「三大介助」といわれている「食事介助」「入浴介助」「排泄介助」を思い浮かべる人もいるかもしれません。もちろん具体的な行為としてのケアは食事介助などのことをいいますが，ここではもう少し上からの視点でケアをとらえてみたいと思います。

　先ほども述べましたが，看護はどちらかというとゴールが描きやすいのです。非常に単純化すると「病気になって入院した患者が，病気が治って退院する」というストーリーが看護のメインのゴールということになるでしょう。そのため看護には「指導」という側面があります。ゴールは病気が治ることなので，病気が治るために必要なことを患者に強いることがあり，それに従わない患者には指導をすることもあります。

　しかしケアにはゴールが描きにくいという特徴があります。ケアの対象者は病気をしている人というわけではありません。もちろん年をとるといくら健康

だといっても何かしらの病気の診断がつくため，そういう意味での病気は抱えているけれど，看護の対象にはならないという人も少なくありません。それではケアの特徴とは何でしょうか。

三好（2005c）や医師として認知症高齢者とかかわってきた小澤（2004）は，ケアの専門性は医療があきらめた先にあるとしています。三好（2005b; 2005c; 2012）は，高齢者の生活を支えるのがケアの専門性であり，客観的に高齢者の心身の状態を分析し，残存機能の維持を優先するのではなく，関係的に高齢者にかかわることがケアの専門性だとしています。そのため，三好（2008）は，医療があきらめた後に，医療や看護にはできなくてケアにできることの中に，専門性があるのではないかと述べています。

山下（2012）は障害当事者運動からケアの資格について考察し，障害当事者が求めているのは資格の有無よりも，自分に合ったケアをしてくれるかどうかであり，どれだけ自分の生活を支えてくれるのかであるとしています。同様に看護の分野でもケアを高齢者との間でとらえようとする考え（西川, 2007）や，患者にとってそのケアがどうなのかという視点からの考えがあります（前川・操, 1997; 野口, 1999）。

また，よいケアとは何かを考えるにあたって大切なのは，当事者主権といえます（中村, 2008）。当事者主権とは「私のことは私が決める。その結果を（その成否にかかわらず）引き受けることを含めて，すべては当事者である私の権利である」（中村, 2008, p. 67）という主張です。ケアにおいて大切なのはケアを受ける人の当事者主権を尊重し，「考える杖」（三好, 2005a）になることだといわれています。

ここで，この「杖」という言葉について少し考えてみたいと思います。ケアというと福祉の心で行われるもので，ケアする人があれやこれやと高齢者の世話をして，それに対して高齢者が「いつもすまないねぇ」と言っているというような光景を思い浮かべるかもしれません。なぜなら相手は不自由な身体を抱えているのだから，ケア労働者がいろいろとやってあげるのだろう。そして，してもらったのだから高齢者のほうは感謝するだろう，と。

しかし，これまでのケアに関する議論を振り返るとそうとはいえません。たとえば障害者においても，ケアを受けることに対する負い目などをなんとかし

たいということで考えられたことの1つに，ケア労働者を障害者の身体の延長とみなす（岡原，1995）考え方があります。つまりケア労働者を自らの「道具」とみなすという考え方です。そこには人間と人間の接触はありません。人間ではなくあくまで道具というわけです。これは「人間の非人間化」といえるでしょう。それを肯定する議論もあります。たとえば立岩（2000）は，ケア労働者に嫌な顔をされたり，ぞんざいに扱われるくらいならば，単に「手段」であればよいと述べています。そして機械があれば機械がよいかもしれないと述べています。もしかしたら優しさなどもときには不要かもしれないとし，ケア労働者が顔見知りではなく，匿名のケア労働者になったほうがいい場合もあるだろうと述べています。いずれにしても手段になることがよくて，機械にケアしてもらうほうがよい場合もあるということを立岩（2000）は主張しているのです。

　この「人間の非人間化」がよいといっても，ケア労働者は高齢者などのケアの受け手の言いなりになればいいということではないでしょう。そこでヒントとなるのが，先ほどの「考える杖」です。単なる杖ならば道具でしかなく，「人間の非人間化」の最たるものとなるでしょう。しかし「考える杖」であることがポイントです。三好（2005a）は「考える杖」を「老人のことを心配する，気にかける杖」（p. 210）であり，そのため「『天気がいいから散歩に行こうよ』と声をかける杖だ」（p. 210）と述べています。

　ときには機械や道具となることがあるかもしれませんが，それは考えた末に機械や道具になっているのであり，単にケア労働者が高齢者や障害者の手足になればいいということにはならないでしょう。やはり人間は人間であり，ケアするのは機械ではなく人間であることが重要になるのではないでしょうか。だからこそケア労働者をはじめとするエッセンシャルワーカーといわれる人たちの存在がとても重要になってくるといえます。今後，テクノロジーが進んでいったとしても彼らが機械に取って代わられることはないのではないかと思います。とはいえ，ケア労働者が人間であることで問題も起こります。その1つに「虐待」があります。

2-5.　高齢者虐待を考える

　高齢者をケアするのがロボットならば，誤作動があったとしても虐待は起こらないのかもしれません。ケアをするのが人間だからこそ，虐待は起こってしまうといえます。高齢者も人間ですし，ケア労働者も人間です。気分がすぐれない日もあれば，イライラする日もあります。気分が高揚する日もあります。そういった中で高齢者とケア労働者がかかわるのですから，互いにぶつかってしまうときも出てきてしまうでしょう。

　しかし家庭内の話ならば，親子ゲンカととらえられるような話もあるでしょう。高齢者の言い分もわかるし，娘さんの言い分もわかる，というようなケースも多いことでしょう。けれども，老人ホームなどの施設においてはそのようなことは言っていられません。というのも，そこで働くケア労働者は家族ではなく，ケアのプロなのです。

　プロのケア労働者が高齢者に「何やってんの!?　もうこぼさないでよ！　余計な仕事増やしてッ！」と言っている場面を目撃したらどう思いますか。「いやー，そんな言い方はダメでしょ」と思うでしょうか。もしその高齢者が自分の家族だったら，そのケア労働者に対してどのようなことを思うでしょうか。

　2005年にある殺人事件が起こりました。それは，グループホームという高齢者施設に入居している自力では動くことができない高齢者が，施設の職員によってヒーターの熱風を当てられて熱傷性ショックによって殺害されたという事件です。家族を殺された遺族はどんな気持ちだったでしょうか。事件直後，テレビのインタビューを受けた遺族は「殺されたことは許せない」と前置きしたうえで，「自分たちの代わりにここでしていただいたことには感謝している」とコメントしていたのです。家族を殺されたのに「感謝している」と遺族がコメントしていたことに私は衝撃を受けました。この事件のことは新聞記事にもなっています（朝日新聞, 2005）。この記事には「家族での介護には限界があり，グループホームのような施設は必要だ。運営を厳しくチェックし，この事件でグループホームの印象が悪くならないようにしてほしい」という遺族のコメントが掲載されています。家族を殺されて，生前，よくしてもらっていたとしても，その殺人犯に対して感謝を述べるというのはどういうことなのでしょ

うか。また，それを報道する人たちも殺人犯に遺族が感謝を述べることに違和感を表明しないのでしょうか。もしかしたらどこかで「老い先短い高齢者が殺されるのと，もっと若い人が殺されるのとでは意味が違う」と感じているのでしょうか。

3.　どんな研究をし，何がわかったのか
ケアを要するのにケアを欲していないジレンマはどんな問題をもたらすのだろうか？

　私は，他者からのケアが必要な状態にある要介護高齢者が他者からケアを受けることをどのように感じているのか，またケア労働者は要介護高齢者についてどのように感じているのか，そしてケア労働者による要介護高齢者に対する虐待がどのように起こって繰り返されるのかについて研究しました。

3-1.　要介護高齢者がケアを受けること

　要介護高齢者は他者からケアを受けることをどのように考えているのでしょうか。インタビュー・データから考えてみたいと思います。
　まず，腰痛・高血圧症・脊椎骨粗しょう症・片眼失明といった病気を抱えていた当時95歳の女性は，子どもなどの他者に世話になるのはイヤだということで次のように話してくれました（本項のインタビュー・データにある（　）内は筆者の発言です。そして下線は高齢者がケアを受けることについてとくに言及している箇所です）。

　　（長生きするのっていいことですかね）うん。長生きしてね，丈夫で長生きすならいくら長生きしてもいいよ。だけどまあ，あんまり早くから病気になって，若いもんに世話になるんだったら，あまり長生きしたくないね。（あぁぁ）うん。だけどあまり世話にならないでね，なんとかね，自分のことは自分でやれるっていうんだったらいくら長生きしてもね。（うーん）子どもはみてくれますけど，あんまりね，寝たっきりで世話になるっていったら大変。

　続いて，糖尿病・DM性腎不全・網膜症・右足大腿部切断・骨粗しょう症といった病気を抱えていた当時74歳の男性です。この方は糖尿病が悪化し，右足を切断しており，同じく糖尿病の影響により視力も低下しているという状態です。この男性は，他者に手伝ってもらうことは当たり前ではなく，それに対して感謝しなければいけないということで次のように話してくれました。

　　（自分で自分のことが）できないのが当然だと思っている人が多いんです。やっぱり。（おおぉぉ）俺は今，立って歩けなくて，腰が今病んでるから，自分のオシメ取り替えてくれたり，（はい）ご飯を食わしてくれるのは，<u>介助する人がやる仕事で，月給もらってやってんだから，やるのが当たり前だと思ってる人が多いの。</u>（あぁぁぁ）それは間違いだと思うんだな。…（中略）…（なんかこう，いろいろこう手伝ってもらうのは情けないとかって思ってる人が多いのかなって思ったんですけど）そうだね。そういう人もいるかもしれませんね。

　他者からのケアは当たり前ではないと考えていることがよくわかります。要介護高齢者はその字のとおり，「介護を要する高齢者」です。他者からのケアが生活の前提になっている人たちなのですが，他者からのケアを当たり前とは考えていないのです。自分でやるのが当たり前で，他者のケアは特別なものだと考えているようです。

3−2.　ケア労働者がケアを与えること

　その一方で，ケア労働者は要介護高齢者に対してどのように考えているのでしょうか。
　介護の仕事に就いて14年の女性Aさん（34歳）は上記の要介護高齢者たちの語りに表れていたように，可能な限り他者のケアを避けるように，自分でできるようにすることを大切にしていると話してくれました（本項のインタビュー・データにある〔　〕内は筆者による補足です。下線はケア労働者が要介護高齢者についてとくに言及している箇所です）。

A：一応，今，新しいケアとしては，本当に，自立支援とまではいわないん
　ですけど，特養〔特別養護老人ホーム〕なので。なんだけど，その利用者
　さんが，なるべくその人らしく，最後まで生活できるように，職員が急い
　でしまうと，何でもやってしまいがちなんですけど，なるべく利用者さん
　の力を使って，その方の力を奪ってしまわないようにということをお願い
　しているんですけど，忙しいと何でもやっちゃったほうが早いじゃないで
　すか，こっちが。それで，だんだん本当にやらなくなってしまったり，や
　れなくなってしまったりするので，時間がかかっても待つということをし
　て，なるべく力を，利用者さんに使ってもらってほしいというふうに伝え
　てはいますね。

　別のケア労働者はまた違うことを話してくれました。以下，3名のケア労働
者のインタビューをみてみます。
　まず，ケア労働者になって12年という女性Bさん（34歳）は，我慢してしま
う要介護高齢者もいるため，どんなことを思っているのかを慮（おもんぱか）ってかかわる
ことの大切さについて話しています。

私：こういったケアの仕事をしていくうえで，Bさんご自身が大切にした
　いっていうふうに考えてらっしゃることを教えてほしいんですけれども。
B：うん。そうですね。優先するっていうことでもあるんですよね。誰かが
　犠牲になればいいとかいうのもおかしいと思いますし。
私：それは職員さんも利用者さんもっていう。
B：はい。
…（中略）…
私：ちなみに利用者さんが犠牲にならないようにっていうのが。
B：だいたい心理としてやってもらっている，手伝ってもらっているってい
　うかたちをその利用者さんが思う方は我慢してしまう，こっちがやること
　が嫌だなと思っても，やっぱり口に出さない方もいますし，口に出せない
　方もいるっていうのもあるんですけど，なんでそこの深いところの思いが
　わかるようにっていう。

　続いて，ケア労働の仕事に就いて9年5か月というCさん（41歳）は，Bさんと同じように，遠慮して要望を表明できない高齢者がいるため，高齢者が要望を表明していなくても，気をまわしていろいろとケアを提供することの大切さについて話してくれました。

　　私：たとえば，何というか，思いやりというのを，具体的なかたちに表すとどういう。
　　C：身近なことでいったら，利用者さんに対しては，本当にちょっとのことで，たとえば寒かったら一枚羽織らせてあげるとか，そういう生活の面での支えの思いやりですよね。<u>ちょっと，できないことを，気をまわして，私たちがやってあげる</u>。それが仕事ですから，そういうことに対する思いやり。ちょっと寒かったら窓を閉めてあげるとか。利用者さんに対してはそういう思いやり。
　　私：今ちょっとお話をうかがっていて思ったのが，利用者さんから「寒いんだけど」とかそういう声を聞く前に，窓を閉めたりとか，そういったことをするという感じですか。
　　C：そうですね。〔自分から〕言う利用者さんばかりじゃないですよね。な<u>ので，私たちがそういうことを感じて，動いてあげないと，お年寄りって遠慮をする方が多いので，そういうことに，気をまわしてあげるという</u>か，そこら辺ですかね。

　最後に，ケア労働に就いて5年というDさん（24歳）は，先のBさん，Cさんとは少し違い，高齢者の要望に応じることを大切にしたいと話しています。

　　私：こういったお仕事をしていく中で，Dさんが大切にしたいなっていうふうに考えていらっしゃることを教えていただけますか。
　　D：仕事をするにあたって。なんかつい毎日介護やってると，職員が主体みたいな感じにやっぱついなっちゃうので，私はやっぱり利用者の方，<u>いろんなこと要望を優先させたい</u>なっていう気持ちがいちばんありますね。ここで生活してるので。

　私：その，こういったことを意識される場面ってどんな場面で意識されま
　　　す？　つまり「もしかして自分主体になってるかも」とか，そういうふう
　　　に感じられるところって。
　Ｄ：同じこと何回も言う方，認知が進んでいる方いるんですけど。やっぱつ
　　　いイライラしちゃうっていうのもあるんですけど，やっぱそういうときに
　　　ついちょっと強めの口調で言っちゃったり，言ってる職員もいたり。自分
　　　が言ってるときはあまり気づかないんですけど，人が言ってるのをみると
　　　「あっ」って思って直さなきゃなっていう気持ちにはなりますね。

　4名のケア労働者の要介護高齢者に対するケアの考え方を確認しました。Ａ
さんは自分のことは自分でやることが大切だと考えており，前項で確認した要
介護高齢者の方々に通じる考え方をしています。Ａさんは要介護高齢者に対し
て残存機能を使い，他者に頼らず自らの力で生活することを求めています。こ
れを「自立と依存の枠組み」に当てはめてみると，Ａさんは要介護高齢者に依
存ではなく自立を求めていることがわかります。
　それに対してＢさん，Ｃさんは，要介護高齢者は我慢したり遠慮したりして
しまうため，要望を表明していなくても，「こんなことを求めているのかな」
と高齢者の心の中を想像してケアを提供することが大切だと考えていました。
また，Ｄさんは高齢者が表明した要望に応じることを大切にしたいと考えてい
ました。この3名の考えも「自立と依存の枠組み」で考えてみます。Ｄさんは
要介護高齢者に自立ではなく依存することを求め，頼られたらそれに応えるよ
うにしています。Ｂさん，Ｃさんは要介護高齢者が依存を求める前に，もしく
は依存を求めずとも，ケアを提供するというわけです。
　このようにＡさんは自立して生活することがよいことで，他者に頼るのは
その人のためにならないと考えています。それと正反対なのがＤさんでした。
Ｄさんは，要介護高齢者は他者に頼って生活し，ケア労働者はその高齢者の要
望に応じることが大切だというのです。つまり自立がよいのではなく，依存し
てよいと考えているわけです。そしてＢさん，Ｃさんは，自立がよいというこ
とでも依存がよいということでもなく，他者に頼れない要介護高齢者もいると
考え，ケア労働者が「考える杖」となり，要介護高齢者が生活しやすくするこ

との大切さを述べていました。

3-3.　ケア労働者と要介護高齢者の間で起こる虐待について

　高齢者は児童などと同様に，虐待の被害に遭いやすいといえます。それでは実際にどのくらい虐待件数があるのでしょうか。私が施設のケア労働者に行ったアンケートの結果をみてみます（表2）。

　表の虐待行為のうち，「暴力行為」は蹴る，殴る等の暴力行為のことです。「訴えの無視」は高齢者の要望（爪を切ってほしい，物を取ってほしい等）を無視することです。「コールの無視」は，ベッドについているナースコールを高齢者が押しても，対応せず無視することです。「命令口調」とは，たとえば「ズボン脱げ！」や「早くしろ」といった口調で高齢者に指図することです。「暴言」とは，たとえば「クソジジイ」や「死ね」といった暴言のことです。「放置」とは，療養上の理由なく，食事を与えずに放置することです。「食事の強制」とは，無理やり食事を食べさせることです。

　これらのうち，ケア労働者が一人もやっていない虐待行為がないことがわかります。そしてすべての行為を，少なくとも1人以上が繰り返していることもわかります。その中でも「訴えの無視」と「コールの無視」は1回以上やっているケア労働者が約70%おり，最も多くなっています。それに対して暴力行為や暴言など人を傷つけるような行為は約20%のケア労働者が行っています。虐待行為に重い軽いはないのかもしれませんが，無視といった暴力や暴言の伴

表2　虐待行為の発生と繰り返しの件数（大村, 2010）

	なし	1回限り	複数回
暴力行為	263 （82.7%）	38 （11.9%）	9 （2.8%）
訴えの無視	97 （30.5%）	161 （50.6%）	54 （17.0%）
コールの無視	102 （32.1%）	146 （45.9%）	60 （18.9%）
命令口調	210 （66.0%）	68 （21.4%）	33 （10.4%）
暴言	256 （80.5%）	37 （11.6%）	17 （5.3%）
放置	295 （92.8%）	14 （4.4%）	2 （0.6%）
食事の強制	125 （40.5%）	110 （35.6%）	74 （23.9%）

わない比較的軽い虐待行為のほうが起こりやすいといえます。

3-4. 虐待に影響する要因について

　表2に示したような虐待行為の発生と繰り返しに次の3つの要因が影響を与えるかどうかについて，ロジスティック回帰分析によって検討しました。それぞれ「イライラ感情」「同僚との関係性」，そして「要介護高齢者とケア労働者の関係性」です。

　「イライラ感情」では，要介護高齢者にケアする場面でイライラを感じる程度が虐待行為に影響を与えるのかについて検討しました。その結果，イライラを感じているほど，虐待行為に影響を与えていることが明らかになりました（表3）。

　「同僚との関係性」では，たとえば「同僚Eが『Fさんはあいさつしてくんないから，私もFさんを無視しちゃった』と言っていた」という同僚の要介護高齢者に関する発言（理由動機）や「同僚Gが『Hさんって，頑固でわがままだからあまり一緒にいたくないんだよね』と言っていた」という発言（目的動機）に同意できるかどうかを尋ねています。その結果，同僚が要介護高齢者に何かをしてしまったといった趣旨の発言（理由動機）に同意できるほど，虐待行為に影響を与えていることが明らかになりました（表4）。

　「要介護高齢者とケア労働者との関係性」では，ケア労働者が要介護高齢者にケアを提供し，その見返りとして感謝の言葉を要求することがあるかどうかについて尋ねています。ケア労働者はプロなので，労働に対する賃金を受け取っているため，要介護高齢者に感謝を求めるというのは間違いでしょう。けれどもそのような間違いを犯すケア労働者は少なくないため，その影響について検討しました。その結果，感謝の言葉を要求したことがあるケア労働者ほど，虐待行為を起こしやすいことが明らかになりました（表5）。

表3　イライラの程度を説明変数、虐待行為の発生を目的変数としたロジスティック回帰分析（大村、2022）

説明変数	暴力行為		訴えの無視		コールの無視		命令口調		暴言		ネグレクト		無理な食事介助	
	B	オッズ比	B	オッズ比	B	オッズ比	B	オッズ比	B	オッズ比	B	オッズ比	B	オッズ比
イライラの程度	.41***	1.50	.36***	1.44	.35***	1.41	.26***	1.30	.33***	1.39	.38***	1.47	.38***	1.46
食事介助場面	1.12***	3.07	.98***	2.67	1.01***	2.75	.72***	2.05	.94***	2.56	1.32***	3.73	1.02***	2.77
入浴介助場面	1.52***	4.59	.98***	2.65	1.08***	2.94	.78***	2.17	1.04***	2.83	1.09**	2.98	1.00***	2.71
排泄介助場面	1.10***	3.02	.82***	2.28	.83***	2.28	.56***	1.75	.97***	2.63	1.27***	3.58	.93***	2.54
職員少ない状況	.95***	2.57	1.28***	3.60	.93***	2.53	1.04***	2.82	.88***	2.40	.92*	2.50	1.20***	3.31

*** p<.001. ** p<.01. * p<.05

表4　ケア労働者同士の関係要因を説明変数、虐待行為の発生を目的変数としたロジスティック回帰分析（大村、2022）

説明変数	暴力行為		訴えの無視		コールの無視		命令口調		暴言		ネグレクト		無理な食事介助	
	B	オッズ比	B	オッズ比	B	オッズ比	B	オッズ比	B	オッズ比	B	オッズ比	B	オッズ比
理由動機	.14***	1.15	.18***	1.20	.15***	1.16	.08*	1.08	.14***	1.15	.17***	1.18	.11**	1.11
目的動機	.05	1.05	.08	1.09	.07	1.08	.07	1.07	.06	1.06	.05	1.05	.08	1.08

*** p<.001. ** p<.01. * p<.05

表5　高齢者とケア労働者の関係要因を説明変数、虐待行為の発生を目的変数としたロジスティック回帰分析（大村、2007）

説明変数	暴力行為		訴えの無視		コールの無視		命令口調		暴言		ネグレクト		無理な食事介助	
	B	オッズ比	B	オッズ比	B	オッズ比	B	オッズ比	B	オッズ比	B	オッズ比	B	オッズ比
感謝要求あり	.43	1.53	1.46*	4.30	.96*	2.61	.80*	2.24	1.44***	4.23	1.52*	4.56	1.22**	3.37

*** p<.001. ** p<.01. * p<.05

4. それが実践にもつ意義は何か
自立と依存から要介護高齢者とケア労働者をみつめ直す

　先にみたように，要介護高齢者は他者によるケアが必要であるため，ケア労働者からケアを受けます。そのケア労働者たちはよいケアだけを行うならばいいのですが，虐待行為をしてしまうこともあります。その虐待が起こってしまう背景に「自立と依存の枠組み」があると考えられます。

4−1. 虐待が起こってしまう背景にある「自立と依存の枠組み」

　高齢者虐待はないほうがいいのは明白です。それでは，虐待が起こらないようにするにはどうすればいいのでしょうか。今のところ，こうすれば虐待がなくなるといった万能薬はありません。また，虐待自体にさまざまな要因が関係しているがゆえに，一朝一夕になくすことも難しそうです。しかし，虐待の件数が減り，かつ高齢者もケア労働者も暮らしやすくなる方向性はありそうです。それは自立と依存の関係を問い直すということです。本項ではまず，虐待が起こってしまう背景にある「自立と依存の枠組み」を確認したいと思います。そして4−2以降で，虐待を防ぐための「自立と依存の枠組み」について考察します。

　一般的に自立と依存は対立概念として考えられています。実際に辞書にもそのように書かれています。広辞苑（第6版）によると，自立とは「他の援助や支配を受けず，自分の力で判断したり身を立てたりすること。ひとりだち」とあります。そして依存とは「他のものをたよりとして存在すること」と書かれています。三省堂反対語対立語辞典にも，自立の反対語が依存であり，依存の反対語が自立であると示されています。そもそも自立の英語表記はindependenceで，依存の英語表記はdependenceです。このように自立は依存の否定として認識されているわけです。

　それでは，歴史的にはどのようにとらえられてきたのでしょうか。新村（2002）は近世において老いや老耄が世間でどのように認識されていたのかに

ついて，1814年の『耳嚢（みみぶくろ）』などをひも解き，歌人横井也有（やゆう）の歌を引用し，当時は老いとともに訪れる老耄が回避できないのならば，それを引き受けることを説いています。また「老耄は病ではなく，加齢にともなって生じる障害とみなされている。そして進行する機能麻痺や喪失に直面しても，悩むなと教えるのである。ずぼらに生きること，負い目を感じることなく，人の手を借りて生きればよいというのである」（p. 61）と述べています。つまりこの時代，老いに抗うのではなく，老いは自然の摂理であり受け入れること，また他者のケアを受けながら生きていけばよいと認識されていたのです。

　しかしその後，明治から大正時代にかけて老いは忌み嫌われるようになり，子どもや孫に頼らず，社会の世話にもならず，自らの貯蓄によって自立を心がけなければならないと認識されるようになりました。このように近代に入ると，自立と依存は対立する概念としてとらえられるようになり，それは現在も続いています。

　シャイエとウィリス（Schaie, K. W. & Willis, S. L., 2006）は老年期に直面する問題として自立性の減少と依存の登場を指摘し，高齢者は依存を恐れ，そこから逃れようと奮闘するとしています。このように人々は自立と依存を対立概念として認識し，依存を脱した状態が自立であるというとらえ方をしているのです。また鷲田（2003）は，高齢者が受動的な存在であり，老いが「従順で愛しい老人」という他律的なものであることを強いられていると指摘しています。これは，ケアする者とケアされる者の関係性の中で愛らしい高齢者であることを求められ，それに応じることができないと拒否されるという価値観のもとに置かれていることを意味しています。この鷲田（2003）の主張においても，自立と依存は対立しており，他者のケアが必要な高齢者は受け身，つまり依存の状態に置かれることになるのです。

　表2をみると，最もよく起こっている虐待は「訴えの無視」や「コールの無視」でした。高齢者がケア労働者に頼み事をしても無視されてしまうというわけです。ではケア労働者はなぜ高齢者を無視するのでしょうか。ケア労働者は先ほど辞書の記述で確認したような一般的な自立観をもっており，いろいろなことを一人で行うことが重要だと考えています。たとえば以前，高齢者が多く入院している病院で私がフィールドワークをしている際につけていたフィール

ドノートには次のような記述があります。

　　ケア労働者のIさんが高齢者のJさんを入浴から連れてきて，リクライニングベッドからベッドに移すとき「自分でできるところは自分でやれ」とか「まったくわがままばっかで」とJさんに言っていた。（2003年12月9日）

　　高齢者のCさんの〔ベッドの〕シーツ交換をケア労働者のKさんとしているとき，高齢者のLさんが2度ほど「〔ベッドについて〕こう直してほしい」と言った後で，また私〔筆者〕を呼んで「布団の畳み方を逆にしてほしい」と言ってきた。それを直していたらケア労働者のKさんが私に「ごめんねぇ。歳をとるとだんだんわがままになってくるからごめんねぇ」と言い，Lさんには「代わりに謝っといたから」と言っていた。（2002年12月10日）
　　　　　　　　　　　　　　　　　　　　　　※〔　〕内は筆者による補記。

　このようにケア労働者のIさん，Kさんは，他者に頼ることはよくないことと認識していることがわかると思います。自立と依存を対立概念としてとらえているケア労働者は，他者に頼らない自立がよい状態であり，ケアを受けて生活することを依存で，悪い状態と考えています。すると要介護高齢者にケアを施してあげているという姿勢になってしまうのではないでしょうか。そのため，ケアを受ける側は「お尻の拭き方に満足いかない時，『もう一度拭いてください』とは言えません。この言葉を言ってしまうとあとで介助者と気まずくなるからと思い，言葉をのんで」（小山内, 1997, p. 24）しまうことになるでしょう。なぜなら，もし要望を表明したら「わがまま」と言われ，ときにはその後，まともなケアが受けられなくなってしまうことがあるのです。「自立は一人の中で成立する」と考えてしまうために不都合なことが起きてしまうのだと思われます。
　こういった対立的な「自立と依存の枠組み」をもっているケア労働者にとって，要介護高齢者が「○○してほしい」と要望を表明してくることは，他者に依存することだからよくないということになります。すると要介護高齢者の訴えを無視したりすることにつながっていってしまうのです。対立的な「自立と

依存の枠組み」をもっていると必然的に虐待行為が起こりやすくなるといえるわけです。

4-2.　障害者の議論から考える「自立と依存の枠組み」

　日本の障害者の自立生活運動の中で，他者に頼らず時間をかけて着替えることが自立なのではなく，他者の援助を借りて短時間で着替えなどを済ませて街に出ていくことこそ自立なのだという，自立と依存の考え方が登場しました。他者に頼りながら自律して生活することこそが自立であるというわけです（磯部, 1984; 岡部, 2006, 2015; 立岩, 1999a）。ここでは，自立と依存は対立する概念としてはとらえられていません。実際にはもっと複雑ですが，ポイントだけを整理すると依存がベースとなり，そのうえで自立が成立するという発想といえます。

　子どもと養育者の愛着に関してもこれと似たことがいえます。発達心理学では子どもの自立に関して，以前から安定した依存関係があって初めて自立できることが指摘されています（柏木, 1995; 高橋, 1984）。そして，この依存という言葉の意味があまりよくないということから，最近では愛着という言葉が使われ，安定した愛着関係を基盤にして子どもは自立を遂げていくと主張されるようになっています。ただし，この子どもの自立とは，いわゆる身辺自立というような意味であり，障害者の自立生活運動における自立の概念とは完全には一致しません。年月が過ぎる中で次第に心身が発達し，できなかったことができるようになっていく子どもと，できなかったことが数年後にもできないままであったり，もっとできなくなっている障害者や高齢者とは違うのです。

　また，別の視点から自立と依存を議論しているキティ（Kittay, E. F.：キティ, 2011）は，依存の意味を問い直し，人の依存は良いものでも悪いものでもなく，単なる事実であること，人はみな常に関係性の網の目の中にあり，決して完全に自立しているわけではないこと，そして常に依存と相互依存の関係を結んでいるということを主張しています。子どもや障害者，高齢者，そして一時的にケアが必要な状況になっている人々のことを依存者と呼び，その依存者のケアをする人々のことを有償／無償の区別なく依存労働者と呼んでいます（キティ, 2010）。キティ（2011）は，障害があろうとなかろうと，そもそも完全に自立し

ている人などいないという事実から，重要なのは自立ではなく依存であり，依存という事実を認識することだというのです。

　同じように依存という事実に目を向けさせる議論をしているのが熊谷（2013）です。彼は2011年の東日本大震災の際，避難するのに苦労したという自身の経験から，健常者は依存先の数が相対的に多いため，Aという選択肢がダメならBという選択肢を選ぶといったことが可能であるが，障害者の場合，依存先が限られているため，Aという選択肢しかなく，Aがダメならおしまいになってしまう。そして障害者は依存先が相対的に少ないという脆弱な立場に置かれやすい。そのため限られた依存先に強く依存してしまうということを明らかにしました。

　すると，障害者がAという選択肢に依存していることを強く意識する一方で，依存先が無数にある健常者は，依存先の一つひとつへの依存度が低いため，何かに依存しているという意識が低くなります。そのため本来は無数の依存先に依存しているにもかかわらず，それぞれへの依存度が低く，あまり意識することもないために，健常者はまるで自分が自立しているかのように勘違いしてしまうのではないかというのです。以上のことから熊谷（2016）は，「自立とは，依存しないこと（independence）などではなく，むしろたくさんの依存先を分散してもつこと（multi-dependence）であるということができる」（p. 71）と述べています。このこのようにキティと熊谷の主張は，一般的に考えられているような自立に価値があるという話とは真逆の考え方をしているのです。つまり依存こそが重要だというわけです。

　そこであらためて考えてみると，ケアというのは二者間（もちろんもっと多くの人がかかわります）で行われている営みです。自立と依存に関しても，依存を忌み嫌うのではなく，依存の重要性を再確認することが大切でしょう。依存とは誰かに頼るということであり，まさにケアがそうなのです。そして誰かにケアしてもらいながら日常を送るということこそが自立ということになるのではないでしょうか。

　このような依存の重要性を確認してから，あらためて虐待について考えてみたいと思います。

4-3.　虐待が起こらないようにするための「自立と依存の枠組み」

　以上の障害者における「自立と依存の枠組み」の議論を，どうすれば要介護高齢者の虐待を解決できるのかという問題に当てはめて考えると，二者間の依存関係が大切であり，その依存関係をベースにして自立が成り立つという考え方に立てたならば状況は変わるといえるでしょう。少なくとも高齢者が頼ってきたことをケア労働者が無視するということにはならず，高齢者も「わがままと言われないだろうか」と頼ることを躊躇してしまうということもなくなっていくのではないでしょうか。

　最初の問いに戻ってみましょう。当たり前のことですが，人間は一人で生きているわけではありません。必ずや他者の何かを頼りにしながら生活しています。その事実を真摯に認めることが大切なのでしょう。2016年の相模原障害者施設殺傷事件を起こした植松聖死刑囚は，意思疎通のできない重度の障害者は不幸しか生み出さないため，安楽死させる必要があるとして，施設に入居していた障害者19名を殺害しました。植松死刑囚は裁判の過程で障害者についてさまざまなことを語っています。詳細については関連書籍が多数あるため，そちらを参照してください（たとえば，朝日新聞取材班, 2020）。

　植松死刑囚は障害者の存在を周囲の人から切り離して考えていたようです。そのため「不幸をつくり出す」と考えたのでしょう。しかし裁判の過程で遺族から主張されていたのは，植松死刑囚から不幸しか生み出さないと言われたその障害者たちが家族に幸福をもたらしていたという事実です。障害者を従来の自立観で考えると依存しており，よくない存在となることでしょう。しかし新たな自立観で考えてみれば，障害者が他者（たとえば家族）に頼るのは当たり前であり，他者（家族）の視点に立てば，頼られることが幸福であるということにもなるのです。

　私は「情けは人の為ならず」ということわざが好きです。このことわざは人間が一人で生きているわけではないということをよく表しているように思います。このことわざは「他人に情けをかけることで，巡り巡って自分が情けをかけてもらえる。だからどんどん他人に情けをかけなさい」といった意味です。誰かを助け，それによって自分が誰かに助けられるというわけですから，どん

どん情けをかけていきたいものだと思います。

　しかし，このことわざは多くの人に勘違いされて，「その人のためにならないから，情けをかけてはいけない」という意味にとられています。この勘違いされた意味は，本章で確認したように，自立と依存を対立的にとらえる考え方に通じます。自立と依存を対立的にとらえる考え方では，「自分のことは自分でやるのがよくて，他人に頼ってはいけない」という理解になります。「その人のためにならないから，情けをかけてはいけない」というのと似ています。世の中で自立と依存を対立的にとらえている人が多いことと連動するように，「情けは人の為ならず」を勘違いする人も多いようです。私たち一人ひとりが「人間は一人では生きていけない」し，正しい意味で「情けは人の為ならず」なのだと思えるようになれることで，社会が少し変わるのではないでしょうか。

　最近，ヤングケアラーの問題などをめぐって，他人に頼ることの大切さが指摘されています。みなさんは誰かに頼ったことがあるでしょうか。他人に頼ることができるかどうかは，それまで他人に頼ったときにどんな対応をしてもらったのかがかかわってくると思われます。というのも，頼ったにもかかわらず「そんなことは自分でどうにかしなさい」「甘えちゃダメ。自分でやりなさい」と突き放される経験しかしたことがない人は，他人に頼ることはできないのではないでしょうか。その一方，他人に頼ったときに適切に対応してもらった人は，頼った甲斐があったと感じ，次も頼ってみようと考えるのではないかと思います。

　「自立と依存の枠組み」を問い直すということは，現代社会を生きるすべての人にとってとても大切なことだと思います。みなさんの身近な問題も，この「自立と依存の枠組み」の問い直しによって解決の可能性が開かれることがあるのではないでしょうか。

[引用文献]

天田　城介（2004）．老い衰えゆく自己の／と自由——高齢者ケアの社会学的実践論・当事者論——　ハーベスト社.

朝日新聞（2005）．1人夜勤，2人なら防げた――石川・介護施設殺人――（3月5日朝刊）．

朝日新聞取材班（2020）．相模原障害者殺傷事件　朝日新聞出版．

馬場 保子・久木原 博子（2014）．高齢者の老性自覚と「老い」の受け止め方――身近な高齢者へのインタビューから――　看護・保健科学研究誌，*15*(1)，144-150．

原田 正樹（1999）．「共に生きる」という関係づくりとゆらぎ　尾崎 新（編）．「ゆらぐ」ことのできる力――ゆらぎと社会福祉実践――（pp. 171-191）　誠信書房．

稲葉 美由紀（2009）．要介護高齢者のケアプロセスにおける役割――「ケアを受ける側」の視点からの質的データ分析――　社会福祉学，*49*(4)，131-142．

石川 准（2004）．見えないものと見えるもの――社交とアシストの障害学――　医学書院．

磯部 真教（1984）．自立生活とは　仲村 優一・板山 賢治（編）．自立生活への道――全身性障害者の挑戦――（pp. 29-35）　全国社会福祉協議会．

柏木 惠子（1995）．自立　岡本 夏木・清水 御代明・村井 潤一（監修）．発達心理学辞典（p. 339）　ミネルヴァ書房．

Kittay, E. F.（1999）．*Love's labor: Essays on women, equality, and dependency.* London: Routledge.（キティ，E. F.　岡野 八代・牟田 和恵（監訳）（2010）．愛の労働あるいは依存とケアの正義論　白澤社）

キティ，E. F.・岡野 八代・牟田 和恵（2011）．ケアの倫理からはじめる正義論――支えあう平等――　白澤社．

厚生労働省（2018）．資料1-1　目標項目1．健康寿命の延伸と健康格差の縮小　https://www.mhlw.go.jp/file/05-Shingikai-10601000-Daijinkanboukouseikagakuka-Kouseikagakuka/0000166296_7.pdf（2020年12月2日アクセス）

小谷 みどり（2018）．ぽっくり死にたいけど，今日はイヤ　第一生命経済研究所Life Design Report，*227*，21-23．

熊谷 晋一郎（2013）．依存先の分散としての自立　村田 純一（編）．知の生態学的転回2　技術――身体を取り囲む人工環境――（pp. 109-136）　東京大学出版会．

熊谷 晋一郎（2016）．発達障害当事者の「自立」と「依存」　柘植 雅義（監修），藤野 博（編著）．発達障害のある子の社会性とコミュニケーションの支援（pp. 63-73）　金子書房．

前川 美智子・操 華子（1997）．良いケアに対する患者の認識に関する研究――中心静脈カテーテルの消毒場面を通して――　日本看護科学会誌，*17*(3)，110-111．

正高 信男（2000）．老いはこうしてつくられる――こころとからだの加齢変化――　中央公論新社．

松本 啓子・若崎 淳子（2008）．中高年者の老いへの思い――高齢者のSuccessful Agingの視点から――　インターナショナルNursing Care Research，*7*(1)，97-102．

三嶋 博之（1994）．"またぎ"と"くぐり"のアフォーダンス知覚　心理学研究，*64*(6)，469-475．

三好 春樹 (2005a). はじめに――このセミナーを開いた理由―― 下村 恵美子・高口 光子・三好 春樹. あれは自分ではなかったか――グループホーム虐待致死事件を考える――(pp. 3-5) ブリコラージュ.

三好 春樹 (2005b). 介護の専門性とは何か 雲母書房.

三好 春樹 (2005c). 介護の町内化とエロス化を 川本 隆史 (編). ケア社会倫理学――医療・看護・介護・教育をつなぐ――(pp. 203-223) 有斐閣.

三好 春樹 (2008). 介護職よ, 給料分の仕事をしよう 雲母書房.

三好 春樹 (2012). 希望としての介護 雲母書房.

守屋 国光・大竹 喜美子 (1975). 老年期の自己概念に関する研究 (I)――老人としての自己概念の出現について―― 聴覚言語障害, 4 (2), 88-94.

村田 典生 (2018). 死と向き合う民俗信仰――流行神とぽっくり信仰―― 佛教大学総合研究所共同研究成果報告論文集, 6, 95-110.

中村 義哉 (2008). 「よいケア」とは何か――来たるべき「ふつうのケア」の実現のために―― 上野 千鶴子・大熊 由紀子・大沢 真理・神野 直彦・副田 義也 (編). ケア その思想と実践2 ケアすること (pp. 55-74) 岩波書店.

中西 正司・上野 千鶴子 (2003). 当事者主権 岩波書店.

西川 勝 (2007). ためらいの看護――臨床日誌から―― 岩波書店.

野口 眞弓 (1999). ケアの受け手の認識にもとづく母乳ケア過程 日本看護科学会誌, 19 (3), 38-46.

岡部 耕典 (2006). 障害者自立支援法とケアの自律――パーソナルアシスタンスとダイレクトペイメント―― 明石書店.

岡部 耕典 (2015). 障害と当事者性をめぐる支援の現在――「自立」と自律のポリティクス―― 社会学年誌, 56, 3-17.

岡原 正幸 (1995). コンフリクトへの自由――介助関係の模索―― 安積 純子・岡原 正幸・尾中 文哉・立岩 真也. 生の技法――家と施設を出て暮らす障害者の社会学――〈増補改訂版〉(pp. 121-146) 藤原書店.

沖中 由美 (2006). 身体障害をもちながら老いを生きる高齢者の自己ラベリング 日本看護研究学会雑誌, 29 (4), 23-31.

沖中 由美 (2011). 在宅で老いを生きる要介護高齢者の自己意識 日本看護研究学会雑誌, 34 (2), 119-129.

大村 壮 (2007). 特養職員による感謝の言葉の要求が老人虐待の発生と繰り返しに与える影響の検討――個別ケアの視点から―― 老年社会科学, 29 (1), 13-20.

大村 壮 (2010). 特別養護老人ホーム職員の高齢者イメージのズレが施設内老人虐待に与える影響 心理学研究, 81 (4), 406-412.

大村 壮 (2022). 施設内高齢者虐待の発生と繰り返し及び防止に関する調査研究――自立と

依存の枠組みからの心理学的検討—— 博士論文（未刊行）.

小山内 美智子（1997）. あなたは私の手になれますか——心地よいケアを受けるために—— 中央法規出版.

小澤 勲（2004）. 物語としての痴呆ケア 小澤 勲・土本 亜理子. 物語としての痴呆ケア（pp. 1-148） 三輪書店.

最首 悟（2005）. ケアの淵源 川本 隆史（編）. ケア社会倫理学——医療・看護・介護・教育をつなぐ（pp. 225-249） 有斐閣.

Schaie, K. W., & Willis, S. L.（2002）. *Adult development and aging* (5th ed.). London: Pearson Education.（Schaie, K. W., & Willis, S. L. 岡林 秀樹（訳）（2006）. 成人発達とエイジング〈第5版〉 ブレーン出版）

新村 拓（2002）. 痴呆老人の歴史——揺れる老いのかたち—— 法政大学出版局.

袖井 孝子（2002）. 専門職としての介護 日本労働研究雑誌, *502*, 1.

副田 義也（2008）. ケアすることとは——介護労働論の基本的枠組—— 上野 千鶴子・大熊 由紀子・大沢 真理・神野 直彦・副田 義也（編）. ケア その思想と実践2 ケアすること（pp. 4-34） 岩波書店.

高口 光子（2008）. 認知症介護びっくり日記 講談社.

高橋 惠子（1984）. 自立への旅立ち——ゼロ歳～二歳児を育てる—— 岩波書店.

立岩 真也（1999a）. 自立 庄司 洋子・木下 康仁・武川 正吾・藤村 正之（編）. 福祉社会事典（pp. 520-521） 弘文堂.

立岩 真也（1999b）. 資格職と専門性 進藤 雄三・黒田 浩一郎（編）. 医療社会学を学ぶ人のために（pp. 139-156） 世界思想社.

立岩 真也（2000）. 弱くある自由へ——自己決定・介護・生死の技術—— 青土社.

上野 千鶴子（2005）. 老いる準備——介護することされること—— 学陽書房.

上野 千鶴子（2011）. ケアの社会学——当事者主権の福祉社会へ—— 太田出版.

鷲田 清一（2003）. 老いの空白 弘文堂.

渡邊 裕子・嶋田 えみ子・前田 志名子・内田 美樹・熊王 美佐子（2001）. 高齢者の老性自覚と老いに対する家族の意識 山梨県立看護大学短期大学部紀要, *6*(1), 113-123.

山下 幸子（2012）. 資格は何を担保するのか——障害当事者運動から介護資格を考える—— 社会問題研究, *61*, 79-90.

吉岡 なみ子（2011）. 介護職の「専門性」に対する認識と評価 福祉社会学研究, *8*, 105-126.

第9章
地域コミュニティとネットワーク：
大学生にとっての地域の意味とは？

奥田 雄一郎

1. なぜこの問題を研究しようと思ったのか
あなたにとって，ふるさとは？

「あなたのふるさとは？」と聞かれたら，あなたはどんなふうに答えるでしょうか？　実は，筆者はこの質問にどう答えてよいのか迷ってしまう気持ちが少しあります。もちろん自分が生まれ，そして育った土地はありますし，中学・高校時代をともに過ごした同級生たちもいます。そうした友人たちとは現在でも連絡を取り合っていますし，実家には今でも両親が住んでいます。しかし，それでもやはり「あなたのふるさとは？」と聞かれ，単に生まれた土地の地名を答えることに，なんとなく違和感を覚える自分がいるのです。

その理由の1つには，筆者の育ってきた来歴があるように思います。幼いころ，父の転勤で全国を数年ごとに転々としていました。そのため，幼いころの記憶というものが1つの地域ではなくいくつかの地域にまたがっています。中学・高校生のころは住む場所の移動はなかったものの，多くの青年がそうであるように，行動範囲の拡大や青年期特有の同世代での密なかかわりなどによって，自分が住んでいる地域コミュニティにあまりかかわることはありませんでした。そして大学・大学院生時代は実家を離れ，東京で一人暮らしをしていました。筆者が住んでいた大学の付近の地域には，筆者の他にも多くの一人暮らしの学生たちが住んでいましたが，たとえば同じアパートに住む学生たちとさえかかわるということはなく，また，住んでいる地域のコミュニティにかかわるような活動もとくにありませんでした。

このように，筆者はその成長の中で常に移動し続け，生まれてからずっと1つの地域コミュニティの中で生きてきたというわけではありませんでした。そのため，「あなたのふるさとは？」と聞かれても住んできた場所がいくつかあ

り，「ここが私のふるさとです」とすぐに答えることに少し躊躇があるわけで
す。現代社会においては，進学や就職などによって移動をする人々は多く（国
立社会保障・人口問題研究所, 2018），こうした地域間の移動経験は筆者だけに限
られたことではないでしょう。

2.　どんな問いを立てたのか
「地域と共に生きる大学生たち」

　そんな筆者が着任した大学は，「地域と共に生きる大学」（鶴蒔, 2019）として
紹介されるほど，全国の大学の中でもとくに地域との結びつきが強いことで有
名な大学でした。この大学に通う学生たちは，その年によって多少の変動はあ
りますが，毎年約8〜9割の新入生たちが県内，つまりその地域の出身であり，
卒業生の約7〜8割が県内企業や官公庁へと就職していくという，まさに「地
域と共に生きる大学生たち」でした。地域の移動を繰り返してきた筆者とは異
なり，この大学の学生たちの多くは，生まれてから大学に入学するまで1つの
地域の中で育ち，そしてこれからもその地域の中で生きていく青年たちでし
た。こうした大学生たちと日々かかわっていく中で，それまで地域とのかかわ
りをあまりもってくることがなかった筆者にとっては，新たな気づきや視点の
発見，そしてなるほどと考えさせられることもたくさんありました。こうした
経験の中からまた新たな問いが生まれることもありますし，新たな研究へとつ
ながっていくこともあります。
　本章では，このように「地域と共に生きる大学生たち」との出会いから生ま
れた筆者の研究の中からいくつかを紹介し，筆者が地域コミュニティに対し
て一人の研究者としてどのように問いを立て研究を行ってきたのか，そしてそ
うした研究をもとにどのような教育実践を行ってきたのかを紹介してみましょ
う。

3. どんな研究をし，何がわかったのか
大学生たちにとっての地域と時間的展望

3−1. 大学生は地域にどのようにかかわっているのか

　前節において紹介したような，「地域と共に生きる大学生たち」は，自分たちが住む地域にどのようにかかわり，自分たちの住む地域をどのようにとらえているのでしょうか。

　高度経済成長期以降の日本においては，少子高齢化による人口減少などの社会的背景によって，地域コミュニティの衰退が指摘されてきました。また青年期においてはとくに，児童期や老年期などの他の発達段階に比べて，同世代性が強く，地域コミュニティへの参加意識が低くなることも指摘されています（石川ほか，2019）。

　筆者は，地域コミュニティと大学生の関係を検討するために，まず前節において紹介したような，「地域と共に生きる大学生たち」の地域とのかかわりには，どのような特徴があるのかを検討することとしました。奥田ほか（2018）では，大学生166名（男性72名，女性91名，その他3名）に対して質問紙による調査を行いました（調査の詳細については，奥田ほか，2018を参照してください）。

　はじめに，大学生たちと地域とのかかわりを調べるために，「地域とかかわる役職ももっていないし，行事等に参加することもない」「直接地域の活動を手伝ったりすることはないが，行事などに参加者として参加することはある」「地域で責任をもつ担当はしてないが，呼びかけがあれば，地域の活動に参加することがある」「地域の組織の役職をもっており，地域の活動もかなりしている」という4つのタイプのうち，自らの地域とのかかわりはこれらのどれに当てはまるかを尋ねました。

　その結果，大学生たちの地域へのかかわりは「地域とかかわる役職ももっていないし，行事等に参加することもない」者が88名（53.00％），「直接地域の活動を手伝ったりすることはないが，行事などに参加者として参加することはある」者が42名（25.30％），「地域で責任をもつ担当はしてないが，呼びかけがあ

227

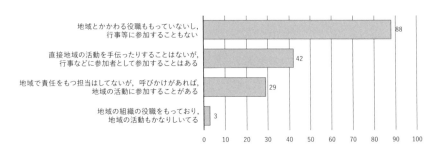

図1　大学生たちの地域へのかかわりの4つのタイプ

れば，地域の活動に参加することがある」者が29名（17.50％）であり，「地域
の組織の役職をもっており，地域の活動もかなりしている」大学生はわずか3
名（1.80％）でした（図1：このタイプ分けは，奥田・呉ほか，2016において，平均60
代の地域住民の方々に用いたのと同じものを用いているので，地域とのかかわりとして
は大学生たちにとっては少しハードルの高いものになっていたかもしれません）。

　調査の結果からは，地域の組織の中で役割を果たすなど，地域に濃密にかか
わる大学生や，地域の活動に参加する，行事などに参加者としてかかわること
はあるといった大学生たちもいるものの，半数以上の大学生たちは地域に住み
ながらも，地域の行事や地域の中での役割を果たすといったかかわりまでは
もっていないことがわかりました。つまり，地域間の移動が比較的少なく，地
域コミュニティの中で育ってきた大学生たちであったとしても，現代社会にお
いては地域とのかかわりは自明のものではないということです。都市だけでは
なく地方においても，地域の中で育った，ただそれだけでは青年たちと地域と
のかかわりが形成されることはないということが示唆されました。

3−2.　地域へのかかわりによって地域愛着は異なるのだろうか

　それでは，そうした地域へのかかわりの4つのタイプは，大学生たちが住む
地域への意識や感情に影響を及ぼすのでしょうか。

　地域への意識や感情は，古くは「場への愛着」（Altman & Low, 1992; Shumaker
& Taylor, 1983）として，そして近年では「地域愛着」という概念によって検討

がなされてきました。

　地域愛着については園田（2002）が，場所への愛着の定義を，①個人と場所との間の（肯定的で）感情的な絆もしくはつながり，②①に時間や認知，行動，文化の側面が加わった定義，③①に心地よさ，安心感が加わった定義，④各研究の目的により，変数の一部として操作的に定義されたもの，⑤愛着理論の対象に家を想定し物理的な存在を考慮した定義の5つに整理し，これまで多くの地域愛着に対する研究がなされてきました。そのため筆者らも，大学生が自分たちの地域に対してどのように感じているかを明らかにするために，この地域愛着という概念を用いて検討することとしました。

　先ほどの大学生の地域へのかかわりの4タイプを独立変数に，鈴木・藤井（2008）による「鳥や虫の鳴き声を聞くことが多い，地域の人々と話をする機会が多い」といった【風土接触度】，「この地域は住みやすいと思う，この地域の雰囲気や土地柄が気に入っている」といった【地域選好】，「この地域は大切だと思う，この地域は自分のまちだという感じがする」といった【地域愛着】，「この地域にいつまでも変わってほしくないものがある，この地域になくなってしまうと悲しいものがある」といった【地域持続願望】の4つの下位因子に加えて，引地ほか（2009）による，「この地域の町並みや自然はきれいだと思う，この地域の町並みから歴史が感じられる」といった【物理的環境評価】，「日頃，地域の人々と交流を持つことが多い，毎年，この地域で行われる祭やイベントを楽しみにしている」といった【社会的環境評価】，「この地域に今後も住み続けたいと思う，自分にとってこの土地はなくてはならない場所である」といった【地域への愛着】の3つの下位因子の合成得点を従属変数とした一元配置の分散分析を行いました。

　その結果，地域愛着のすべての因子において，「地域とかかわる役職ももっていないし，行事等に参加することもない」といった地域へのかかわりの少ない大学生たちに比べて，「地域の組織の役職をもっており，地域の活動もかなりしている」大学生たちに代表される地域とのかかわりの多い学生たちのほうが，地域愛着の得点が高い傾向がみられました。つまり，地域とどのようにかかわっているかによって，その地域に対する愛着には違いがあることがこの調査からわかりました（図2）。

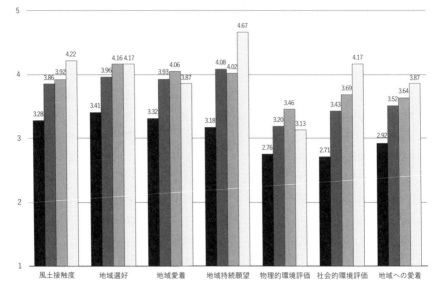

図2　地域へのかかわりのタイプによる地域愛着の得点

　呉ほか（2018）は，この奥田ほか（2018）を含む一連の調査に際し，「家に住む」から「地域に住む」という視点の重要性を強調しています。単に家に住み，職場や学校に通うということではなく，自分が生きる地域の人々とかかわり，地域にかかわっていかなければその地域に対する愛着は形成されていくことはないでしょう。青年たちにとって地域が他人事ではなく自分事となるよう，地域愛着を形成していくためには，そうしたかかわりの機会をつくっていくなどの工夫が必要であることがわかりました。

3-3. 地域へのかかわりに対するサポートの必要性

　これまでに明らかになったように，都市の青年たちだけではなく，自分たちが育った地域に属し続けている大学生たちであったとしても，半数以上の大学

生たちにとってその地域とのかかわりは強いものではありませんでした。東京大学社会科学研究所・ベネッセ教育総合研究所共同研究（2015）が指摘するように，わが国においては子ども時代の行事など，小学生たちの地域とのかかわりが少ないわけではありません。しかしながら，そうした児童期における地域へのかかわりは，何もしなければ青年期以降にも継続されていくものではありません。同一の地域コミュニティの中でずっと育ったとしても，それだけで青年たちの地域へのかかわりが形成されるものではないのです。

　むしろ丁寧にそうしたかかわりをつなぎ，そして新たにつくっていかなければ，青年たちが地域コミュニティとつながり続けることはできません。杉山（2012）は，進路選択の視点から大学生の地元志向を検討し，大学生たちが地元への愛着を地元志向へと結びつけてはいるが，地元のために貢献したいとする意識は十分に確立していないことを明らかにしています。このようなかたちでの地元志向は，単なる人口定着という点ではともかく，地域活性化に十分に寄与するとはいいがたいとされています。まさに「家に住みながら地域に住んでいない」という状況でしょう。それではその地域とかかわりたい，その地域に貢献したいといったような意識にはつながっていくことはないでしょう。

　そのため，単にその地域に住み，その地域で進学するだけではなく，そうした青年たちを地域コミュニティへとつないでいくサポートの必要性がこの研究から示唆されるでしょう。そうしたサポートによって，青年たちは地域へとかかわり，自らの地域への地域愛着を育んでいける可能性があるのではないでしょうか。

3-4. なぜ大学において地域についての学びが重視されはじめたのか

　そうした青年たちへの地域愛着形成のサポートのあり方の1つとして，高等教育が考えられます。近年の全国的な「地域」や「コミュニティ」などの名称を冠した大学や学部の新たな設立，また，文部科学省による2013年からのCOC（Center of Community）事業（地（知）の拠点整備事業），2015年からのCOC+事業（地（知）の拠点大学による地方創生推進事業）の推進にみられるように，近年大学における「地域についての学び」がより重視されはじめていま

す。

　各大学に設置されている授業で地域の歴史や産業について学んだり，イン
ターンシップやサービスラーニング（教育活動の一環として，一定の期間，地域の
ニーズ等を踏まえた社会奉仕活動を体験することによって，それまで知識として学んで
きたことを実際のサービス体験に活かし，また実際のサービス体験から自分の学問的取
り組みや進路について新たな視野を得る教育プログラム；中央教育審議会, 2012）など
によって，実際に地域の行政や企業とかかわりながら学んだりといったよう
な，従来の大学にはみられなかった「地域についての学び・地域の中での学
び」が近年展開されはじめています。

　こうした「地域についての学び・地域の中での学び」を通して，大学生たち
は抽象的なライフイベントとしての就職活動や職業生活，結婚や子育てという
未来ではなく，たとえば自らがどのような地域の中で働き子育てをするのか，
どのような地域の中で誰と生きていくのかといったように，地域の中で生きる
自らのより具体的な未来を展望することが可能となります。

　つまり，こうした大学での地域の学びの重視の背景には，大学生のキャリア
形成の問題があります。大学生たちが生涯発達の中で自らの未来に対してどの
ような展望を描くのかは，彼らが生きる地域といった文脈と無関係ではないで
しょう。ここでは，地域愛着と時間的展望の関連をみることによって，大学生
たちのそうした地域におけるキャリアとの関係を検討してみたいと思います。

3−5.　大学生の地域愛着と時間的展望はどのように関連しているのか

　奥田・阿部ほか（2016）では，大学生189名（男性72名，女性111名，不明6名）
に対して，地域愛着と時間的展望の関連を検討するための質問紙調査を行いま
した（調査の詳細については，奥田・阿部ほか, 2016を参照してください）。

　青年にとっての未来は，心理学においてはこれまで時間的展望研究という
分野において検討がなされてきました。時間的展望とはレヴィン（Lewin, K.,
1951）よれば，「ある一定の時点における個人の心理学的過去，および未来に
ついての見解の総体」（訳は都筑, 1982より）と定義されています。従来の時間
的展望研究おいては，大学生たちの時間的展望を検討する際に，彼らの時間的

展望に影響する文脈を想定するとしても，それは学業や就職活動のように，大学という文脈の中に限定されたものでした。それに対して「地域の中の大学での学び」という視点からは，先にも述べたように，大学生たちが自らの未来に対してどのような展望を描くのかは，彼らが住まう地域，そしてさらに彼らが学生生活を送り，彼らが学ぶ地域といった文脈から切り離して考えることはできません。

　地域愛着研究においてはこれまで，基本的に多くの場合，対象者が「住まう場所」に対する愛着について検討がなされてきました（髙橋, 1982; 1984）。それに対して奥田・阿部ほか（2016）では，そうした「場への愛着」の範囲を，「あなたの学ぶ大学のある『前橋』という地域についてお聞きします」というふうに教示することによって，大学生たちの地域という概念の範囲を彼らが「学ぶ場」へと拡張しました。「地域についての学び・地域の中での学び」という視点からすれば，地域の中の大学という彼らが「学ぶ場」は，彼らの地域愛着や地域での時間的展望に大きく影響することでしょう。

　そのため本研究においては，彼らが学ぶ大学を含めた地域に対する地域愛着が，大学生たちの時間的展望にどのように影響しているのかを検討してみることにしました。

　はじめに，鈴木・藤井（2008）による地域選好因子，地域愛着因子，地域持続願望因子の3因子を用いてクラスター分析（Ward法）を行い（図3），大学生たちを「地域愛着得点低群（$n=107$）」と「地域愛着得点高群（$n=77$）」の2つのグループに分類しました。つまり，「地域愛着得点低群」の大学生たちは，相対的には自分が学ぶ大学の地域に愛着を感じておらず，逆に「地域愛着得点高群」の大学生たちは，自分が学ぶ大学の地域に関心や愛着を感じているとみなすことができるでしょう。

　この「地域愛着得点高群」と「地域愛着得点低群」の2つのグループによって，過去・現在・未来といった時間的展望がどのように異なるかを検討したものが図4です。時間的展望についての尺度としては，白井（1994）による時間的展望体験尺度を用いました。時間的展望体験尺度は「私には，だいたいの将来目標がある，将来のためを考えて今から準備していることがある」といった【目標指向性】，「自分の将来は自分できりひらく自信がある，私の将来には，

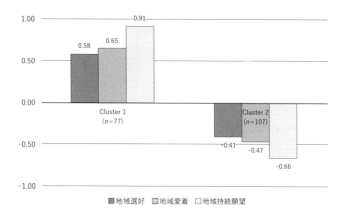

図3　地域愛着に関する因子のクラスター分析結果（Ward 法）

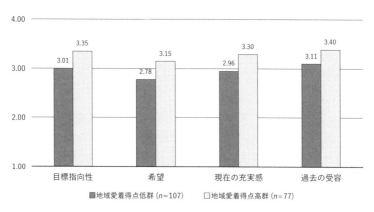

図4　地域愛着の高低による時間的展望体験尺度の得点

希望がもてる」といった【希望】,「毎日の生活が充実している, 今の生活に満
足している」といった【現在の充実感】,「過去のことはあまり思い出したくな
い（逆転項目）, 私は自分の過去を受け入れることができる」といった【過去の
受容】の4つの下位因子からなります。分析の結果, 目標指向性因子, 希望因
子, 現在の充実感因子, 過去の受容因子のすべてにおいて, 地域愛着得点低群
に比べて地域愛着得点高群のほうが有意に得点が高いことがわかりました。

3-6. 地域の中で生成する大学生の時間的展望

　以上のことから，自らが学ぶ大学がある地域に対して愛着を感じている大学生ほど，過去・現在・未来のいずれの時間的展望についても得点が高く，自らの過去・現在・未来に対してポジティブな時間的展望を抱くことができていることが明らかになりました。

　自分がこれからどのように生きてきていくのかといったキャリアの問題は単に未来だけの問題ではなく，自分がこれまでどのように生きてきて，そして今何に取り組んでいるのかといった，その大学生のそれまでの過去や，現在と切り離して考えることはできません（奥田, 2011; 2013）。

　本研究の知見からは，そうした大学生の過去・現在・未来といった時間的展望を生成するリソース（奥田, 2009）として，「地域」が機能する可能性が示唆されました。つまり，自分がこれまでその地域の中でどのように生きてきて，そして今地域を含む大学において何に取り組んでいるのかといった，自らが学ぶ大学という地域の歴史や産業形態，そこに住まう人々といったさまざまな要素に対する愛着が，大学生たちの過去・現在・未来といった時間的展望の生成に関与していると考えられるでしょう。

3-7. 大学と地域との往還による大学生の学び

　ここまでみてきた大学生の地域へのかかわりと地域愛着，大学生の地域愛着と時間的展望との関連についての研究は，大学生たちへの教育実践の中にどのように活かされているのでしょうか。最後に紹介するのは，筆者が行っている授業：「社会文化心理学」という教育実践です。

　先にも述べたように近年，大学生の学びは大学の講義室の中のみで行われるのではなく，さまざまなかたちでその大学が所属する地域コミュニティへと開かれはじめています。先述のCOC事業（地（知）の拠点整備事業）やCOC+事業（地（知）の拠点大学による地方創生推進事業）に代表されるように，大学はその設置されている「地域」から無関係な独立した存在ではなく，その地域の中に根差し，地方公共団体や企業等と協働し，そしてその地域の特色にマッチした教

育カリキュラムの改革を求められるようになってきました。「地域の中の大学」で学ぶ現代の大学生たちは，そうした高等教育の時代的文脈の中に埋め込まれています。このように，現在では全国の多くの大学において，地域とかかわりをもつ授業が展開されはじめています。ここではそうした地域とかかわりをもつ授業の中から，筆者の担当する授業を1つ紹介したいと思います。

3−8. 授業：「社会文化心理学」

　授業：「社会文化心理学」は，心理学を用いて文化と文化をつなぎ，新たな文化の生成を目的とする問題解決学習（PBL: Problem/Project-Based Learning）型の授業です。
　また，「社会文化心理学」は特定の専攻の学生だけではなく，全専攻の学生たちが履修可能な2年次配当の科目です。2017年度から開始されたこの授業は，2020年度で4年目を迎えました。「社会文化心理学」は，毎年20名前後の学生たちが受講し，15回の授業から構成されます（詳細は，奥田, 2018; 2019を参照してください）。この授業が開始された2017年度の「社会文化心理学」の授業概要をシラバスから抜粋してみましょう。

　　大学生である皆さんの周りには，様々な“文化”が取り巻いています。たとえばそれはアメリカと日本といった国と国の“文化”，偏見や障がいといった社会の中での“文化”，ギャルとオタクといった集団の“文化”，そして「わたしとあなた」といった個人間での“文化”。文化と呼ばれる現象は，様々なレベルで私たちを多重に包み込んでいます。グローバル化の進んだ現代社会においては，こうした様々な文化の中でどれか一つの文化に留まり続けるのではなく，様々な文化間を移動していくことが要請されます。
　　社会文化心理学ではこれまで“文化”ということをキーワードとし，4号館＊KYOAI COMMONSにおいて，若者たちの，本学の学生たちの文化を創るための実践を行ってきました。2012年度からの5年間の活動を経て，今年度のテーマは「まえばし」です。本学のある「まえばし」という街には，どんな場があり，どんな文化があるのでしょうか？　そして，そうした「ま

えばし」という場において，どのような若者文化を創る事ができるのでしょうか？　本講義においては心理学という道具を用いて，こうした問題に取り組んでみたいと考えています。

　シラバスの授業概要にもあるように，この「社会文化心理学」の授業は2016年度までは大学内のラーニング・コモンズを用いて，大学内で異なる背景をもつ学生たちの文化を混ぜ合わせるにはどうしたらよいのかというテーマで授業を行ってきました（奥田, 2014）。そこで得られた知見やノウハウを用いて，2017年度からはその範囲を大学外の地域へと拡大しました。

　その年の状況やその年に依頼したゲストやフィールドによって多少変更がありますが，授業の構成は，①担当教員による心理学的知識やチーム作業において必要となるさまざまなスキルについての講義，②地域のインフルエンサーやプレイヤーによるゲストトーク，③地域において行われているイベントや地域コミュニティの拠点などへのフィールドワーク，④大学生たち自身によるプレゼンテーションから構成されていました。たとえば2018年度の社会文化心理学の授業の15回の構成は，以下のようになっていました。

　第1回　ガイダンス
　第2回　講義：社会文化心理学とは何か
　第3回　講義：アクティブ・ラーニングとソーシャルデザイン
　第4回　ゲストトーク1：まちづくり会社
　第5回　ゲストトーク2：商店街振興組合理事長
　第6回　講義：ファシリテーション＋グラフィックレコーディング
　第7回　プレゼンテーション①：大学生が考えるまちの活性化
　　　フィールドワーク①：地域でのアウトドア・キャンプイベント
　第8回　ゲストトーク3：地域で活動する主婦
　第9回　ゲストトーク4：前橋市議会議員
　　　フィールドワーク②：大学生がクラウドファンディングで購入したビル
　第10回　ゲストトーク5：前橋商工会議所
　第11回　ゲストトーク6：地域の経営者＋その企業で働く卒業生

　授業が行われる場所は大学の中だけではありません。第1回・第2回・第3回までの講義，第7回・第12回・第13回は大学内のラーニング・コモンズなどで行われましたが（大学内においてもその週の活動，たとえばディスカッションの際にはディスカッションに適した教室，プレゼンテーションの際にはプレゼンテーションに適した教室といったように，その週の活動によって使用する教室が異なります），それ以外の授業は基本的にシェアオフィスなどのコミュニティスペースや美術館，他大学や地域企業のオフィスに足を運んだり，ときには映画館でのプレゼンテーションが行われたりといったように，大学外のさまざまな場所を用いて授業が行われました。このように大学と地域を往還することによって，学生たちは自らの学びを主体的に構成していくことが目指されていました。

　第1回・第2回・第3回・第6回などの筆者による講義においては，アクティブ・ラーニング型の授業をはじめるにあたって，この授業の前提知識となる心理学的知識やチーム作業において必要となるさまざまなスキルについての講義と実習，他の地域におけるソーシャルデザインの例の紹介などの講義が行われました。

　第4回・第5回・第8回・第9回・第10回・第11回などのゲストトークにおいては，地域で活動するインフルエンサーやプレイヤーたちに，実際に彼らが活動する場所で，それまでのまちの歴史や地域における活動の実践例について話していただきました。ゲストトークの際には毎回必ず学生たちはトークに対するレポートを執筆し，それらのレポートはゲストたちに送られた後，再びゲストたちから学生たちへのリプライコメントがフィードバックされました。

　授業外学習として，土日などを用いて地域において行われているイベント

図5　まちの映画館でのゲストトークの様子

①担当教員による講義

図6　担当教員による講義

図7　付箋を用いたアクティブ・ラーニング

図8　ワークを用いたチームビルディング

図9　ファシリテーション・グラフィック

や，地域コミュニティの拠点などへのフィールドワークを行いました。実際に現地に足を運んで地域の方々の説明をうかがったり，イベント参加者へのインタビューといったリサーチを行いました。また，イベントなどにおいては実際に学生たちがスタッフとしてイベントの実施・運営を体験することによって，

②地域のインフルエンサーやプレイヤーによるゲストトーク

図10　商店街振興組合理事長によるまちの紹介　図11　地元経営者による地域活動の紹介

③地域イベントや地域コミュニティの拠点などへのフィールドワーク

図12　地域におけるアウトドアイベント　　　図13　他大学の学生活動の視察

図14　市のビジョンの体現イベント　　　　図15　アート活動の拠点としての美術館

④大学生たち自身によるプレゼンテーション

図16　学生たちによるプレゼンテーション　図17　アート活動の拠点としての美術館

イベントのお客さんといったかたちで消費者として参加するだけではなく，地域コミュニティの担い手としての役割を経験し，地域文化の生成に立ち会う経験を共有しました。

　第7回・第15回においては，学生たちによるグループごとの「大学生が考えるまちの活性化プラン」についてのプレゼンテーションが行われました。第7回プレゼンテーション①においては，グループに分かれ「大学生からまちへの提案」と題したプレゼンテーションを行い，第15回プレゼンテーション②においては，これまでの授業の集大成として地域公開型の「大学生からまちへの提案」と題した最終プレゼンテーションを行いました。

　各グループのプレゼンテーションに対しては，各履修者がインターネット回答式のフォームを用いて用語の説明がなされているか，発表者の意見があるか，全体のプロセスが明確か，発表の目的が明確か，発表の目的と発表の結論がちゃんとつながっているか，背景，写真や図などを効果的に使えているか，みせる資料と話す資料が分けられているか，原稿ではなくフロアーをみて話しているか，発表時間が短すぎ／長すぎないか，質疑応答が適切かなど20項目の指標を用いて評価し合い，学生たちの相互評価の結果は翌週に各グループにフィードバックされました。

3－9．大学生たちは地域での学びをどのように経験しているのか

　こうした「社会文化心理学」の授業を経験した学生たちは，この授業での学びをどのように感じているのでしょうか。彼らの授業後のレポートの中からい

くつか紹介してみましょう。

　ここでは，「1. 地域愛着」「2. キャリア・地域の先輩（大人）からの学び」「3. 自己やアイデンティティの変化」という3つの特徴から，大学生たちが地域での学びをどのように経験しているのかをみてみましょう。

3－9－1．地域愛着

　履修学生たちの感想で多くみられたのは，自らの地元に対する認識の変化でした。「社会文化心理学」の受講生たちは，ここまでの研究からもみてきたように，はじめから自分の地元に対して全員がかかわりをもっていたわけではありませんでした。地方の大学においても，地域の中で育ったという，ただそれだけでは青年たちと地域とのかかわりが形成されることはありません。

（事例1：2年生，男性）

> 　社会文化心理学で私が今期，学んだことは「周りに目を向けてみることの大切さ，面白さ」である。私は前橋出身の人間であるが，街中へはあまり行きたいとは思わず，むしろ前橋に面白いところなんてあるのかと感じる人間だった。そのため，前橋の街中でたくさんのイベントが開催されていることも私は知らなかったのである。しかし，まちなか研究室でお話を聞いているうちに，前橋にも視点を変えるとさまざまな魅力あるものがたくさんあるのではないか，自分はただ単に前橋には面白いものがないと決めつけて周りをみようとしなかっただけなのではないだろうかという思いが出てきたのである。そのため，少しでもよいからそのような思い込みは捨てて，周りをみてみようという思いをもってみようと考えた。そしてフィールドワークでまちなかを探検した際にも周りを見渡してみることで，「こんな面白いところがあったのか」というように今までみつけることのできなかった面白い場所，面白い店をたくさんみつけることができたのである。　　　　　　　※　下線は筆者による強調。以下の事例も同様。

　地域に対する愛着を形成するのは，学生らが実際に自分たちの足で目で，自分たちの地元をフィールドワークし，そこにいるたくさんの地域の人々と出会

い，自分たちのまちを再発見するという経験です。そうした経験の中で，まちは知らない大人たちによる他人事が起こっている場所としてではなく，自分たちの人生にかかわる「自分事」が起こる場所として認識されていくのでしょう。

3−9−2．キャリア・地域の先輩（大人）からの学び

　履修学生たちにとって，ゲストスピーカーとして話してくださった地域で生きる大人たちの姿は，それまで知らなかった大人たちの姿でした。事例2にあるように，それまでは彼にとって，働く大人＝スーツを着ている人でした。そうしたラベルに対して例外となる大人たちと出会うことによって，履修学生たちの大人のイメージ，社会人のイメージはより柔軟なものとなっていきます。

（事例2：2年生，男性）

> 　ゲストトークで前橋に活気を取り戻すために懸命に活動している人々がいることを知った。その方々はとてもラフな格好で自由に働いていて，働くということはスーツを着て堅苦しく行うものだというイメージを今まももっていた私に新たな視点，新たな働く姿をもたらしてくれた。

　履修学生たちは「社会文化心理学」の授業を通して，地域で生きるさまざまな大人たちと出会うことによって，それまでもっていた「大学を卒業して働く」という自らの将来に関するネガティブなイメージを変化させていきました。青年たちの時間的展望にとって，こうした直接的な人的資源からの影響は大きいものです（奥田, 2009）。学生たちはしばしば，「大人とかかわる機会がない」と語ります。

（事例3：2年生，男性）

> 　私は社会文化心理学を受講するまでは，楽しそうに生きている大人をみかけることはほぼ，ありませんでした。しかし講義を通して，楽しそうに何かに没頭する大人たちをみることができたため，自分が探さなかっただけで，人生を楽しんでいる人が存在していることに気がつくことができま

した。幾人かのゲストスピーカーの方もおっしゃっていましたが，現代の日本の大人たちで，若者をワクワクさせてくれる人は探さなければみつからないほど少ないのではないのでしょうか。そのため，現代の若者は未来への希望を失っているといっても過言ではないと思います。私は社会文化心理学のゲストスピーカーたちの話を聞き，若者がワクワクする未来をつくるために必要なのは寛容さだと考えました。

　履修学生たちにとって「社会文化心理学」という授業の中で出会う大人たちの多くは，これまでの人生においては出会うことのなかった大人たちです。大学の授業を媒介としてこれまでは自らが属することのなかった文化の大人たちと出会うことによって，履修学生たちは「全力さ」「寛容さ」などの，自らの未来展望を形成する要素を，モデルとなる大人たちから学んでいきます。

3-9-3.　自己やアイデンティティの変化
　授業終了後の履修学生たちの感想からは，短期間での授業でありながらも自己の変化やアイデンティティの変化への実感がみられました。

（事例4：2年生，女性）

　　講演後に毎回感想を送るというフィードバックをすることによって，ただ講演をお聞きするだけではなく，「それに対して自分自身がどう感じたか」を考えられるようになった。これは自分の中でとても大きな変化であり，成長できた点だと感じている。

　各回において履修学生たちは授業終了後にゲストスピーカーに宛てた感想を書くことが課されていました。感想はゲストスピーカーに送られた後，今度はゲストスピーカーから履修学生たちへのコメントが加えられ返されました。そうしたリフレクションの機会が，単に授業を振り返るだけではなく地域の大人との対話の機会となり，自らの変化を認識する機会として機能していることも推察されます。

（事例5：2年生，女性）

> 　私はこの授業を通して多くの人とかかわることの大切さも学ぶことができました。1年次の私は自ら多くの人とかかわることを避けていました。小学生のころから大学まで同じの友人以外とはかかわりがなく，そのことを少し気にしつつも不自由だとは思っていませんでした。しかし，大学には多くの人がいて多種多様な価値観がそこかしこにある非常に恵まれた環境にいることを社会文化心理学の授業を受けてから気づきました。前橋についてお話をしてくださった方々は，多くの人たちとのかかわりを大切にしている人たちでした。自分の今までの行動を振り返ってみたときに，もっといろいろな人と早くからかかわっておけばよかった，あのときもっと会話を続けておけばよかったと後悔しかありません。社会文化心理学を終える前に絶対に多くの人とかかわろうと決めて行動していました。そのおかげで，終わった今では，社会文化心理学を通してたくさんの人とかかわれた結果が目にみえています。そして，1年次と比べものにならないくらい今が非常に楽しいです。多くの人とかかわることが自分にとってどれだけプラスに働くかを感じることができました。このかかわりを自分のプラスだけではなく他人のために活かせるようにしたいです。

　多くの履修学生たちにとって，こうした大学と地域を往還する学びは初めてのものでした。また，大人たちが教室の前で話してくれるという形式ではなく，直接コミュニケーションをとり，自分の意見に対してフィードバックをもらうといったように対話的に大人たちとかかわるのも初めてだった履修学生たちが多かったことでしょう。そうした機会の中で履修学生たちの自己は揺らぎ，アイデンティティの再体制化が求められます。

　そうしたアイデンティティの再体制化のプロセスの中で，他の履修学生たちや地域の大人たちは自己を揺るがす要因であると同時に，そうしたアイデンティティの再体制化を促進する要因でもあります。履修学生たちは地域の大人たちの姿を1つのモデルとして自らの未来展望を形成し，他の履修学生たちの承認によって新たなアイデンティティを形成していきます。そうした意味で，「社会文化心理学」という授業は，彼らが地域について学ぶと同時に，自分自

身についても学ぶ機会となっていたようです。

4. それが実践にもつ意義は何か
地域とともにある心理学研究

　2020年4月，新年度を迎えた全国の多くの大学において，これまで紹介したような地域の中での学びの多くがストップしました。新型コロナウイルスの感染拡大という世界的なパンデミックが世界を，そして大学での学びを襲ったのです。

　本章で紹介した，筆者が担当する「社会文化心理学」の授業においても前年度までのような地域でのフィールドワークや対面の活動はいったんストップし，2020年度前期はすべてオンラインでの授業となりました。そうした状況の中でもオンライン上でゲストトークを行ったり，他大学や他の地域とオンラインでつないでディスカッションをしてみたりといったように，これまでの授業とは違うかたちでの新たな授業の展開も経験することができました。

　また，これまでの研究や実践でかかわってきた地域の方々とのネットワークや，一緒にまちづくりにかかわってきた他大学などとのネットワークはこうした状況においても途切れることはありませんでした。オンライン上ではSNSなどを通じて活発な交流が維持され，直接会えるようになった際にはこれまで以上に，こうしたつながりの重要さを感じることができました。そうした人々や学生たちとの再会は，ある意味で，ふるさとに帰ってきたときのような感動を伴うものでした。ひょっとすると，本章のはじめにお話しした「ふるさと」というのは，場所や土地に限定されるものではないのかもしれません。おそらく，ネットやSNSの発達した現代社会においては，地元やふるさとというのは単に場所のことを指すのではなく，まさにこうしたコミュニティのことを指すのかもしれません。

　社会学には地域社会学という分野がありますが，心理学にはコミュニティ心理学はあっても，地域心理学という分野は聞いたことがありません。しかし近年，まちづくり心理学（城月ほか, 2018）といったように，心理学においても地域コミュニティや，関係人口（指出, 2016），コミュニティマネジメント（坂倉ほ

か，2020）などをテーマとした研究が増えつつあるように感じています。

　本章で扱った青年と地域コミュニティについての研究は，筆者が地方の大学に着任し，地域で生きる大学生たちと出会い，地域で活躍する人々と出会ったことによって初めて生まれた関心といってもよいでしょう。東京という都市に住んでいたときにはみえなかった，地方ならではの視点もまたみえてきましたし，地域に根差した研究や実践の中で，それまでにはなかった新たな問いもまた生まれてきました。そうした視点はむしろ，冒頭で述べたように私がそれまで地域コミュニティにあまりかかわってくることがなく，また，その地域にとってはヨソモノだったからこそ得られた視点なのかもしれません。もしずっと東京にいたとしたら，現在のような，地域やそこで生きる人々に対する筆者の研究関心はなかったかもしれません。

　私たちが経験した新型コロナウイルスによる世界的なパンデミックというこの経験は，人々の価値観をコロナ禍以前のものとは大きく変え，こうした価値観の変化は結果として，この章で取り上げた大学生の学びや大学生と地域のあり方も大きく変化させていくことになるでしょう。そうした新たな時代を迎える中で，地域とともに生きる学生たちと新たな問いを生み出し，新たな「地域についての学び・地域の中での学び」を創っていきたいと思います。

[引用文献]

Altman, I., & Low, S. M. (Eds.) (1992). *Place attachment*. New York, NY: Springer.

中央教育審議会（2012）．新たな未来を築くための大学教育の質的転換に向けて──生涯学び続け，主体的に考える力を育成する大学へ──（答申）．https://www.mext.go.jp/b_menu/shingi/chukyo/chukyo0/toushin/1325047.htm（2021年3月2日アクセス）

引地 博之・青木 俊明・大渕 憲一（2009）．地域に対する愛着の形成機構──物理的環境と社会的環境の影響── 土木学会論文集, *65*(2), 101-110.

石川 直樹・下田 篤・田隈 広紀（2019）．地域コミュニティ活性化に向けた青年期の主体的参加を促すネットワーク基盤の設計 国際P2M学会誌, *14*(1), 182-196.

国立社会保障・人口問題研究所（2018）．2016年社会保障・人口問題基本調査 第8回人口移動調査報告書．http://www.ipss.go.jp/ps-idou/j/migration/m08/ido8report.pdf（2021年3月2日アクセス）

Lewin, K. (1951). *Field theory in social science: Selected theoretical papers.* New York, NY: Harper & Brothers.（レヴィン，K.　猪俣 佐登留（訳）(1979).　社会科学における場の理論（増補版）誠信書房）

呉 宣児・奥田 雄一郎・大森 昭生（編著）(2018).　前橋市の地域づくり事典――「家に住む」から「地域に住む」――（共愛学園前橋国際大学ブックレットⅨ）　上毛新聞社事業局出版部.

奥田 雄一郎 (2009).　大学生の未来展望の情報ソースについての予備的検討――大学生はどんな情報をもとに未来の展望を抱くのか？――　共愛学園前橋国際大学論集, *9*, 137-146.

奥田 雄一郎 (2011).　未来という不在をめぐるディスコミュニケーション　山本 登志哉・高木 光太郎（編）.　ディスコミュニケーションの心理学――ズレを生きる私たち――（pp. 115-135)　東京大学出版会.

奥田 雄一郎 (2013).　未来の自分を想像できる？　後藤 さゆり・奥田 雄一郎・呉 宣児・平岡 さつき・前田 由美子・大森 昭生.「大人になること」のレッスン――「親になること」と「共生」――（共愛学園前橋国際大学ブックレットⅤ）(pp. 19-31)　上毛新聞社事業局出版部.

奥田 雄一郎 (2014).　ラーニング・コモンズにおける大学生の社会人基礎力と時間的展望の育成　共愛学園前橋国際大学論集, *14*, 109-125.

奥田 雄一郎 (2018).　社会文化心理学：まちなか学生プロジェクト――まちなか若者文化生成のための心理学的実践①――　共愛学園前橋国際大学論集, *18*, 261-278.

奥田 雄一郎 (2019).　社会文化心理学：まちなか学生プロジェクト――まちなか若者文化生成のための心理学的実践②――　共愛学園前橋国際大学論集, *19*, 107-120.

奥田 雄一郎・阿部 廣二・三井 里恵 (2016).　大学生の地域愛着と時間的展望　共愛学園前橋国際大学論集, *16*, 157-164.

奥田 雄一郎・呉 宣児・大森 昭生 (2016).　群馬県前橋市における地域認識と地域への愛着①――定量的データの分析――　共愛学園前橋国際大学論集, *16*, 145-156.

奥田 雄一郎・呉 宣児・大森 昭生 (2018).　群馬県前橋市における地域認識と地域への愛着②――大学生定量データの分析――　共愛学園前橋国際大学論集, *18*, 249-259.

坂倉 杏介・醍醐 孝典・石井 大一朗 (2020).　コミュニティマネジメント――つながりを生み出す場，プロセス，組織――　中央経済社.

指出 一正 (2016).　ぼくらは地方で幸せを見つける――ソトコト流ローカル再生論――　ポプラ社.

白井 利明 (1994).　時間的展望体験尺度の作成に関する研究　心理学研究, *65*(1), 54-60.

城月 雅大・園田 美保・大槻 知史・呉 宣児 (2018).　まちづくり心理学　名古屋外国語大学出版会.

Shumaker, S. A., & Taylor, R. B. (1983). Toward a clarification of people-place relationships: A model of attachment to place. In N. R. Feimer & E. S. Geller (Eds.). *Environmental psychology: Directions and perspectives* (pp. 219-251). New York, NY: Praeger.

園田 美保（2002）．住区への愛着に関する文献研究　九州大学心理学研究, *3*, 187-196.

杉山 成（2012）．大学生における地元志向意識とキャリア発達　小樽商科大学人文研究, *123*, 123-140.

鈴木 春菜・藤井 聡（2008）．地域愛着が地域への協力行動に及ぼす影響に関する研究　土木計画学研究論文集, *25*, 357-362.

髙橋 準郎（1982）．コミュニティ・センチメントに関する一考察——地域への愛着意識を中心に——淑徳大学研究紀要, *16*, 45-63.

髙橋 準郎（1984）．居住地域への愛着意識について　淑徳大学研究紀要, *18*, 51-64.

東京大学社会科学研究所・ベネッセ教育総合研究所共同研究（2015）．子どもの生活と学びに関する親子調査2015. https://berd.benesse.jp/shotouchutou/research/detail1.php?id=4848（2021年3月2日アクセス）

鶴蒔 靖夫（2019）．新たなる大学像を求めて——共愛学園前橋国際大学はなぜ注目されるのか——　IN通信社.

都筑 学（1982）．時間的展望に関する文献的研究　教育心理学研究, *30*(1), 73-86.

第10章
友人とのコミュニケーション：
友人とのつきあい方で何が変わる？

永井　暁行

1. なぜこの問題を研究しようと思ったのか
友人関係の不思議

1−1. 研究テーマとしての友人：友人・友だちとは何か？

　友人・友だちとはあなたにとってどのような存在でしょうか。私にとって友人はとても大切な存在です。これまで生きてきた中で，多くの友人と出会いました。今も親しく交流している友人がいますし，しばらく連絡をとっていない友人もいます。みなさんはいかがでしょう。友人・友だちと聞いて何を思い浮かべますか。あるいは，誰を思い浮かべますか。そもそも友人・友だちとは，いったい何なのでしょうか。

　友人・友だちについて考えるために，まず一般的な言葉としての友人・友だちについて辞書を引いてみたいと思います。友だちを広辞苑（第7版）で引くと「親しく交わっている人。とも。友人。朋友。元来複数にいうが，現在は一人の場合にも用いる」，三省堂国語辞典（第7版）では「同じ学校にかよったり，行動をいっしょにしたりする，なかま。友人。とも」，デジタル大辞泉によれば「互いに心を許し合って，対等に交わっている人。一緒に遊んだりしゃべったりする親しい人。友人。朋友（ほうゆう）。友」とあります。ここから，友人・友だちに類する語として，一般的には友，朋友，仲間などがあることがわかります。また，親しさ，同じ学校や行動という共通点，対等であること，などが友人・友だちの要件になるのかもしれません。友人・友だちに関する故事成語やことわざもたくさんありますね。「類は友を呼ぶ」「竹馬の友」「金石の交わり」など，あげればきりがありません。はるか昔から友・友人・友だちは人々の関心事，重要な他者の1つとして意識されていたのでしょう。「友人・

友だち」の歴史を紐解くというのも1つの問いとして面白いかもしれません。

　私自身の問いのはじまりは，やはり自身の友人・友だちとの関係にありました。前述のとおり，これまでに私も多くの友人と出会いました。私は幸運にも友人関係に恵まれたと思います。友人は私が困っていたり悩んでいたりすれば手を差し伸べてくれました。ときに意見がぶつかることもありましたし，私の過ちを正してくれることもありました。そのような恵まれた環境にありながら，あるいはそのような環境だからこそ，私は友人がなぜ私のことを助けてくれるのか，なぜ私と仲よくしてくれるのかと不思議に思うこともありました。また，私も友人を大切に思いますし，何か困っていたら力になりたいと思います。なぜそのように思うのでしょうか。彼らとのかかわりの中で，友人・友だちとの関係を研究テーマにしたいと考えるようになりました。当時，私自身が大学生でしたので，ことに青年・大学生にとっての友人・友だちとの関係に関心を抱きました。

　そこで，本章では友人・友だちとの関係について述べるわけですが，以降「友人関係」と記したいと思います。第一の理由として，たとえば論文などを検索できるサービスのCiNii Researchで，「友だち関係」と検索した場合と「友人関係」と検索した場合では，後者のほうが圧倒的に多くの論文を探すことができます。少なくとも研究という文脈では「友人関係」という言葉のほうが一般的であるようです。第二の理由として，青年期の友人・友だちとの関係について表すなら，単数形のほうがその特徴をとらえていると，私が考えているからです。後述しますが，青年期の友人・友だちとの関係の特徴は「特定の一人に対して向けられる親密欲求からなる」（サリヴァン, 1990）といわれてきました。ここから，広辞苑（第7版）の「元来複数を指すという『友達』」ではなく，単数の「友人」という語を用いたほうが自然であるように考えました。先ほど示したように，辞書で引くと「友人」「友だち」以外にも「友」「朋友」「親友」など友人関係にまつわるさまざまな言葉が出てきました。本章では「友人」という語を中心に用いますが，これらの用語の違いはどこにあるのか，これもまた1つの問いといえそうです。

1-2. 青年期にとっての友人：友人関係は重要なのか？

　本シリーズ「問いからはじまる心理学」の表題に冠されている「心理学」でも，「友人」について古くから関心を抱いていました。とくにここでは，青年期の友人関係についてみていきましょう。サリヴァン（Sullivan, H. S.；サリヴァン, 1990）は親からの自立にあたって，親友の存在が青年の心の支えにとって重要であるとしています。なぜ青年にとって友人・友だちが心の支えとなるのでしょう。青年期は親からの自立を試みる時期にあたるといわれます。この青年期特有の時期をホリングワース（Hollingworth, L. S., 1928）は，心理的離乳の時期として説明しましたし，ブロス（Blos, P., 1962）は第二の分離個体化過程として説明しました。いずれにせよ，青年期には親からの自立が試みられることが古くから指摘されていました。そして，親からの自立が生じる時期だからこそ，親に代わる存在として友人関係が重要になるのだと考えられているようです。また，青年期には他にも恋人との関係や職業選択という課題もあります。これらの課題の達成に対しても，同年代の仲間関係を築けること，そして仲間から認められることが影響しているといわれます（ハヴィガスト, 1958）。とくに，先にも引用したサリヴァン（1990）は児童期の単なる遊び友だちに対する一般的な関心ではなく，特定の一人に対して向けられる親密欲求からなる関係（チャムと呼ばれます）が青年期に生じると指摘しました。

　以上のように，心理学という領域においても，友人との関係は発達上重要な意味をもつことが示唆されてきました。では逆に，青年期以外の友人関係は重要ではないのでしょうか。青年期の前，つまり児童期や幼児期にも友だちはいるでしょうし，青年期の後，成人期や老年期にも友だちがいるでしょう。そうなると青年期以外の友人関係についても知りたくなります。ここでは紙幅の都合で割愛しますが，もしみなさんが興味をもったならば，青年期以外の友人についても調べてみてください。

1-3. 青年を支える友人：なぜ友人関係が重要なのか？

　友人との関係について，多くの人や研究の関心を引くのは，やはり友人との

関係がその人にとって心の支えになるからではないでしょうか。たとえば，友人関係は自分が学校になじめるかどうかにも影響することが知られていますし（Berndt & Keefe, 1995; 大久保, 2005など），他にも親密な関係は抑うつを低減し，充実感を高めるといった影響があることなども議論されています（黒田ほか, 2004）。みなさんと友だちとの関係はいかがでしょうか。友だちがみなさんの心の支えとなることはもちろん，みなさんが友人にとっての支えになることもあるでしょう。

　青年期には同世代の友人が親や先生に比べて，重要なサポート源になると考えられます（Crystal et al., 2008; 和田, 1998）。実際に，友人からのサポートは青年の健康に寄与することが，さまざまな側面から示唆されています（福岡, 2010; 周・深田, 1996）。友だちがいるということ自体が支えになるだけでなく，たとえば悩みを聞いてくれたり，気分転換につきあってくれたり，楽しい時間を一緒に過ごせたりというように，みなさんと友だちとの間で多くのサポートが交換されているものと思います。このようなサポートの効果や友人関係が，青年にとって望ましいものであるという研究がこれまでにも数多くなされてきました。

2.　どんな問いを立てたのか
さまざまな友人関係の研究

2−1.　友人関係を問いかける視点：友人とのつきあい方

　ここまで，友人関係についていくつかの文献を紹介してきました。一般的に友人は重要な他者であり，心理学もやはり友人関係が心の支えになることを示唆してきました。しかし，本当にそうでしょうか。いつも友人はあなたの支えになってくれるでしょうか。誰もが友人を支え，また友人に支えられているといえるでしょうか。友人とのかかわり方はいつも同じでしょうか。このように問いかけてみると，友人についてまた違った側面が浮かび上がってきます。

　たとえば，友人とのつきあい方は年齢を重ねるにつれて変わっていくことが指摘されています。落合・佐藤（1996）は中学生，高校生，大学生を対象に友人とのつきあい方に関する調査を行いました。その結果，中学生から大学生へ

と年齢が上がるにつれて，積極的にお互いのことを理解するような関係がつくられるようになり，次第に特定の親しい友人をつくるというつきあい方へと変化していくことが示されました。とくに，高校生においては男女ともに友人との心理的な距離が最も近づきやすいこと（長沼・落合, 1998），大学生になると，お互いの相違点を認め合い互いに尊重する関係へと発達していくことも示されています（榎本, 1999）。子どものころと思春期や青年期，あるいは思春期や青年期と成人期，若いころと年老いてからなどを想像上でも比較してみると，友人とのかかわり方が異なるというのはみなさんの実感にも沿うのではないでしょうか。

　年齢だけでなく，時代によっても友人関係は変わるのかもしれません。インターネットなどの情報通信技術（information and communication technology：以下，ICT）の発展も受け，直接会って交流する対面的コミュニケーション（face to face communication：以下，FTF）に対し，コンピューターを介したコミュニケーション（computer mediated communication：以下，CMC）が注目されるようになりました。みなさんもまったくインターネットを使わずに友人と交流するということは，もはやほとんどないのではありませんか。マッケンナとバルグ（Mckenna, K. Y. A. & Bargh, J. A., 2000）によれば，インターネット利用者の94％が友人や家族とのコミュニケーションにインターネットが有効だと感じており，87％が日常的な他者との交流にインターネットを使用していることを報告しています。これも20年以上前の調査ですから，現在はもっと多くの人が他者との交流にインターネットを使っているかもしれません。CMCと友人関係について，インターネットを介しても同性友人との交流は新たな対人場面に対する効力感を育むことなどが示唆されています（安藤ほか, 2004）。一方で，身体的な身近さへの欲求が満たされないため，孤独感を高める可能性や（Kraut et al., 1998），自分とは異なる考えや価値観をもつ相手に対する寛容さを低下させる可能性（小林・池田, 2007）なども議論されています。ICTの発展は私たちの生活を豊かにしましたが，友人とのかかわり1つとってもその発展は望ましい側面だけではありません。

2-2. 視点を変える・視野を広げる：従来の研究への疑問

　このように，友人関係のあり方は社会や文化とともに変化していきます。友人を取り巻く言説も時代によって変わってきました。青年期には親密な友人関係が形成されるということを前提にここまで述べてきましたが，1980年代半ばごろから，青年に親密な関係を避ける傾向がみられると指摘されるようになりました（岡田，2010）。この傾向について，さらに1990年代ごろになると，「友人関係や対人関係の希薄化」という言葉が用いられるようになりました（松井，1996）。友人関係が希薄になる，つまり親密な「濃い」友人関係ではなく「薄い」関係に終始するという言説です。このような友人関係の特徴は青年自身によっても認められており（白井，2006），友人との深いつながりを避けるような傾向が取り上げられるようになりました。この問題については，本書第1部第1章「現代的な自己のあり方：複数の自己を使い分けることは適応的か？」でも言及されていますので，そちらも参照してください。

　私自身はわりと少数の友人とのかかわりをもつほうが好きで，多くの人とかかわるのはあまり得意ではないと感じます。しかし，「少人数で深いかかわり」をもつのを好まない青年が，ただちに青年として健康的ではないとは思いませんし，深いかかわりをもつ青年が必ずしも健康的ということではないかもしれません。希薄な友人関係を求めるかどうかという視点は，青年の理解を促すのでしょうか。

　希薄な友人関係について理解を深める際には「希薄」という言葉そのものにこだわるよりも，自分以外の研究者が「希薄」という言葉を用いて何を説明しようとしているか，何を問おうとしているか，その現象を考えることが有効でしょう。友人関係が希薄であるとは，どのように言い換えられるでしょうか。たとえば，白井（2006）は「希薄化」を「人との深いつながりを持とうとしなかったり，持とうとしてもそれが得られにくかったりするような傾向」と説明しています。岡田（2007）では従来のような「親密で内面を開示するような関係」を「内面的友人関係」とし，これに対して「友人から低い評価を受けないように警戒し，あるいは互いに傷つけあわないような関係」を「現代的友人関係」としています。友人関係で傷つくことを恐れ，相手とのかかわりを表面的

にとどめるようなかかわり方が,「希薄化」というかたちでこれまでに論じられてきました。

　仮に青年が友人と希薄なつきあい方をしているとして,それは問題なのでしょうか。希薄な関係を求める青年はそうでない青年よりも,他者の評価に過敏になりやすい可能性が示唆されている（岡田, 2007）など,一般に望ましくない特徴を備えやすいことが指摘されています。また,岡田（1999）によれば,友人と良好な関係を維持しなければ自己の安定を保てないのではないかという可能性についても論じられています。お互いの内面を開示するようなかかわり方をすれば,価値観の違いが浮き彫りになったり,考え方や態度の違いによって自信が揺らいだりすることもあるかもしれません。私の友人関係を振り返ってみても,楽しい思い出だけでなく,友人から苦言を呈されたり,意見の相違に歯がゆい思いをしたりしたことが記憶によみがえります。白井（2006）では,他者の内面に立ち入らない気遣いを青年がみせていることや,自分の本心を伝えられないこと,相手が本心を話してくれていないと感じることなどのさまざまな葛藤が生じている様子が描かれています。相手の内面に踏み込んだり,逆に踏み込まれたりすることはせっかくの友人関係に不快感を呼び込むリスクともなるようです。しかし,一方で関係が発展する契機となることもありますし,友人関係における葛藤が自己認識の深まりをもたらすこともあります（白井, 2006）。もし友人関係が希薄であるとすれば,内面に踏み込んだ関係から得られる信頼感や,成長の機会を逃すことにもなるかもしれません。

　それでは,なぜ青年は葛藤が生じるような関係を避け,希薄や表面的といわれるような関係を求めるのでしょうか。髙坂（2010）は,友人などから異質な存在としてみられることに対する不安（被異質視不安）についての研究の中で,友人から異質な存在としてみられないように,表面的なつきあい方をしているのではないかと論じています。また,青年にとって,友人からの評価は大きな意味をもつ一方で,それゆえにその評価によって自己が傷つきダメージを受けないよう,距離をとったかかわり方をする（岡田, 2012）ともいわれます。つまり,表面的なつきあい方をすることで,異質な存在として扱われるリスクや友人からの評価を下げたりするリスクを避けることができるのかもしれません。「ありのままの自分でいい」などの安心できる関係性を良好な友人関係として

考えつつ（水野，2004），一方ではお互いに干渉しない距離感を理想的ともとらえる（坂本・高橋，2009），そんな一筋縄ではいかない相手，ままならない関係こそが青年期の友人関係なのでしょう。

2-3．自分の視点・問いを研究につなげる：疑問から研究へ

　ここまで，友人とのつきあい方を中心に従来の研究を振り返りました。青年期の友人関係はとくに親密な関係となること，しかし一方でお互いに干渉しない関係をとろうとすることなど，さまざまな青年像が描かれています。友人関係について先行研究を調べる中で，とくに私が関心をもったのが友人間で生じるサポートです。青年の友人とのつきあい方や友人という存在が青年にとってなぜ重要かを問うことも，研究テーマの1つとして大きな意義があると思います。しかし，それだけでは現実に存在している友人との関係，その実態をとらえるには不十分であると考えました。友人との関係の実際に迫るためには，より具体的な友人間でのやりとりに焦点を当てる必要があります。そこで永井（2016）では，友人関係で生じるサポートに焦点を当てることにしました。

　多くの場合，サポートを受けられることは，サポートを受けられない状況よりもよいことのように思えます。それが友人という身近で親しい相手なら当然のことのように思えます。一方で，ありがた迷惑，余計なお世話なんて言葉もありますよね。誰かを助けたい，支えたいと思ってとった行動が，かえってその逆の結果をもたらすということもよくあります。このような状況を生じさせる1つの要因として，助ける人（以下，援助者）と助けられる人（以下，被援助者）の関係が指摘されています。被援助者にとって，親密でない援助者からの行動は効果的なサポートとみなされにくいことが示唆されています（菊島，2003）。つまり，他者からのサポートが生きてくるためには，もともとの関係が大事ということです。それならば，友人とのつきあい方が違えば，友人からのサポートの効果は変わるのかもしれません。友人とのつきあい方だけで友人関係を論じるのではなく，一歩踏み込んで，友人とのつきあい方によって友人からのサポートのあり方がどう変わるのかという議論をしてみたくなりました。

　また，サポートを受ける前にはサポートを求めることがあります。もちろ

ん，サポートが自然に生じることもあるでしょう。それが友人関係ならなおさらです。しかし，いくら友人とはいえ，困っていそうな状態を常に察知して手を差し伸べられるでしょうか。あるいはみなさんが困っているとき，何も言わなくても常に誰かが助けてくれるでしょうか。困っているときには，困っている，助けてほしいと声をあげることで，適切な援助や支援を受けられることにつながりやすくなります。問題解決のために誰かに対して援助を求める行動については，援助要請という言葉を用いて研究されてきました。困ったときに誰かに助けを求めることは重要な対処方略であるといわれています（永井, 2013）。みなさんは自分が困っているときには助けを求めることに抵抗はありませんか。実は，助けを求めるのはそれほど簡単ではないことも研究されています。たとえば，誰かに助けを求めるということは，自分がその問題を解決できないという能力の低さや，助けられる側になるという立場の弱さを他者や自分に伝える側面をもつことが論じられています（脇本, 2008）。また，自分が助けてもらってばかりいる，自分はあまり役に立っていないと感じていれば，困っていても助けを求めるのが難しくなります（橋本, 2015）。サポートを得るために友人に助けを求められるかというのも，その友人との関係によるところが大きいのではないでしょうか。

　本節では，永井（2016）を参考に友人関係について考えるための視点を具体的にみてきました。永井（2016）は，上述したような先行研究を整理し，以下の問いを立てました。第一に，友人とのつきあい方によって，友人にサポートを求める傾向が異なるのではないか，同時にサポートを受ける量も異なるのではないかということです。ここまで議論してきたように，サポートを求められるかどうかは関係のあり方によって異なりそうですし，サポートを求められるかどうかが異なれば受け取れるサポートも変わりそうです。第二に，友人とのつきあい方によって，サポートの効果やサポートを求める傾向の影響は異なるのではないかということです。この問いについても，これまでの議論から，友人との関係によってはサポートの効果が変化したり，サポートを求めること自体の影響が違ったりするのではないかと考えました。これらの問いが研究では仮説となり，この仮説を検証するのが永井（2016）の立てた目的ということになります。次節ではこの仮説・問いを検証する方法についてどのように考え，

調査の結果何がわかったかを述べていきます。

3.　どんな研究をし，何がわかったのか
　　友人関係の測定と分析

3-1.　調査方法の検討

　友人関係についての問い（目的・仮説）を立てたので，次に実際の友人関係について調べる方法を考えていきます。心理学は，とくに実験という手法を用いることで大きく発展してきました。実験では環境を整えて，要因を操作することで因果関係を検証します。前述の問いでいうならば，友人とのつきあい方について，実験参加者を「表面的なつきあい方をする参加者」と「内面的なつきあい方をする参加者」の2つに無作為に分け，その後サポートを求める傾向に差が出るかをみることができれば，友人とのつきあい方によってサポートを求める傾向が異なるかどうかを調べられます。しかし，これはあまり現実的ではありませんね。友人とのつきあい方は実験のために簡単に変えられるものではないでしょう。そのため，永井（2016）では，アンケートを通して自分の友人関係などについて自己報告してもらうことにしました。

　前述の問いについて，何を質問すればアンケートが成り立つでしょうか。まず，「友人とのつきあい方によって……」とありますから，友人とのつきあい方について聞かないといけません。次に，「友人にサポートを求める傾向が異なるのでは」「サポートを求める傾向の影響は異なるのでは」と問いかけたわけですから，サポートを求める傾向（援助要請の傾向）についても聞く必要がありそうです。そして，サポートを求めた後に生じるであろう「サポートを受ける量」についても問題にしていますから，これも聞きましょう。以上の3点を主に聞くことになりそうです。これで十分でしょうか。立てた問いをもう一度確認してみます。1つ目の問いは上記3つを聞けば検証できそうですね。友人とのつきあい方によって，サポートを求める傾向およびサポートの量を比較すればよいでしょう。2つ目の問いはどうでしょうか。「友人とのつきあい方によって，サポートの効果やサポートを求める傾向の影響は異なる」とありま

す。影響が何を指しているのかわかりません。影響を評価するための指標が必要でしょう。先ほどの問いではこの点が明確ではありませんでした。何を質問すべきか，得られた回答をどのように扱うべきかを考えると，問いも整理されていきますね。

3-2. 調査内容の検討

　では永井（2016）は具体的にどのような質問をしたのでしょうか。まず前述のように「友人とのつきあい方」について質問する必要があります。永井（2016）では，岡田（2007）の作成した尺度を用いることにしました。この尺度は自分自身の友人づきあいについて，各項目がどの程度当てはまると思うかを5段階で回答してもらうものでした。本来，この尺度の各項目は「自己閉鎖」「傷つけられることの回避」「傷つけることの回避」「快活的関係」の4つの下位分類に分けることができるのですが，永井（2016）ではあらためて項目を分類し直して，「自己開示」「配慮・気遣い」「評価懸念」「干渉回避」の4つに整理しています。

　次に，「サポートを求める傾向」については援助要請スタイル尺度（永井，2013）を用いました。この尺度ではサポートを求める際の態度が，各項目に記述されています。自分自身のサポートを求める際の態度に，各項目がどの程度当てはまっているかを7段階で回答してもらう尺度です。永井（2016）では，友人に対する援助要請をイメージして回答してもらいました。この尺度の項目は「援助要請過剰型」「援助要請回避型」「援助要請自立型」の3つに分類されます。永井（2016）では援助要請のスタイルによって各型に分けることを目的としなかったので，「援助要請過剰傾向」「援助要請回避傾向」「援助要請自立傾向」と表現しています。

　次に「サポートを受ける量」ですね。これは福岡（2010）の尺度および測定方法を参考にしました。この尺度は他者からのサポートを受ける量を測定しようというものですが，少し工夫があります。たとえば，サポートの量を単純に聞くと，困った状況に置かれることが多かった人ほど多くなりがちです。そもそもサポートが必要とされる状況になかった人は，サポートの量を聞いても少

なく報告するはずです。永井（2016）ではストレス状況の多寡によらず，より日常的な「サポートの量」について調べたいと思っていました。そこで，採用した方法（福岡, 2010）では，ストレス状況あたりのサポート量の測定を試みます。先に過去1か月以内に，提示された8項目のストレス状況をどの程度体験したか（3段階で評定）を質問し，のちにそのストレス状況でサポートを受けたか（4段階で評定）を質問しました。ストレス状況の合計得点とサポートの合計得点を算出し，サポートの得点をストレスの得点で割ります。これにより，ストレスの得点あたりの平均サポート得点を扱えるようになります。

　最後に，「影響を評価するための指標」が必要ということでしたので，そのために大久保（2005）の作成した「学校への適応感尺度」を用いました。この尺度は回答者がどの程度学校になじめているかを質問するもので，各項目は「居心地の良さの感覚」「課題・目的の存在」「被信頼感・受容感」「劣等感の無さ」の4つに分類されます。この尺度によって，援助要請の傾向やサポートの量が，学校になじめているという感覚を促すかどうかの検証ができそうです。

　永井（2016）では，主に4つの尺度を使って調査を行いました。アンケートの内容はその研究の問い・目的に従ってつくられます。そのため，研究が扱う問い・目的がはっきりしていないと，アンケートを使っても知りたいことを知ることができません。問いを立てたら，どうすれば検証できるかを考えます。アンケートの内容や，その分析方法を考えていく中で，自分の問いを繰り返し見直していきます。

3-3.　調査の実施

　アンケートの準備が整ったら，実際の調査に移ります。永井（2016）では，2つの大学から調査協力者を募りました。合計で270名の学生から協力を得ています。みなさんはこれまでにアンケートに協力をした経験がありますか。アンケートへの協力というのは，多くの場合は面倒なものですよね。それは企業の実施するマーケティングや公的な調査も，研究目的の調査であっても変わりません。場合によって謝礼が用意されていることもありますが，微々たるものでしょう。調査を協力する側にとって，協力するのは基本的に善意です。回答

しなくても回答者に直接の不利益はありません。しかし，学問の発展には人々の協力が欠かせません。ですから，調査を実施する人・研究をする人は，協力者や調査にかかわった人々への敬意をもつことが大事になると思います。

　協力者に敬意を払うためには，まずインフォームドコンセントをはじめとした倫理的な配慮を行うことです。調査・研究におけるインフォームドコンセントとは，調査等の情報を十分に協力者に対して説明し，調査や実験などへの参加に同意を得ることです。永井（2016）の場合は，調査の目的，調査に協力しなくても不利益はないこと，途中で回答をやめたくなったらやめてかまわないこと等を口頭やアンケートの表紙で説明しました。とくに講義でのアンケート依頼ですから，アンケートへの参加・不参加，あるいはアンケートへの回答内容が成績評価に反映されると学生が感じてしまったら，安心して調査への協力可否を考えることができません。

3－4．データの分析

　アンケート調査を実施し，協力者の回答を得られるとデータが手に入ります。データが手に入ったというだけでは問いに答えることができません。データを分析することで，そのデータから何がいえるのかわかってきます。永井（2016）でもいくつかの分析によってデータを解釈していますが，ここではとくに代表的な分析をいくつか取り上げて紹介していきます。第一に友人とのつきあい方を分類するための「クラスタ分析」，第二につきあい方の分類ごとに援助要請とサポートの効果を調べるための「重回帰分析」の2点の結果をみていきます。

　まず，友人とのつきあい方によってグループ分けをしてみます。クラスタ分析という手法を使うことで，調査で集めたデータをもとに数量的な方法で回答者をグループ分けできます。永井（2016）では友人とのつきあい方を4つに分類しています。友人とのつきあい方の尺度の下位分類の得点の高低によって，友人とのつきあい方の特徴を把握していきます（図1）。

　第1グループは自己開示，配慮・気遣い，評価懸念はいずれも低く，干渉回避のみ中程度です。第2グループは自己開示，配慮・気遣いが中程度であり，

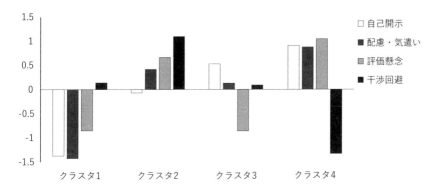

図1　友人とのつきあい方による調査協力者の分類（永井, 2016の Table 3をもとに作成）

評価懸念や干渉回避が比較的高い特徴がみえます。第3グループは自己開示が
高く，評価懸念が低い傾向にあります。第4グループは自己開示，配慮・気遣
い，評価懸念がいずれも高く，干渉回避のみが低いようです。このようにそれ
ぞれのグループの特徴を尺度の得点から理解できます。各グループに対して，
永井（2016）は「友人関係回避群」「接触遠慮群」「積極的関係群」「友人関係
尊重群」という名称をつけました。

　友人関係回避群は友人とのかかわりを避けてしまうという特徴をもっていま
す。接触遠慮群は友人とのかかわりにおいて内面に踏み込んだり踏み込まれた
りするのを避ける傾向のある青年であり，ここまでみてきた表面的な関係にと
どまる友人関係をもつ青年といえそうです。一方で，積極的関係群は内面の開
示を伴う友人関係をとる青年であり，従来の青年像に合致する特徴をもってい
ます。友人関係尊重群は友人に対して自身の内面を開示するという従来の青年
像に近い特徴と，同時に友人を傷つけないように配慮したり友人からの評価を
気にしたりする側面ももっている青年といえます。これらのグループごとに
サポートを求める傾向やサポートを受ける量を比較してみました（表1）。この
結果を簡単にまとめてみると，援助要請を最も避けがちであり，サポートを受
ける量も低いのが友人関係回避群，援助要請を避ける傾向にあるのが接触遠慮
群，適度に援助要請を試みているのが積極的関係群，援助要請が比較的多いの
が友人関係尊重群といえそうです。サポートの量については接触遠慮群，積極

表1　友人関係の分類によるソーシャル・サポートおよび
援助要請スタイルの差の検討（永井, 2016より）

	クラスタ1 (n＝52)		クラスタ2 (n＝106)		クラスタ3 (n＝76)		クラスタ4 (n＝36)				
	友人関係回避		接触遠慮		積極的関係		友人関係尊重				
	M	SD	M	SD	M	SD	M	SD	F	η²	多重比較
ソーシャル・サポート受容	0.58	0.47	1.13	0.41	1.18	0.34	1.26	0.24	33.32***	0.27	1＜2, 3, 4
援助要請過剰傾向	3.05	1.45	3.80	1.44	3.86	1.42	5.15	1.15	15.98***	0.15	1＜2, 3＜4
援助要請回避傾向	3.86	1.28	3.49	1.37	2.77	1.00	2.43	1.21	14.53***	0.14	3, 4＜1, 2
援助要請自立傾向	4.44	1.24	4.88	0.87	4.90	0.91	4.68	1.08	2.97*	0.03	1＜2, 3

※　自由度はいずれも 3, 266 であった。$^*p<.05$, $^{***}p<.001$

的関係群，友人関係尊重群の間に差はなさそうでした。

　次に，このグループごとに援助要請傾向とサポートの効果を検証します。紙幅の都合から，ここでは友人関係回避群，接触遠慮群における重回帰分析の結果をみていきたいと思います。それぞれの青年に対して援助要請とサポートの効果をみてみると図2のような結果が得られました。それぞれの矢印は関連があることを示しています。友人関係回避群の矢印をみてみると（図2上部），「サポートの受容」が高い学生ほど「劣等感の無さ」が低いことがわかります（β ＝-.22, $p<.05$）。また，「援助要請自立傾向」が高い学生ほど「劣等感の無さ」が高いことがわかります（β ＝.64, $p<.001$）。つまり，友人とのかかわりを避ける学生にとっては，サポートを受けるほど劣等感を抱きやすく，自立的に援助要請をできるほど劣等感を抱きにくくなるということがいえそうです。今度は接触遠慮群の矢印をみてみると（図2下部），「サポートの受容」が高い学生ほど「居心地の良さの感覚」が高く（β ＝.18, $p<.01$），「被信頼感・受容感」も高いようです（β ＝.35, $p<.001$）。また，「援助要請回避傾向」が高い学生ほど「劣等感の無さ」が低いようです（β ＝-.31, $p<.01$）。つまり，友人とのかかわりの中で気を遣いがちな学生にとっては，サポートを受けるほど大学に居心地のよさを感じたり，信頼感・受容感を抱いたりできるといえそうです。ただし，援助要請を回避しやすい学生については，劣等感も高いようですから注意が必要かもしれません。

　上記の結果を踏まえ，永井（2016）では以下のように考察しています。まず，友人関係のグループ分けについて，友人関係回避群，接触遠慮群，積極的関係

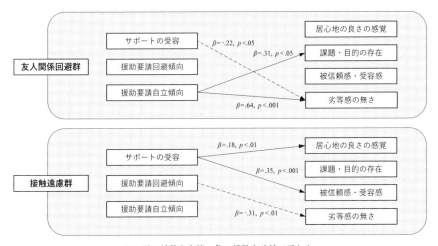

※　正の係数を実線，負の係数を破線で示した。

図2　友人関係の分類ごとの援助要請やサポートの効果
（永井，2016より本章で扱う結果のみを抜粋して作図）

群はこれまでの研究でも示唆されていたグループですが，友人関係尊重群は相手が傷つかないようにする配慮などの現代的な特徴（岡田，2007）をもちつつ，自己開示を行う群であるとしています（永井，2016）。つまり，相手が傷つかないように配慮をするという，いわゆる表面的な態度と，自分の内面を友人に話すという深いかかわりの両者をあわせもった青年が一定数いることを主張しました。そして，友人関係尊重群は友人に対してサポートを気軽に求める傾向にあり，この傾向が彼らの関係を円滑にしているのではないかと論じています。次に，友人関係ごとの援助要請やサポートの効果について，友人関係の類型ごとに特徴を述べています。友人関係回避群に関しては「友人関係に消極的な青年に対してはソーシャル・サポートの量ではなく，どのような時に助けを求めるかという点が劣等感を考える上で重要」とし，接触遠慮群に関しては「友人との関わりが控えめな友人関係ではストレス状況においてサポートを十分に受けることができるかどうかが重要」としています。

4. それが実践にもつ意義は何か
繰り返す友人関係への問いかけ

　ここまで述べてきた内容は永井（2016）の一部です。詳細はもとの論文を参照してください。最後に，この章で立てた問いと調査から得られた結果，そして結果から得られるであろう実践への示唆について振り返ってみましょう。また，これから新たにはじまる問いについても述べたいと思います。

　本章では2つの問いを立てました。「友人とのつきあい方によって，友人にサポートを求める傾向が異なるのではないか，同時にサポートを受ける量も異なるのではないか」という1つ目の問い，「友人とのつきあい方によって，サポートの効果やサポートを求める傾向の影響は異なるのではないか」という2つ目の問いです。これらの問いの出発点には私自身の友人関係がありました。友人とのつきあい方は，もちろん人それぞれですが，友人とのかかわりで悩み，迷うことは誰しも経験しうることです。友人を傷つけてしまうこと，友人の助けになりたい気持ちとそれを実現する難しさ，友人への信頼と裏切りなど，友人にまつわる苦悩や葛藤は枚挙に暇がありません。一方で友人によって支えられ，助けられる現実もあります。これもやはり多くの方が経験しているところでしょう。友人の存在が私の支えになり，私もまた友人の力になっている（といいのですが），このような思いが，私の問いのはじまりでした。

　この問いに対して，調査の結果（永井，2016）からは何を答えられるでしょうか。第一に，サポートを求める傾向は，やはり友人とのつきあい方によって異なるようです。友人とのかかわりを避けたい青年は友人に対してあまりサポートを求めません。おそらくそれゆえでしょう，サポートの量も少ないようです。一方で，友人と内面を開示するようなつきあい方をする青年は友人に対してサポートを求める傾向にあります。脇本（2008）も指摘するように，サポートを求めるということは，自分の弱みを相手にみせることにもなります。自分の内面を開示できる関係であれば，自分の困り事や悩みも相談しやすいのでしょう。このように考えると，内面の開示を避けるような，いわゆる表面的な関係を求める青年があまりサポートを求めないという結果になったのもうな

ずけます。しかし本研究からは，意外と表面的な関係をもつ青年（接触遠慮群）であっても，友人からのサポートを得られていることがうかがわれます。自分からはなかなかサポートを求めることはできないけれど，お互いにそのような相手のことを想像し，自発的に青年同士のサポートが生まれているのかもしれません。

　第二に，友人関係を避ける青年と表面的な友人関係をとる青年では，サポートの効果やサポートを求める傾向の影響が違うようでした。表面的な友人関係をとる青年では，サポートを受けるほど学校での居心地のよさなどが向上するのに対して，友人関係を避ける青年では，サポートを受けるほど劣等感が高くなりやすいということが示唆されました。友人からのサポートと一口にいっても，その効果は真逆といえるほど違うようです。サポートによって抱えている問題は解決するかもしれませんが，場合によっては相手の劣等感を刺激することもあります。相手のためにサポートをしているのに，いたずらに相手を傷つけているのかもしれません。こうなると，サポートとはいったい何なのか，誰のためにあるのか，何をもってサポートというのかという問いも生まれます。相手を傷つけたとして，それはサポートなのでしょうか。

　ではこの研究から，どのような実践への示唆が得られるでしょうか。まず，ここでいう実践が何を指すのかを考えなければいけません。友人関係の研究・理論に対する「実践」とは，つまり現実のみなさんの友人関係・友だちとのつきあいがそれにあたるでしょう。みなさんは友だちとどういうつきあい方をしていますか。あるいはどういうつきあい方をしていきたいと思っていますか。友だちとの関係ですからおおよそ良好な関係を維持したい，自分も友だちも心地よい関係をつくりたい，そう思うのではないでしょうか。そんな友人関係になったらいいですよね。そのためには，お互いが困っていたら助けを求めたり，手を差し伸べたりできたらよい。いや，そうとは限らないぞ，というのが本研究からいえることです。友だちとのつきあい方によっては，サポートを受けることで劣等感が高くなってしまうこともあるし，助けを求めるのが苦手な友だちもいます。友だちだから常に相手のことを深く理解し，お互いが助け合い，高め合わなければならない，そんなことはないのでは。いろいろな友だちとの関係があり，青年はその中で自分や相手を大事にしていくことができると

いうのが本研究から得られる実践への示唆なのではないかと思います。

　ただし，本研究の結果からわかることはあくまで一般的な傾向についてのものということにも注意しなければいけません。ですから，みなさん個人，あるいはみなさんと友だちの関係「そのもの」について，この研究から何かいえるということはありません。みなさんが十人十色に個性をもち，またみなさんの友だちも同じく多様な個性をもっています。そしてそれらの組み合わせはまさに千差万別です。それぞれの友だちとの関係の中で迷い，悩み，あるいは喜びがあるでしょう。それらはかけがえのない経験であり，無理に一般化することもないと思います。一方で，友だちとの関係というまったく私的な経験が，なぜ？　どうして？　という問いを生むこともあります。それはここまで私の研究を追ってきたとおりです。

　研究を進めていくと，また新たな問いが生まれていきます。たとえば，これを執筆している2020年は新型コロナウイルスの感染拡大と切り離して考えることはできない年になりました。友人と密接なかかわりをもつと考えられてきた青年期ですが，奇しくもその密接なかかわりこそ危険視された気がします。このような状況で私たちは，青年は，子どもたちは，友人と親密な関係をつくり，また発展させていくことができるのでしょうか。感染拡大のリスクを抑えつつ関係づくりや関係の発展を促す仕組みや方略がさまざまに検討されています。みなさんもオンラインでの交流や感染対策をしたうえでのイベントなどいろんな経験を積んだことと思います。今，そしてこれからの時代に，友人関係はどうなっていくのでしょう。

　密接なかかわりを対面でつくりにくいこのコロナ禍においても，友人は青年にとって大きな存在であると私は考えています。対面での関係がつくりにくいのであれば，他者とのつながり，友人関係の構築・発展にはこれまで以上にインターネット，とりわけSNSの役割が大きくなるかもしれません。友人関係の構築や発展などにおいて，今まで以上にSNSが活用され，そこには苦悩や喜びが現れるでしょう。このようなSNSの活用によって発展する友人との関係や友人とのトラブルについて，今後も研究していきたいと思っています。

　私は友人関係に関心をもって研究を進めてきました。そのため，青年同士で支え合えるような関係のもつ力・機能を信じています。青年同士の支え合いを

組織的に進めるために，現在，私は大学教育におけるピア・サポートについて研究しています。ピア・サポートとは，同じ立場の者同士による支援活動の総称であり，その活動のための訓練や専門家からの助言が保障されているものを指します（永井ほか，2020）。大学生が大学生を支えることは，支援される側，あるいは支援する側にとってどういう意義があるのかを新たな問いとして取り組んでいます。

［引用文献］

安藤　玲子・坂元　章・鈴木　佳苗・小林　久美子・橿淵　めぐみ・木村　文香（2004）．インターネット使用が人生満足感と社会的効力感に及ぼす影響──情報系専門学校男子学生に対するパネル調査──　パーソナリティ研究，*13*(1)，21-33.

Berndt, T. J., & Keefe, K. (1995). Friends' influence on adolescents' adjustment to school. *Child Development, 66*(5), 1312-1329.

Blos, P. (1962). *On adolescence: A psychoanalitic interpretation.* New York, NY: Free Press.

Crystal, D. S., Kakinuma, M., DeBell, M., Azuma, H., & Miyashita, T. (2008). Who helps you? Self and other sources of support among youth in Japan and the USA. *International Journal of Behavioral Development, 32*(6), 496-508.

榎本　淳子（1999）．青年期における友人との活動と友人に対する感情の発達的変化　教育心理学研究，*47*(2)，180-190.

福岡　欣治（2010）．日常ストレス状況体験における親しい友人からのソーシャル・サポート受容と気分状態の関連性　川崎医療福祉学会誌，*19*(2)，319-328.

橋本　剛（2015）．貢献感と援助要請の関連に及ぼす互恵性規範の増幅効果　社会心理学研究，*31*(1)，35-45.

Havighurst, R. J. (1953). *Human development and education.* London: Longmans, Green.（ハヴィガスト，R. J.　荘司　雅子（訳）（1958）．人間の発達課題と教育・幼児期より老年期まで　牧書店）

Hollingworth, L. S. (1928). *The psychology of the adolescent.* New York, NY: D. Appleton & Company.

菊島　勝也（2003）．ソーシャル・サポートのネガティヴな効果に関する研究　愛知教育大学教育実践総合センター紀要，*6*，239-245.

小林　哲郎・池田　謙一（2007）．若年層の社会化過程における携帯メール利用の効果──パーソナル・ネットワークの同質性・異質性と寛容性に注目して──　社会心理学研究，*23*(1)，82-94.

高坂 康雅 (2010). 青年期の友人関係における被異質視不安と異質拒否傾向——青年期における変化と友人関係満足度との関連—— 教育心理学研究, *58*(3), 338-347.

Kraut, R., Patterson, M., Lundmark, V., Kiesler, S., Mukophadhyay, T., & Scherlis, W. (1998). Internet paradox: A social technology that reduces social involvement and psychological well-being? *American psychologist*, *53*(9), 1017-1031.

黒田 祐二・有年 恵一・桜井 茂男 (2004). 大学生の親友関係における関係性高揚と指針的健康との関係——相互協調的・相互独立的価値観を踏まえた検討—— 教育心理学研究, *52*(1), 24-32.

松井 豊 (1996). 親離れから異性との親密な関係の成立まで 斎藤 誠一 (編). 青年期の人間関係 (pp. 19-54) 培風館.

McKenna, K. Y. A., & Bargh, J. A. (2000). Plan 9 from cyberspace: The implications of the internet for personality and social psychology. *Personality and Social Psychology Review*, *4*(1), 57-75.

水野 将樹 (2004). 青年は信頼できる友人との関係をどのように捉えているのか——グラウンデッド・セオリー・アプローチによる仮説モデルの生成—— 教育心理学研究, *52*(2), 170-185.

永井 暁行 (2016). 大学生の友人関係における援助要請およびソーシャル・サポートと学校適応の関連 教育心理学研究, *64*(2), 199-211.

永井 暁行・廣川 和貴・佐藤 淳哉・中村 和彦 (2020). ピア・サポート活動への参加と主体的学習態度の関連 北星学園大学文学部北星論集, *57*(2), 13-19.

永井 智 (2013). 援助要請スタイル尺度の作成——縦断調査による実際の援助要請行動との関連から—— 教育心理学研究, *61*(1), 44-55.

長沼 恭子・落合 良行 (1998). 同性の友達とのつきあい方からみた青年期の友人関係 青年心理学研究, *10*, 35-47.

落合 良行・佐藤 有耕 (1996). 青年期における友達とのつきあい方の発達的変化 教育心理学研究, *44*(1), 55-65.

岡田 努 (1999). 現代大学生の認知された友人関係と自己意識の関連について 教育心理学研究, *47*(4), 432-439.

岡田 努 (2007). 大学生における友人関係の類型と, 適応及び自己の諸側面の発達の関連について パーソナリティ研究, *15*(2), 135-148.

岡田 努 (2010). 友人関係の変質 菊池 章夫・二宮 克美・堀毛 一也・斎藤 耕二 (編著). 社会化の心理学／ハンドブック——人間形成への多様な接近—— (pp. 167-182) 川島書店.

岡田 努 (2012). 現代青年の友人関係に関する新たな尺度の作成——傷つけ合うことを回避する傾向を中心として—— 金沢大学人間科学系研究紀要, *4*, 19-34.

大久保 智生 (2005). 青年の学校への適応感とその規定要因——青年用適応感尺度の作成と

学校別の検討── 教育心理学研究，*53*(3)，307-319.

坂本 安・高橋 靖恵 (2009)．友人関係における心理的距離のズレと疎外感の関連　青年心理学研究，*21*，69-81.

白井 利明 (2006)．現代青年のコミュニケーションからみた友人関係の特徴──変容確認法の開発に関する研究（Ⅲ）── 大阪教育大学紀要 第Ⅳ部門 教育科学，*54*(2)，151-171.

小学館『大辞泉』編集部（編）(2012-)．デジタル大辞泉　小学館. https://daijisen.jp/digital/（2020年11月26日アクセス）

周 玉慧・深田 博己 (1996)．青年の心身の健康に及ぼすソーシャル・サポートのネガティブな効果　広島大学教育学部紀要 第一部 心理学，*44*，45-52.

Sullivan, H. S. (1953). *The interpersonal theory of psychiatry*. New York, NY: W. W. Norton & Company.（サリヴァン，H. S.　中井 久夫・宮崎 隆吉・高木 敬三・鑪 幹八郎 （訳）(1990)．精神医学は対人関係論である　みすず書房）

和田 実 (1998)．大学生のストレスへの対処，およびストレス，ソーシャルサポートと精神的健康の関係──性差の検討── 実験社会心理学研究，*38*(2)，193-201.

脇本 竜太郎 (2008)．自尊心の高低と不安定性が被援助志向性・援助要請に及ぼす影響　実験社会心理学研究，*47*(2)，160-168.

研究的視点の深め方：
旅行を心理学的に考えてみたら？

小野　美和

1. なぜその理論や概念を用いるのかを考える

　みなさんは自分の興味・関心のあるテーマを心理学で研究しようと思ったら，まずどのような分野を調べるでしょうか。心理学を学びはじめたとき，みなさんは心理学のいわゆる概論書や入門書と呼ばれるような本を一度は手に取ったと思います。

　私が大学生のときに読んで大きな気づきを得た本の1つが我妻洋の『社会心理学入門』（上・下）です。その本の「まえがき」には「『どういう対象についてどんな研究成果があるのか』ということよりも『人間についてどのような理解の仕方があるのか』の方に重点を置きたかった」とあります（我妻, 1987, 上, p. 4）。我妻の本を読んでいくと，あらゆる心理学の分野（関連する諸分野を含む）の理論や知見や視点が密接に関連していることに気づかされます。この研究テーマはこの分野のもの，だからその分野で用いられている理論や方法を用いるという考え方は本当に狭いということを実感させられました。

　私たちは，知らず知らずのうちに自分自身でそのような思考の限定をかけてしまうことがあるのではないかと思います。「なぜ，自分の研究にその理論や概念を用いるのか」，言い換えれば「あなたが人間のこころを理解するうえでその理論や概念を選ぶ理由はなぜか，それを用いる面白さはどこにあるのか」を自分で論理的に説明できることは研究において非常に重要です。分野やテーマに縛られることなくその理由を考えていくという姿勢が私は大切だと思っています。

　このコラムでは「旅行」「旅」を1つの題材にして，心理学的な研究の視点の広げ方，深め方について考えてみようと思います。みなさんも自由にあれこれ思考を膨らませながらこのコラムを読んでみてください。

2. まずは定義から「つかみ取る」

　まず，研究を行ううえで，その言葉や用語がどう定義されるのか，どう定義するのかということを明確にしていく必要があります。言葉や用語をしっかり調べる，自分で考えるという作業の段階です。たとえば「旅行」という言葉を広辞苑（第7版）で引いてみると「徒歩または交通機関によって，主に観光・慰安などの目的で，他の地方に行くこと。たびをすること」，「旅」は「住む土地を離れて，一時他の土地に行くこと。旅行。古くは必ずしも遠い土地に行くことに限らず，住居を離れることをすべて『たび』と言った」と書いてあります。辞書的な定義がそのまま研究上の定義になるわけではありませんが，"旅行・旅は自分のテリトリーを離れ，そのテリトリーの外に行くこと"ととらえることができそうだと自分なりの"核のようなもの"をつかみ取ることが大切だと思います。実際は先行研究の知見を概観しながら，どのように定義されているのかを学びつつ，より深く考えていくことになると思います。

3. 具体的にあれこれ考えてみよう

　次に，何に注目して研究を行うかといった具体的なテーマを考えるとき，たとえば「疲れたときに，ストレス発散として旅行に行きたくなるのはどうしてかを知りたい」のであれば，ストレスとの関係からアプローチすることになります。小口（2006）は「心理学は人の行動や心の動きを，行動，認知，感情の3側面からとらえていくことが多い。人が旅に出て，写真をとったり，お土産を買ったりする。あるいは，ある景観を美しいと感じたり，史跡をみて歴史的に思いをはせたりもする。こうしたことは先の行動，認知，感情の3つの側面に対応している」と述べています。ここから研究案を考えてみると，「旅行」「旅」の「行動」に焦点を当てることもあれば，「認知」または「感情」に焦点を当てることもできます。もちろん，この3つの関係性を調べるというアプローチもできます。

(1) 言葉に注目して考えてみる

　「旅行」「旅」という言葉を私たちがどのように使うのか，そこにどのような意味をもたせているのかという点から考えてみる方向性もあります。「非日常を味わうこと」「楽しい時間を過ごすこと」「宿泊の有無」「一緒に行く人」など人によって旅行や旅に求めるものは変わります。誰かに話すとき「ちょっと旅行に行ってくる」と言う場合もあれば「旅に出る」と言うこともあるかもしれません。そこには，単に言葉の違いというだけでなく，その人自身が込めている意味や想いの違いが表現されているように思います。

(2) 定義から発展させてあれこれ考える

　"自分のテリトリーを離れ，そのテリトリーの外に行くこと"という定義から発展させると，その人の「心理的なテリトリー」や「生活範囲」を考えることもできます。自宅から目的地までの物理的な距離がほぼ同じであっても，Aさんは「旅行に行く」と言い，Bさんは「でかけてくる」と言うかもしれません。Aさんにとってその場所は「旅行」という言葉を使う場所で，Bさんにとっては「おでかけ」の範囲であるということになります。あるいは家族で移動する場合，大人にとっては「おでかけ」でも子どもにとっては「旅行」ということもあるかもしれません。このような視点に立つと「旅行における人間の心理を明らかにする」というより「人間のこころを考えるために旅行というテーマを用いる」といえます。

　テリトリーという概念をさらに拡張すれば，いわゆる「自分探しの旅」も考えることができます。ここでは，自分を知る，理解するために「自分の心理的，物理的テリトリー」を離れて自分をみつめるということを「旅」という表現に込めているといえます。ただし，当然のことながら，その「離れ方」には人によって違いが出てきます。自分が生活している生活範囲とは別の土地に行くという「離れ方」をする人もいるでしょうし，ふだんあまりかかわることがないような人たちとかかわるという「離れ方」，今までやったことのない経験や体験をするという「離れ方」をする人もいるでしょう。つまり，その「離れ方」がその人のこころの何かを表現しているわけです。ここでは「離れる」というふう書きましたが，そこに「行く」と思うのか，それとも「離れる」と思

うのか……移動するということは同じでもそこにある意味は大きく異なるように思います。このような側面は，用語や概念の定義とも関連してくるのではないでしょうか。

(3) いろいろな視点から考えてみる

　「旅行」「旅」というのは私たちの発達段階，ライフステージ，ライフイベントとも大きく関連していると私は思っています。「修学旅行」「卒業旅行」「新婚旅行」や何かの節目を表す行為の1つとして旅行が用いられます。そのように考えていくと「旅行」「旅」を発達的な視点から研究することもできるのではないかと思います。他にも，旅行や旅の中身として「映え」「体験」「目的」など何を重視するかに注目して研究をすることもできますし，発達段階によって重視するものが変化するかもしれません。写真を例にとれば，景色，人物，食べたものなど何を写真に残すことが多いのか，撮った写真を多くの人と共有するのか，限られた範囲の人と共有するだけなのかなど，旅行や旅のどこをどのように「思い出」として切り取るか，どう残すのかということから考えることもできます。

　また，私たちの生活は経済活動と切り離せない関係にあります。心理的なものを考えるときに経済的な側面は忘れられがちですが，それらの側面を無視して私たちの「リアル」をとらえることはできません。経済的な視点から展開することによりさまざまな気づきがあると思います。

(4) 心理学が貢献できる側面は気づき次第でいろいろある

　他にもVR（Virtual Reality）などをはじめとする情報技術や機器の進歩により"移動する""体験する"方法は多様になっているといえます。また，「移動する」「体験する」という感覚は心理的な体験でもあります。身体・物理的な移動を伴わない「感覚的な移動・体験」も身近なテーマとなってきました。たとえば，「オンライン旅行」などのサービスもその1つです。それ以外にもスマートフォンのアプリとAR機能（Augmented Reality：拡張現実）を使った体験型のコンテンツの活用も広がっています。博物館・水族館などをはじめとする施設見学のツアー等だけでなく防災訓練などにもそのような技術が使われるよ

うになっています。

　さまざまな技術やコンテンツが生まれていくことが私たちのこころの世界を広げるのではなく，むしろそれに対応していくために私たち自身のこころの広がりや柔軟性がより求められる世界になっているのかもしれません。自由度が広がっているようにみえて，もしかしたらこころにとっては非常に窮屈な状況となっている可能性もあります。拡張されていくことが望ましいことなのかどうかということも実は考えなくてはならない問題です。私たちの人間の生活全般において心理学という学問が寄与できる，貢献できるものは気づき次第でたくさんあると思います。

4.　最後に

　研究とは「知りたいもの」を自分以外の誰かを対象として探求する行為であると私は思っています。「知りたい」という好奇心は自分の中から生じても，それを科学的に考えていくためには自分以外の誰かを対象に，その行動や言葉や表情の向こう側にある「何か」を探求しなければなりません。その難しさと面白さが心理学の魅力だと感じます。思考の旅にはいつでもどこでも出かけることができます。このシリーズの各巻に取り上げられているさまざまなテーマから，みなさんもあれこれ考えてみてください。

[引用文献]

小口 孝司（編）（2006）．観光の社会心理学──ひと，こと，もの 3つの視点から── 北大路書房．

我妻 洋（1987）．社会心理学入門（上・下） 講談社．

おわりに：
現代社会をとらえる視点とは

田澤　実

　本書は「心理学からみる現代社会」をテーマとした10章構成になっています。それを「つながり」という視点から整理すると，次の4つにまとめることができます。第一は「身近な他者である友人とのつながり」，第二は「個人が社会とのつながりをどのようにとらえているかという社会観」，第三は「他者とのつながりを視点に含めた個人の時間的展望」，第四は「個人の『できる』または『できない』と，その周りの他者とのつながり」です。

①友人関係のあり方によって，ある要因が適応に与える影響は変わりうる

　第1章，第10章では，複数の自己の使い分けや，サポートを受けることは適応に対して正の効果があることを示しています。しかし，友人関係が限定的である場合や，そもそも友人関係を避けるようなかかわりがある場合は，負の効果をも示すと考えられます。

　これらの結果は，対象者がどのような友人関係を築いているのかによって，ある要因が適応に与える効果が真逆になりうることを物語っています。たとえば，キャラに合わせてふるまっている中学生は「楽しそうにやっている」と周りからはみえるかもしれません。友人からのサポートを受けている大学生は「助け合っているのでよいこと」と周りからはみえるかもしれません。しかし，その対象者が友人とどのようにつながっているかによって，不適応にもなりうるということです。学校関係者等がこのことを知ることは，対象者が友人とかかわっている場面を目にする際に解釈を豊かにすると思われます。

②大学生がもつ社会へのまなざしは否定的なものだけではない

　第2章，第5章では，大学生が社会に対して否定的にとらえていること，社会で生きている他者を批判的にとらえる傾向があることを示しています。しかし，それ以外の部分にも焦点を当てることにより，社会をつくり出す主体で

あるという肯定的な認識もあること，他者に対する認識は大学生固有の文脈によって変化しうることも同時に示しています。

　これらの研究は，大学生の社会観，すなわち，社会へのまなざしが否定的かどうかを確認するだけでなく，肯定的な側面や，その後の変化に焦点を当てたことが特徴的といえます。これらの視点は，「社会は青年をどのようにみているのか」ではなく「青年は社会をどうみているのか」というものです。青年が主体となっているところが心理学の立場を明確にしています。青年自身が，よりよい社会とは，どのようなものであるかについて，冷静に考える批判的な理性をもつ一方で，社会に対する当事者意識，すなわち，社会とのつながりを自ら求める姿勢ももっていることを示唆しています。

③学校から社会へ移行する青年は，具体的な将来展望を形成する際に他者の影響を受ける

　第6章，第7章では，大学生を対象にした調査より，個人にとっての過去および個人にとっての未来とは固定的なものではなく，再構築されうることを示しています。第3章，第9章では，大学生や新社会人が具体的な将来展望をする際には，地域の大人たちの姿や職場にいる周囲の人々の影響を受けることを示しています。

　これらの結果は，個人の時間的展望には他者が影響することを物語っています。学校から社会への移行の際に，青年は漠然とした将来像よりも具体的な将来像を求められることがあります。その際には他者とのつながりが青年にとって役立つことがあるということです。都筑（2007）は，これまでの時間的展望研究では，圧倒的に個人の時間的展望を検討したものが多かったものの，他人のために目標達成をする場合もあることから，時間的展望の研究でも集団的な視点は欠かせないことを指摘しました。このような視点を含めた研究が発展することは，個人の時間的展望を変化させる介入のあり方を提言できるメリットがあります。

④「自分でできる」ことだけが望ましい状態とは限らない

　第4章では，「わかる，できる」という教育的な視点による言葉が学校生活

の中で多く使われていることから問いを立てて，「わかり合えなさ」も含めて受け止め合うことの必要性を指摘しています。第8章では，要介護高齢者をケアする労働者が「自分でできるようにすることを大切にしている」というように，他者に頼らない自立がよい状態と考えていることから問いを立て，依存の重要性を再確認する必要性を指摘しています。

　これらの研究は，対象者や対象機関は異なりますが，「自分でできることだけが望ましい状態とは限らないのではないか？」というように，その対立軸にも目を向けながら再考しています。また，「できる」または「できない」を判断される個人だけでとらえるのではなく，その周りの他者とのつながりも含めてとらえる重要性を述べています。このような視点から，現代社会における人間を考察していくと，広がりをもつ自己像がみえてくるのではないでしょうか。

　本書は現代社会の一側面をとらえる際に，ある状態から別の状態への変容や，その対立軸も視野に入れながら明らかにしています。言い換えれば，「生活の中にある自己」そして「拡張される自己の世界」について多面的に検討し，現代社会に対する自己の関係のあり方が発展していく様子を示しています。

　最後になりますが，本シリーズは，発達（第1巻），教育（第2巻），社会（第3巻）をテーマとして「人間の心の働きを理解するには，どのような研究が求められるのか」という問題にアプローチしました。読者の中にはこの第3巻からご覧になった方もいると思います。本書巻末には「第1巻へのいざない」と「第2巻へのいざない」を掲載しています。そちらもご覧いただければ幸いです。

[引用文献]
都筑 学 （2007）．時間的展望の研究方法　都筑 学・白井 利明（編）．時間的展望研究ガイドブック（pp. 29-52）　ナカニシヤ出版.

索　引

第1巻へのいざない：
現代社会と自己を，横向き／縦向きに問う「私」

坂井 敬子

　この第3巻では，心理学からみた現代社会，現代社会における自己をテーマに，コラムを含め13の現象が実証データを中心に論じられました。ここでは，本巻を貫くコンセプトを振り返りつつ，生涯発達の視点から諸現象を問う第1巻『発達とは？　自己と他者／時間と空間から問う生涯発達心理学』へとみなさんをご案内したいと思います。

　第3巻のキーワードは，書籍タイトルをみるに，「つながる」「現代社会」「心理学」。また，第1部と第2部のタイトルにまたがる「自己」もそうです。10人の心理学者がそれぞれに，現代社会における自己とは（ひいては現代社会とは）どういうものかを，各自の関心やデータなどからあぶり出しています。

　ここで私は，「つながる」というキーワードに着目してみます。

　この言葉からまず連想させられるのは，「他者」です。第1章で論じられた「複数の自己」に基づいて，他者とのつながりを考えてみましょう。場面や状況によって複数の自己をもち，使い分けて他者とつながる傾向は近年高まっており，過度に自分を偽らない限りは適応的であるということでした。一方で，友人関係が限定的になりがちな中学生では，キャラに合わせてふるまい友人とつながることは，心理的適応を損ないやすいということでした。また，肯定的な自己複雑性が高いことは適応度が高いということ，別人格としてふるまうことで自己認知や行動が変わるという話題も紹介されました。こうしてみると，他者のみならず「自己」もつながりの対象なのだという発見があります。個人はなにがしかの自己とつながれるからこそ，他者とつながれるのだということです。

　第5章で論じられた「社会観」についても考えてみましょう。大学生がこれからつながろうとする「社会」や「社会で生きる他者」をどのようにみているのか。社会全体を否定的にみていること，社会で生きている他者を批判的にみていること，そうした傾向があると示されました。そういう社会観は，SNS

283

やマスメディア，家族の働き方といった大学生自身の外側の世界を見聞することで形成され，授業やアルバイト，一人暮らし経験といった大学生固有の文脈であり自身の体験に近いものによって変化しうるということも明らかとなりました。外界とつながるため自らをそこに投げ出すことも必要なのだと考えさせられます。

　このような，他者や自己とのつながりからみえてくる現代社会，その状況下における個人がつまびらかになるにつけ，横から縦に向きを変え，個人の発達や人生が気になってくるのではないでしょうか。そこで，発達心理学的見方に比重を置く第1巻を，みなさんに手に取っていただきたく思います。第3巻が「生活における自己」と「拡張される自己」をラインナップしたのに対し，第1巻は，「自己と他者」として身体，対人関係，役割を，「時間と空間」として地域，環境移行・適応，偶然をラインナップしました。

　本稿の最後に，両巻の共通項を説明させてください。本シリーズ「問いからはじまる心理学」では，シリーズ序文で述べられているように，各巻の執筆者が，自らの研究をはじめようとした個人的なきっかけを冒頭で示しています。このような構成になっているのは，監修者である都筑学（中央大学名誉教授）や編著者である私たちも，個人的な動機や関心こそが，研究を推進していく際に重要な原動力になると考えているためです。

　私たちがそれぞれに関心をもち扱うテーマは，ほとんどの場合，すでにその他大勢の研究者によってさまざまに検討されてきていることが当たり前です。でも，その中の一人であることを過小評価することはないのだと思います。とうに答えは出ているのかもしれませんが，異なる視点，角度からとらえてみれば，これまでとは違った新しい答えになるかもしれません。もっといえば，決して新しくはないとしても，ためつすがめつ「何周も回った」深みある答えが得られるものだと考えています。

　教科書や研究書の類では，執筆者が「私」を名乗ったり強調したりすることはそうありません。読者のみなさんが，研究する主体としての「私」たちの目線に共感してくださるならば，それは少しねらっていたかもしれない，大いなる喜びです。

第2巻へのいざない：
教育問題を通して現代社会を考える

金子　泰之

　最近，教職を履修する学生によく質問されることがあります。それは「教師になるには一度，社会に出たほうがいいと周囲の人に言われた。社会人を経験してから教師になったほうがいいでしょうか。それとも大学卒業後，そのまま教師になるべきですか？」という進路に関する質問です。質問した学生に詳しく聞いてみると，「大学卒業後，すぐに教師になると社会を知らないで教師になる，そんな世間知らずの教師では教壇に立てないと言われた」と話してくれました。また，「大学を卒業してすぐに教師になり，生徒に『先生』と呼ばれることで偉ぶった教師になったり，一般常識を欠いた教師になったりするため，社会人を経験する必要があると言われた」とも説明してくれました。

　「教師になるには一度，社会に出たほうがいい，社会人を経験してから教師になったほうがいい」という言葉には，教師や学校に対する現代社会のまなざしが反映されています。もしくは，上記の言葉が教師や学校に向けられる時代背景があると言い換えてもよいでしょう。この現代社会や時代背景というキーワードこそが，第3巻と第2巻の接点になります。

　第2巻の目次には，特別支援教育，非行，不登校，いじめ，家族問題，放課後，地域連携，小中移行，高校移行，学校統廃合という各章のキーワードが並びます。コラムには，LGBTQ，女子非行，過剰適応，スクールカースト，子育て支援，インターネット，震災支援，幼保小連携，高校における学校適応，小中一貫教育というキーワードが並びます。現代社会に置かれた学校で起きている教育問題を幅広くとらえることできるように第2巻が企画されたことで，これらのキーワードが選ばれました。この20のキーワードから，教育問題を社会背景や時代背景から切り離してとらえることはできないことがみえてきます。その理由を，特別支援教育，非行，LGBTQの3つのキーワードを例に少し述べてみます。

2007年に特別支援教育が学校教育法に位置づけられて以降，特別支援教育や発達障害という言葉は，保育や学校現場に急速に広がりました。今，幼児教育や小学校，中学校，高校に携わる専門職の中で，発達障害という言葉を知らない人はいないでしょう。障害者差別解消法では，支援が必要な人に対して合理的配慮を行うことが義務づけられています。

　現代社会の非行は，少年院が統廃合される自治体があるほど，その数は減少しています。一方で，女子非行特有の問題が指摘されるようになり，男子による非行とは質的に異なる側面から理解しなければならないことが女子非行のコラムで指摘されています。現代では，非行の見方・とらえ方の幅を広げることが求められるようになっているといえます。

　LGBTQといった性的マイノリティに対する社会的関心は，ここ数年で急速に高まっています。パートナーシップ制度のように，法的枠組みが大きく変わりつつあるのが現代社会です。教育現場においても，LGBTQへの対応がはじまっており，たとえば制服の見直しがはじまっている学校もあります。

　特別支援教育，非行，LGBTQの背後にある現代社会の特徴は，子ども一人ひとりの個人差や多様性を理解し，それを尊重しようとする機運が高まりつつある社会です。多様な個性をもつ個人が，互いを尊重し合いながら共生していくことが目指されています。このように，社会の変化とともに，関心を集める研究テーマが変わっていくことがわかると思います。

　私たちは，現代社会という環境の影響を受けながら生活しています。心理学の研究をするなら，対象とする人がどのような社会に置かれているのか，歴史性や時代性にも目を向けて，環境と人の両方をとらえる姿勢が必要です。教育を心理学的に研究する際には，現代社会に置かれた学校でどんな問題が起きているのか，その背景を理解する必要があります。そして，現代社会が教育や学校にどのようなまなざしを向けているのかにも関心を広げることで，研究対象とするテーマをより深めていくことができるでしょう。

　全3巻から構成される本シリーズは，読者のみなさんが現代社会を理解するための1つの道標となることをねらって編まれました。第2巻は，子どもや教育に関するキーワードに焦点を当てて現代社会をとらえようとするため，第3巻と比べて研究対象とする領域は狭いかもしれません。しかし，教育問題を通

して現代社会，時代，地域を理解しようとする第2巻の姿勢は，第3巻の問題
意識と共通するものです。第3巻を通じて本シリーズに関心をもたれた方は，
ぜひ第2巻も手に取ってみてください。

執筆者紹介

◎ シリーズ監修

都筑　学　　中央大学名誉教授　　シリーズ序文

◎ 執筆者（五十音順，＊は本巻編集委員）

石川茜恵　　立正大学　　　　　　　　第7章

＊大村　壮　　常葉大学短期大学部　　　第8章

＊奥田雄一郎　共愛学園前橋国際大学　　第6章，第9章

＊小野美和　　愛知淑徳大学　　　　　　第4章，コラム3

金子泰之　　静岡大学　　　　　　　　第2巻へのいざない

坂井敬子　　和光大学　　　　　　　　第1巻へのいざない

＊高澤健司　　福山市立大学　　　　　　はじめに，第3章，コラム1

＊田澤　実　　法政大学　　　　　　　　第2章，おわりに

千島雄太　　筑波大学　　　　　　　　第1章

永井暁行　　金沢星稜大学　　　　　　第10章

半澤礼之　　北海道教育大学釧路校　　コラム2

峰尾菜生子　岐阜大学　　　　　　　　第5章

問いからはじまる心理学　第3巻

つながるって何だろう？
現代社会を考える心理学

2022年9月10日　初版第1刷発行

監修者	都筑　学
編著者	高澤健司
	大村壮
	奥田雄一郎
	田澤実
	小野美和
発行者	宮下基幸
発行所	福村出版株式会社

〒113-0034　東京都文京区湯島2-14-11
電　話　03（5812）9702
ＦＡＸ　03（5812）9705
https://www.fukumura.co.jp

| 印　刷 | 株式会社文化カラー印刷 |
| 製　本 | 協栄製本株式会社 |

人間の心の働きを理解するには
どのような研究が求められるのか？

「なぜその問題を研究しようと思ったのか」→「どんな問いを立てたのか」
→「どんな研究をし，何がわかったのか」→「それが実践にもつ意義は何か

研究者が現象と出会い，展開していく様子を追体験できる新しい切り口で触れる心理学。
心理学を学んでいる学部の3・4年生や大学院生，
学生や院生を指導している大学教員・研究者必読！

• 監修：都筑 学 (中央大学名誉教授) •

問いからはじまる心理学
【全3巻】

1 発達とは？
自己と他者／時間と空間から問う生涯発達心理

半澤礼之・坂井敬子・照井裕子 編著

2 教育問題の心理学
何のための研究か？

加藤弘通・岡田有司・金子泰之 編著

3 つながるって何だろう？
現代社会を考える心理学

高澤健司・大村 壮・奥田雄一郎・田澤 実・小野美和 編著

A5 判・並製・カバー装・各巻 約300
各巻 定価（本体 2700 円 + 税）

1 発達とは？ 自己と他者／時間と空間から問う生涯発達心理学

半澤礼之・坂井敬子・照井裕子 編著

ISBN978-4-571-20604-7

達段階の中で私たち人間が経験するさまざまな現象を取り上げ，「身体」「対人関係」「役割」「地域」「環境移行・適応」「偶然」という6つの視点から発達をとらえる。

 容

2 教育問題の心理学 何のための研究か？

加藤弘通・岡田有司・金子泰之 編著

ISBN978-4-571-20605-4

のための、誰のための研究なのか？ 学校と制度のはざまにおける「学校の中の問題」「学校を取り巻く問題」のさまざまな現象を教育心理学の見地から問う。

 容